郑州大学厚山人文社科文库
ZHENGZHOU UNIVERSITY HOUSHAN
HUMANITIES & SOCIAL SCIENCES LIBRARY

我国能源事业发展的历史逻辑

魏胜强 ◎ 著

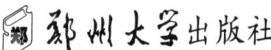

图书在版编目(CIP)数据

我国能源事业发展的历史逻辑 / 魏胜强著. — 郑州：郑州大学出版社；北京：社会科学文献出版社，2022.12
(郑州大学厚山人文社科文库)
ISBN 978-7-5645-8320-0

Ⅰ.①我…　Ⅱ.①魏…　Ⅲ.①能源发展－中国　Ⅳ.①F426.2

中国版本图书馆 CIP 数据核字(2021)第 234173 号

我国能源事业发展的历史逻辑
WOGUO NENGYUAN SHIYE FAZHAN DE LISHI LUOJI

策划编辑	崔青峰　张　帆	封面设计	苏永生
责任编辑	张　帆	版式设计	凌　青
责任校对	吴　静	责任监制	李瑞卿

出版发行	郑州大学出版社	地　　址	郑州市大学路40号(450052)
出 版 人	孙保营	网　　址	http://www.zzup.cn
经　　销	全国新华书店	发行电话	0371-66966070
印　　刷	河南瑞之光印刷股份有限公司		
开　　本	710 mm×1 010 mm　1 / 16		
印　　张	12.75	字　　数	211 千字
版　　次	2022 年 12 月第 1 版	印　　次	2022 年 12 月第 1 次印刷
书　　号	ISBN 978-7-5645-8320-0	定　　价	68.00 元

本书如有印装质量问题,请与本社联系调换。

郑州大学厚山人文社科文库

编委会

主　　任　　宋争辉　刘炯天

副 主 任　　屈凌波

委　　员　　（以姓氏笔画为序）
　　　　　　方若虹　孔金生　刘春太　李旭东
　　　　　　李建平　张玉安　和俊民　周　倩
　　　　　　徐　伟　樊红敏　戴国立

丛书主编　　周　倩

总　序

　　哲学社会科学是人们认识世界、改造世界的重要工具,是推动历史发展和社会进步的重要力量。习近平总书记在哲学社会科学工作座谈会上深刻指出:"一个没有发达的自然科学的国家不可能走在世界前列,一个没有繁荣的哲学社会科学的国家也不可能走在世界前列。"郑州大学哲学社会科学研究工作面临重大机遇。

　　一是构建中国特色哲学社会科学的机遇。历史表明,社会大变革的时代,一定是哲学社会科学大发展的时代。党的十八大以来,以习近平同志为核心的党中央高度重视哲学社会科学。习近平总书记在哲学社会科学工作座谈会上的重要讲话为推动哲学社会科学研究工作提供了根本遵循。《中共中央关于加快构建中国特色哲学社会科学的意见》为繁荣哲学社会科学研究工作指明了方向。进入新时代,我国将加快向创新型国家前列迈进。站在新的历史起点上,更好进行具有许多新的历史特点的伟大斗争、推进中国特色社会主义伟大事业,需要充分发挥哲学社会科学的作用,需要哲学社会科学工作者立时代潮头、发思想先声,积极为党和人民述学立论、建言献策。

　　二是新时代推进中原更加出彩的机遇。推进中原更加出彩,需要围绕深入实施粮食生产核心区、中原经济区、郑州航空港经济综合实验区、郑洛新国家自主创新示范区、中国(河南)自贸区、中国(郑州)跨境电子商务综合试验区、黄河流域生态保护和高质量发展等重大国家战略,为加快中原城市群建设、高水平推进郑州国家中心城市建设出谋划策,为融入"一带一路"国际合作和推进乡村振兴、推动河南实现改革开放、创新发展,提供智力支持,需要注重成果转化和智库建设,使智库真正成为党委、政府工作的"思想库"和"智囊团"。因此,站在中原现实发展的土壤之上,我校哲学社会科学研究必须立足河南实际、面向全国、放眼世界,弘扬中原文化的优秀传统,建设具有中原特色的学科体系、学术体系,构建具有中原特色的话语体系,为经济社会发展提供理论支撑。

三是加快世界一流大学建设的机遇。学校完成了综合性大学布局,确立了综合性研究型世界一流大学的办学定位,明确了建设一流大学的发展目标,世界一流大学建设取得阶段性、标志性成效,正处于转型发展的关键时期。建设研究型大学,哲学社会科学承担着重要使命,发挥着关键作用。为此,需要进一步提升哲学社会科学解决国家和区域重大战略需求、科学前沿问题的能力;需要进一步提升哲学社会科学原创性、标志性成果的产出水平;需要进一步提升社会服务能力,在创新驱动发展中提高哲学社会科学的介入度和贡献率。

把握新机遇,必须提高学校的哲学社会科学研究水平,树立正确的政治方向、价值取向和学术导向,坚定不移实施以育人育才为中心的哲学社会科学研究发展战略,为形成具有中国特色、中国风格、中国气派的哲学社会科学学科体系、学术体系、话语体系做出贡献。

过去五年,郑州大学科研项目数量和经费总量稳步增长,走在全国高校前列。高水平研究成果数量持续攀升,多部作品入选《国家哲学社会科学成果文库》。社会科学研究成果奖不断取得突破,获得教育部第八届高等学校科学研究优秀成果奖(人文社会科学类)一等奖1项,二等奖2项,三等奖1项。科研机构和智库建设不断加强,布局建设14个部委级科研基地。科研管理制度体系逐步形成,科研管理的制度化、规范化、科学化进一步加强。哲学社会科学团队建设不断加强,涌现了一批优秀的哲学社会科学创新群体。

从时间和空间上看,哲学社会科学面临的形势更加复杂严峻。我国已迈向全面建设社会主义现代化国家新征程,逐步跨入高质量发展新阶段;技术变革上,信息化进入新一轮革命期,云计算、大数据、移动通信、物联网、人工智能日新月异。放眼国际,世界进入到全球治理的大变革时期,面临百年未有之大变局。

从哲学社会科学研究本身看,无论是重视程度、发展速度等面临的任务依然十分艰巨。改革开放40多年来,我国已经积累了丰厚的创新基础,在许多领域实现了从"追赶者"向"同行者""领跑者"的转变。然而,我国哲学社会科学创新能力不足的问题并没有从根本上改变,为世界和人类贡献的哲学社会科学理论、思想还很有限,制度性话语权还很有限,中国声音的传播力、影响力还很有限。国家和区域重大发展战略和经济社会发展对哲学社会科学研究提出了更加迫切的需求,人民对美好生活的向往寄予哲学社会科学研究以更高期待。

从高水平基金项目立项、高级别成果奖励、国家级研究机构建设上看,各个学校都高度重视,立项、获奖单位更加分散,机构评估要求更高,竞争越来越激烈。在这样的背景下如何深化我校哲学社会科学研究体制机制改革,培育发展新活力;如何汇聚众智众力,扩大社科研究资源供给,提高社科成果质量;如何推进社科研究开放和合作,打造成为全国高校的创新高地,是我们面临的重大课题。

为深入贯彻习近平新时代中国特色社会主义思想和习近平总书记关于哲学社会科学工作重要论述以及《中共中央关于加快构建中国特色哲学社会科学的意见》等文件精神,充分发挥哲学社会科学"思想库""智囊团"作用,更好地服务国家和地方经济社会发展,推动学校哲学社会科学的繁荣与发展,郑州大学决定设立人文社会科学标志性学术著作出版资助专项资金,资助出版一批高水平学术著作,即"厚山文库"系列图书。

厚山是郑州大学著名的文化地标,秉承"笃信仁厚、慎思勤勉"校风,取"厚德载物""厚积薄发"之意。"郑州大学厚山人文社科文库"旨在打造郑州大学学术品牌,集中资助国家社科基金项目、教育部人文社会科学研究项目等高层次项目以专著形式结项的优秀成果,充分发挥哲学社会科学优秀成果的示范引领作用,推进学科体系、学术体系、话语体系创新,鼓励学校广大哲学社会科学专家学者以优良学风打造更多精品力作,增强竞争力和影响力,促进学校哲学社会科学高质量发展,为国家和河南经济社会发展贡献郑州大学的智慧和力量,助推学校一流大学建设。

2020年,郑州大学正式启动"厚山文库"出版资助计划,经学院推荐、社会科学处初审、专家评审等环节,对最终入选的高水平研究成果进行资助出版。

郑州大学党委书记宋争辉教授,河南省政协副主席、郑州大学校长刘炯天院士,郑州大学副校长屈凌波教授等对"厚山文库"建设十分关心,进行了具体指导。学科与重点建设处、高层次人才工作办公室、研究生院、发展规划处、学术委员会办公室、人事处、财务处等单位给予了大力支持。国内多家知名出版机构提出了许多建设性的意见和建议。在这里一并表示衷心感谢。

我校哲学社会科学研究工作处于一流建设的机遇期、制度转型的突破期、追求卓越的攻坚期和风险挑战的凸显期。面向未来,形势逼人,使命催人,需要我们把握科研规律,逆势而上,固根本、扬优势、补短板、强弱项,努力开创学校哲学社会科学研究新局面。

周 倩
2021 年 5 月 17 日

前　言

　　能源是自然界中非常重要的物质,人类在认识世界、改造世界的过程中,既需要不断加深对能源的认识,也需要通过能源来推动社会发展和自身进步。从一定意义上说,整个人类的历史也是人类对能源的认识、发展和利用的历史。

　　当代中国的能源事业,随着中华人民共和国的成立而开创,经过劳动人民特别是能源领域广大从业者艰难困苦的奋斗,时至今日已经取得了举世瞩目的伟大成就。中国能源事业的发展有其自身的历史逻辑,既显示了中国特色社会主义事业蓬勃发展的生命力,又推动着中国特色社会主义事业不断走向新的辉煌。在我国能源事业发展的历史进程中,中共领导人发挥了至关重要的作用。探讨我国能源事业发展的历史逻辑,必须从党的主要领导人关于能源事业发展的基本思路、主要观点和提出的重要举措等方面入手。

　　新中国成立之初,以毛泽东为代表的中共领导人适应社会主义建设的客观要求,根据马克思主义基本原理和我国资源能源状况,提出了发展我国能源事业的思路、观点并作出了相关决策、决定,在实践中开启了我国能源事业的发展。此后,党的历代领导集体都对能源事业的发展高度重视,基于经济社会发展状况提出了明确的发展思路并作出了科学的决策,我国能源事业因而不断获得新的成就。

　　研究我国能源事业发展的历史逻辑,有助于深刻理解中国特色社会主义事业的艰巨性和我国能源事业发展的连续性,正确看待能源事业发展与经济社会发展之间的密切关系,科学认识我国能源事业发展的战略部署和发展前景。本书依据《中国共产党章程》对党的事业发展不同时期的划分和党的指导思想的表述,对新中国成立以来我国能源事业发展的基本内容、重要举措和历史贡献进行探讨,尽可能全面、客观地勾画出我国能源事业发展的历史逻辑。研究资料以党和国家领导人的相关著作、讲话、报告等为主,同时参照其他资料进行佐证。

魏胜强

2022 年 8 月

目 录

第一章 新中国成立至社会主义建设探索时期我国能源事业的发展 …… 001
 一、能源事业发展的基本内容 …… 001
 二、发展能源事业的重要举措 …… 010
 三、能源事业发展的历史贡献 …… 018

第二章 党的十一届三中全会前后至十三届四中全会期间我国能源事业的发展 …… 028
 一、能源事业发展的基本内容 …… 029
 二、发展能源事业的重要举措 …… 037
 三、能源事业发展的历史贡献 …… 044

第三章 党的十三届四中全会至十六大期间我国能源事业的发展 …… 055
 一、能源事业发展的基本内容 …… 056
 二、发展能源事业的重要举措 …… 065
 三、能源事业发展的历史贡献 …… 073

第四章 党的十六大至十八大期间我国能源事业的发展 …… 082
 一、能源事业发展的基本内容 …… 083
 二、发展能源事业的重要举措 …… 091
 三、能源事业发展的历史贡献 …… 101

第五章 党的十八大以来我国能源事业的发展 …… 112
 一、能源事业发展的基本内容 …… 113

二、发展能源事业的重要举措 …………………………………… 124
三、能源事业发展的历史贡献 …………………………………… 134

第六章　从历史向度看我国能源事业的发展 ………………………… 145
一、我国能源事业发展的历史脉络 ……………………………… 145
二、我国能源事业发展的成功经验 ……………………………… 156
三、我国能源事业发展的思想启迪 ……………………………… 169

主要参考文献 …………………………………………………………… 182
致谢 ……………………………………………………………………… 190

第一章
新中国成立至社会主义建设探索时期我国能源事业的发展

以毛泽东同志为主要代表的中国共产党人,把马克思列宁主义的基本原理同中国革命的具体实践结合起来,创立了毛泽东思想。在毛泽东思想指引下,中国共产党领导全国各族人民,经过长期的反对帝国主义、封建主义、官僚资本主义的革命斗争,取得了新民主主义革命的胜利,建立了人民民主专政的中华人民共和国;新中国成立以后,顺利地进行了社会主义改造,完成了从新民主主义到社会主义的过渡,确立了社会主义基本制度,发展了社会主义的经济、政治和文化。在共和国艰苦创业时期,能源对发展国民经济和建设社会主义事业的重要性已经充分显露出来。特别是在新中国成立之初,一穷二白的基础没有给刚刚执掌国家政权的中国共产党留下多少可以利用的东西。帝国主义国家的武装侵略、四大家族的疯狂掠夺、常年战争的破坏,几乎彻底地摧毁了中国。面对满目疮痍的境况,中国共产党必须全力发展国家的各项事业,而一切发展都离不开能源的支撑。在当时能源极为有限的条件下,寻找和开发能源,成为摆在中国共产党面前一个新的重要任务。以毛泽东为代表的中共领导人,为了解决能源匮乏的问题,实现建设伟大社会主义国家的奋斗目标,在发展能源方面发起了一场全新的战斗,开创了当代中国的能源事业。探寻新中国成立至社会主义建设探索时期我国能源事业的发展,对于人们充分了解我国在社会主义革命和早期社会主义建设的艰难历程,深刻理解中国共产党领导中国人民为建设社会主义国家而付出的艰辛劳动,具有显著的意义。

一、能源事业发展的基本内容

能源是发展生产的物质基础,中国共产党一直高度重视能源在社会主义革命和建设中的作用。在新中国成立之初,"能源"这一概念还没有被广泛接受,因而无论是在中共领导人的论著里,还是在党和国家的政策中,出现较多的是"燃料""电力"等。当时的中国虽然也出产石油,但产量极少,电力也非常有限,主要的能源供应来自于煤炭。着手建设社会主义国家的中共领导人,对煤炭、电力等常规能源非常关注,国家在这些方面的投入也不少。但是,真正能够凸显这一时期我国能源事业发展方向的,是中共领导人关于石油、核能的相关论述和指示。因为煤炭、电力等常规能源在新中国成立之前已经有了相当规模的发展,它们虽然对新中国的建设发挥着重要作用,但远不能和石油、核能相比。1949年之前,中国的石油勘察非常有限,工业相当贫弱,最重大的油矿是资源委员会掌控下的玉门油矿,但它的产量极其有限。"玉门油矿自1938年开发到1949年9月解放,共生产原油近50万吨,占同期全国石油总产量的90%以上,是旧中国45年全国石油总产量的70%强"[1]。核能是全新的能源,"全国解放前夕,原子核科学高级研究人员,只有10人左右,又分散在各处,至于设备,连一台小型加速器都没有"[2]。我国的核能技术和核工业完全是在毛泽东等人的直接领导下开创的。石油和核能这两类能源不但对经济建设和人民生活产生了重大影响,而且代表了国家的工业发展程度和科技水平。探讨新中国成立至社会主义建设探索时期我国能源事业发展的基本内容,应当围绕毛泽东等领导人在石油工业、核工业方面的思想进行分析,并关注由此带来的他们对科学技术的深刻认识。从这一点来说,这一时期我国能源事业发展的基本内容,可以归结为石油立国、核能强国和科技兴国三个方面。

(一)石油立国

刚刚成立的新中国是一个落后的农业国,实现国家的工业化是中国共产党的奋斗目标。石油被认为是工业的血液,没有石油的支撑就不可能实现国家的工业化。但是在当时,我国仅有的石油产量和落后的石油工业技

---

[1] 汪波:《资源委员会与中国石油工业》,载《党史研究与教学》2000年第5期,第55页。
[2] 《当代中国》丛书编辑部:《当代中国的核工业》,中国社会科学出版社1987年版,第5页。

术甚至无法满足基本的机器运转需要。"1949年,全国石油产量只有12万吨,其中天然石油只有7万吨,发展石油工业所需要的物资、装备、技术基本靠国外提供,国家经济建设所需要的石油产品基本依赖进口。新中国一成立,以美国为首的西方国家就悍然宣布对我国实行贸易禁运,停止了一切产品和技术进口,使石油工业的发展雪上加霜,面临重重困难"①。陈云在编制第一个五年计划时,就尖锐地指出:"石油工业的发展赶不上需要。石油的供应,不仅第一个五年计划,就是第二个五年计划也是不够的。现在主要是寻找石油资源的问题。只要发现了新的丰富的资源,就必须大力开发。"②因此,解决石油问题成为中国共产党实现国民经济正常运转和推动国家工业化的当务之急。

中共领导人多次强调石油的重要性,对发展中国石油工业寄予厚望并提出了许多具体要求。1953年,毛泽东在向地质部长李四光征询我国石油资源情况时,语重心长地说:"要进行建设,石油是不可缺少的,天上飞的、地下跑的,没有石油都转不动啊!"毛泽东迫切希望打破"中国贫油"论,要求"石油部给我们树立点希望"。1956年,毛泽东指示石油部领导人:"看来搞石油也要革命加拼命。"③1956年9月16日,周恩来在部署五年计划时指出:"为了建立我国社会主义工业化的巩固基础,在第二个五年计划期间,必须继续扩大冶金工业的建设,大力推进机器制造工业的建设,加强电力工业、煤炭工业和建筑材料工业的建设,积极进行工业中的落后部门——石油工业、化学工业和无线电工业的建设。同时,还必须推进国民经济的技术改造,首先是进行工业的技术改造,以提高我国工业的技术水平。"④1958年2月27日,邓小平连续两天听取石油工业的汇报,汇报结束后,他从战略、战

---

① 陈新华等:《艰难起步——新中国石油工业六十年巡礼之一》,载2009年9月18日《中国石油报》,第1版。
② 陈云:《关于第一个五年计划的几点说明》,载《陈云文选》(第二卷),人民出版社1995年版,第240页。
③ 马宏:《毛泽东与中国特色的石油工业发展道路》,载《毛泽东与当代中国——全国纪念毛泽东同志诞辰110周年学术研讨会论文集》(上),中央文献出版社2004年版,第563页,2003年12月25日。
④ 周恩来:《第一个五年计划的执行情况和第二个五年计划的基本任务》,载《周恩来选集》(下卷),人民出版社1984年版,第226页。

役、战术的结合上,对关系石油工业发展的一系列重大问题作出了指示。他说,"石油勘探工作应当从战略方面来考虑问题。总的来说,第一个问题是选择突击方向,不要十个指头一般平","勘探方向要东移。对松辽、华北、华东、四川等地区要下一番工夫。第二个五年计划期间,东北能找出油来就很好"①。在我国发现重大油田,石油工业获得迅猛发展后,中共领导人以不同的方式表达了对石油工业的深厚感情和对石油战线劳动者的敬意。1964年,毛泽东向全国工交战线发出"工业学大庆"的号召,这是石油工业的骄傲。

通观这一时期中共领导人对石油问题的相关论述和指示可以看出,石油是新中国开展社会主义建设的立国之基,受到了非同寻常的重视。这种重视,既包含着石油本身的重要性,因为石油的缺乏将导致国民经济无法健康发展,更有中共领导人在政治上对石油的渴求。以毛泽东同志为主要代表的中国共产党人通过发动一系列革命而推翻压在中国人民头上的"三座大山",建立人民民主专政的社会主义国家,是为了实现中华民族的解放,让中国人民过上幸福生活。社会主义国家政权的建立,仅仅是从上层建筑上解决了问题,为发展经济和推动社会进步提供了良好的政治条件。而社会的真正发展、民族的真正解放,还必须体现在较为发达的社会状况和较为富裕的生活水平上。仅仅建立人民政权而没有经济社会的迅速发展,仅仅停留在农业社会的基础上而没有发达的工业,给人们提供安定的生活环境却让人们过着"鸡犬之声相闻"的生活,这种境界是历史上田园诗人的追求和农民革命的理想。毛泽东对这种理想一直持批判态度,在《论人民民主专政》中,他就强调:"没有农业社会化,就没有全部的巩固的社会主义。农业社会化的步骤,必须和以国有企业为主体的强大的工业的发展相适应。"②正像一些研究者所指出的那样:"小农意识就其本质来说,是同社会主义现代化建设以及中国共产党执政党建设所要求的思想意识和执政理念不相容

---

① 陈新华等:《扭转乾坤——新中国石油工业六十年巡礼之二》,载 2009 年 9 月 26 日《中国石油报》,第 2 版。
② 毛泽东:《论人民民主专政》,载《毛泽东选集》(第四卷),人民出版社 1991 年版,第 1477 页。

的,它必定成为阻碍社会主义现代化建设和执政党建设的消极力量。"①中国共产党的最终目标是建立一个社会生产高度发达、物质资料极大丰富的共产主义社会,实现这一目标的必由之路是建立发达的工业,通过发达的工业把我国建设成为发达的社会主义国家。石油是实现工业化的前提,没有石油一切政治理想都无从谈起。因此,从国家建设的角度说,石油是新中国的立国之基,是以毛泽东同志为主要代表的中国共产党人实现共产主义理想的主要物质基础。

(二)核能强国

1945年美军投向日本的原子弹震惊了全世界,也让人们对核武器和核能量有了直观的认识。一年后的1946年8月6日,毛泽东同美国记者安娜·路易斯·斯特朗谈话时指出:"原子弹是美国反动派用来吓人的一只纸老虎,看样子可怕,实际上并不可怕。当然,原子弹是一种大规模屠杀的武器,但是决定战争胜败的是人民,而不是一两件新式武器。"②国际上帝国主义势力对人民政权的层层绞杀,和一些超级大国对中国频频的核讹诈政策,进一步激发了中共领导人对核武器的思考。"美国对中国的核讹诈与核威胁,影响了中国对战后国际政治的看法与对核武器的态度。一方面,中国不惧美国的核讹诈与核威胁,同时在与美国的具体冲突与危机中有理有利有节地化解美国的核威胁,另一方面,它促使中国下决心发展自己的核武器,以打破美国的核垄断与核威胁。"③为了打破一些超级大国的核垄断,摧毁它们的核讹诈政策,中共中央高层决定研究原子弹,开启中国的核工业。

早在新中国成立前夕,中国派代表团出国参加世界保卫和平大会时,周恩来曾支持著名科学家钱三强的建议,批准拨出一笔外汇从国外定购研究原子核科学所需要的器材。1950年5月,中国科学院组建近代物理研究所,主要任务是研究原子核物理和放射化学。1954年,地质部在综合找矿中发

---

① 袁银传:《毛泽东改造小农意识的思想述论》,载《高校理论战线》2012年第1期,第44页。
② 毛泽东:《和美国记者安娜·路易斯·斯特朗的谈话》,载《毛泽东选集》(第四卷),人民出版社1991年版,第1194—1195页。
③ 江峡:《论冷战时期美国对中国的核讹诈与核威胁》,载《湖北行政学院学报》2014年第4期,第95—96页。

现铀矿资源。1955年1月14日,周恩来约见李四光和钱三强,询问中国核科学研究人员和设备、资源等情况,详细了解核反应堆和原子弹的原理以及发展核能技术所需要的条件等。①

周恩来与科学家谈话的次日,即1955年1月15日,毛泽东主持召开中共中央书记处扩大会议。会议听取李四光、钱三强、刘杰的汇报,研究原子能事业的问题。毛泽东说:"过去几年其他事情很多,还来不及抓原子弹这件事。这件事总是要抓的。现在到时候了,该抓了。只要排上日程,认真抓一下,一定可以搞起来。现在苏联对我们援助,我们一定要干好!我们自己干,也一定能干好!我们只要有人,又有资源,什么奇迹都可以创造出来!"会议作出中国要发展原子能事业的战略决策,中国核工业建设正式开始。②

1956年4月25日,在中共中央政治局扩大会议上,毛泽东指出:"我们现在还没有原子弹。但是,过去我们也没有飞机和大炮,我们是用小米加步枪打败了日本帝国主义和蒋介石的。我们现在已经比过去强,以后还要比现在强,不但要有更多的飞机和大炮,而且还要有原子弹。在今天的世界上,我们要不受人家欺负,就不能没有这个东西。"③

但是,中国的核能研究和核工业建设并非完全出于军事目的,我们更愿意把它用到经济建设和社会发展中,作为民用事业的能源。1956年1月14日,周恩来在中共中央召开的关于知识分子问题的报告中,强调发展原子能事业的重要意义。他说:"科学技术新发展中的最高峰是原子能的利用。原子能给人类提供了无比强大的新的动力泉源,给科学的各个部门开辟了革新的远大前途。同时,由于电子学和其他科学的进步而产生的电子自动控制机器,已经可以开始有条件地代替一部分特定的脑力劳动,就象其他机器代替体力劳动一样,从而大大提高了自动化技术的水平。"④

---

① 《周恩来传》编写组:《周恩来与中国的第一颗原子弹》,载《党史博览》1998年第1期,第15页。
② 中共中央文献研究室:《毛泽东思想年编(1921—1975)》,中央文献出版社2011年版,第778页。
③ 毛泽东:《论十大关系》,载《毛泽东文集》(第七卷),人民出版社1999年版,第27页。
④ 周恩来:《关于知识分子问题的报告》,载《周恩来选集》(下卷),人民出版社1984年版,第181页。

当中国真正掌握原子弹技术,具备发展核工业的能力后,中共领导人又率先强调了核武器的和平目的。1964年10月16日,中国成功爆炸一颗原子弹。第二天,周恩来代表中国政府向全世界宣布:"中国政府一贯主张全面禁止和彻底销毁核武器,中国进行核试验、发展核武器,是被迫而为的。中国掌握核武器,完全是为了防御,为了保卫中国人民免受美国的核威胁。中国政府郑重宣布,在任何时候、任何情况下,中国都不会首先使用核武器。"他建议:"召开世界各国首脑会议,讨论全面禁止和彻底销毁核武器问题。作为第一步,各国首脑会议应当达成协议,即拥有核武器的国家和很快可能拥有核武器的国家承担义务,保证不使用核武器,不对无核武器国家使用核武器,不对无核武器区使用核武器,彼此也不使用核武器。"①

中共中央高层强调研究核能,发展核武器和核工业,既有国防目的,又有经济建设目的,也是中国共产党自身的属性决定的。研究核武器的国防目的显而易见,这一点可以从中共中央和国务院对参与我国首次核试验全体同志的贺电中表现出来。电文称:"这次成功的试验,标志着我国国防现代化进入了一个新的阶段。这对美帝国主义核垄断、核讹诈的政策是一个有力的打击,对全世界一切爱好和平的人民是一个极大的鼓舞。"②但是,发展核能的经济建设目的也很明显。因为核能所提供的远远大于普通能源的能量,正是百废待兴的中国所急需的。苏联在1954年建成了世界上第一座核电站,开了人类和平利用核能的先河,这对中国来说无疑是一个巨大的鼓舞。另外,中国共产党作为中国的领导力量,本身就是中国人民不畏强权不怕困难精神的集中代表,在美、苏、英等国成功爆炸原子弹后,自然不甘落后。这些因素的综合作用,坚定了中共领导人研究核能和发展核工业的决心。但从总体上说,核技术是最尖端、最强大的技术,只有掌握这一技术才能走上强国之路,才能实现国家的强大。因此,核能强国是新中国成立之后我国在能源事业发展方面的又一个显著内容。

---

① 周恩来:《全面禁止和彻底销毁核武器》,载《周恩来选集》(下卷),人民出版社1984年版,第431页。

② 原文刊于1964年10月18日《人民日报》,第1版。

(三) 科技兴国

在革命战争中,特殊的斗争环境使中国共产党把主要精力放在了政治、军事等关键和主要领域;建立新中国后,身份和工作环境的转变使中国共产党把相当一部分精力放在发展科技上。发展科技,既是提高经济社会发展水平的重要途径,也是马克思主义关于生产力决定生产关系这一基本原理的必然要求。没有先进的科学技术,就不可能有生产力的显著提高,也不可能带动社会的全面发展和实现物质资料的极大丰富。因此,刚刚执掌国家政权的中国共产党虽然面临着诸多繁重的任务,面临各种急需解决的新问题,但是通过发展科学技术来提高社会生产力成为各项工作的重点。

中共领导人对科学技术在经济社会发展中的作用有非常清醒的认识,并努力加大科学技术方面的投入,以此推动科学技术的进步。同时,由于工农业的发展对科学技术的依赖非常明显,特别是在能源工业领域,科学技术的水平直接影响甚至决定着工业发展的水平,中共领导人更是把注意力集中到了包括能源工业在内的这些领域,希望在有限的财力中加大对这些领域的投入,推动相关科学技术的进步。

党中央对科学技术的重视自新中国成立之初就开始了。例如,在中国人民政治协商会议全国委员会为新中国成立一周年举行的庆祝大会上,周恩来说:"在一九五〇年,中央人民政府把财政开支约百分之二十三点九用于经济建设的投资,这个数字比中国历史上任何一个政府的建设投资都要大,但是,对于中华人民共和国的经济建设的全部需要来说,这个数字却是很少很少。……事实上,中国的经济恢复将需要三年至五年的时间,然后才能转入有系统的发展。在这三五年内,我们应当集中力量于几个重点的发展,这种发展,应当是有利于为工业化准备基本条件,即资金条件、国内市场条件和技术条件的,同时,对于国防建设,也需要占适当的比重。因此,中央人民政府的经济投资,将着重用在发展工农业所首先需要的水利事业、铁道事业和交通事业方面,用在农业和纺织业方面,用在一切工业所首先需要的燃料工业、钢铁工业和化学工业方面。"[①]

[①] 周恩来:《为巩固和发展人民的胜利而奋斗》,载《周恩来选集》(下卷),人民出版社1984年版,第45页。

毛泽东对科学技术重要作用的认识更加深刻。1963年12月26日,在听取国务院副总理兼国家科学技术委员会主任聂荣臻汇报十年科学技术规划时,毛泽东插话说:"科学技术这一仗,一定要打,而且要打好。过去我们打的是上层建筑的仗,是建立人民政权、人民军队。建立这些上层建筑干什么呢?就是要搞生产。搞上层建筑、搞生产关系的目的就是解放生产力。现在生产关系是改变了,就要提高生产力。不搞科学技术,生产力无法提高。"①从毛泽东的这些话中可以看出,他把科学技术与社会主义生产力完全融为一体了,即科学技术的发达程度代表着生产力的发展水平,没有科学技术的发展就没有生产力的提高。这一论断把科学技术上升到生产力的水平来认识,既体现了中共领导人对科学技术的高度重视和大力发展科学技术的坚决态度,也加深了中国共产党对社会主义本质的认识。

发展石油工业和核工业,都必须依靠尖端科学技术。尤其是在核工业领域,仅有极少数国家掌握了这种最先进的科学技术。当时的中国,科学技术水平相当落后,唯一的办法就是追赶世界上的先进科学技术。1956年1月14日,在探讨原子能的利用时,周恩来指出:"我们必须赶上这个世界先进科学水平。我们要记着,当我们向前赶的时候,别人也在继续迅速地前进。因此我们必须在这个方面付出最紧张的劳动。只有掌握了最先进的科学,我们才能有巩固的国防,才能有强大的先进的经济力量,才能有充分的条件同苏联和其他人民民主国家在一起,无论在和平的竞赛中或者在敌人所发动的侵略战争中,战胜帝国主义国家。"②周恩来非常清楚,科学技术从某种程度上说是我国开展社会主义建设的决定性因素,没有先进的科学技术,一切发展都是空话。同时,周恩来还认识到,在社会主义建设中,光靠人民群众的革命热情,或者脱离人的主观能动性而一味地强调科学技术,都有失偏颇,只有二者结合起来才能促进社会主义事业的发展。1964年4月20日,周恩来在上海市工业交通方面五好集体、五好职工代表大会上指出:"要把冲天的革命干劲同严格的科学态度结合起来,大搞技术革新、技术革命,

---

① 毛泽东:《不搞科学技术,生产力无法提高》,载《毛泽东文集》(第八卷),人民出版社1999年版,第351页。

② 周恩来:《关于知识分子问题的报告》,载《周恩来选集》(下卷),人民出版社1984年版,第182页。

多快好省地完成生产任务。这一条的基本精神是学习大庆,学习大庆把革命干劲和科学实验结合起来的经验。这很重要,这是实事求是的态度。"①

党和国家对科学技术的重视,可以概括为科技兴国。科学技术不仅是能源的勘探、开采、加工等领域开展工作和取得成效的前提,而且是经济发展、社会进步和国家富强的基本动力。发展科学技术既是建设社会主义国家的必备条件,也是社会主义国家建设的重要内容。只有科学技术发展了,国家才能兴旺发达,社会主义事业才能繁荣昌盛,人民群众的生活水平才能显著提高,社会主义制度的生命力才能充分展示。在科技兴国、石油立国、核能强国三者的关系上,科技兴国既是石油立国、核能强国的必然结果,也是实现石油立国、核能强国的基本前提。它们相互促进,相辅相成,共同推动中国能源事业的发展和社会主义国家的进步。

二、发展能源事业的重要举措

新中国成立至社会主义建设探索时期我国能源事业发展的基本内容集中体现在石油立国、核能强国和科技兴国方面,尽管党和国家在各个方面所关注的内容、作出的指示和对相关工作的安排有所不同,但贯穿这三个方面的主线是一致的。即使在这三个领域之外的其他能源问题上,我国能源事业的发展也体现着同样的宗旨,呈现出共同的特点,即辩证地认识能源事业和其他事业的关系,发展能源事业的首要目的是谋求国家的独立富强,坚持自力更生为主、谋求外援为辅的能源发展道路。这三个共同的特点,成为新中国成立至社会主义建设探索时期我国发展能源事业的重要举措。

(一)辩证地认识能源事业和其他事业的关系

辩证唯物主义是马克思主义的基本内容,它主张用运动的而不是僵化的观点看待事物之间的联系,从全局和整体上来探寻不同事物之间对立统一的规律。中国共产党作为根据马克思主义基本原理建立起来的政党,非常注重运用辩证唯物主义看待各种现象和处理相关问题。在发展能源事业

---

① 《毛泽东、周恩来关于工业学大庆问题的讲话摘录》,载《党的文献》1994年第6期,第24页。

这一问题上,中共领导人的认识无不体现出辩证唯物主义的哲学智慧。例如在 1952 年,毛泽东出京巡视黄河。他嘱咐大家"要把黄河的事情办好"。毛泽东站在黄河大堤上,详细询问大堤、大坝的情况,指示要修好三门峡水库。他说:"这个大水库修起来,把几千年以来的黄河水患解决了,还能灌溉农田几千万亩,发电一百万瓦,通行轮船也有了条件。"① 毛泽东关于治理黄河的主张,涵盖了发展水利、能源、交通等多个领域,而不仅仅限于消除水患。

在发展能源方面,党和国家始终强调把能源事业融入整个工业发展中,把工业与农业有机融为一体,而不是片面地、单纯地关注能源问题,或者脱离社会发展的实际状况而过高地突出能源的重要性。在能源事业与其他事业的关系上,中共领导人的认识具有两个明显的特征。

首先,强调重视农业的基础性地位,要求包括能源事业在内的工业的发展必须立足于我国作为一个农业大国这一基本国情。1956 年 4 月 25 日,在中央政治局扩大会议上,毛泽东作了《论十大关系》的报告。他所谈论的十大关系,首先就是重工业和轻工业、农业的关系。毛泽东指出:"重工业是我国建设的重点。必须优先发展生产资料的生产,这是已经定了的。但是决不可以因此忽视生活资料尤其是粮食的生产。如果没有足够的粮食和其他生活必需品,首先就不能养活工人,还谈什么发展重工业? 所以,重工业和轻工业、农业的关系,必须处理好。……你对发展重工业究竟是真想还是假想,想得厉害一点,还是差一点? 你如果是假想,或者想得差一点,那就打击农业、轻工业,对它们少投点资。你如果是真想,或者想得厉害,那你就要重视农业、轻工业,使粮食和轻工业原料更多些,积累更多些,投到重工业方面的资金将来也会更多些。"② 1957 年 1 月 27 日,在省市自治区党委书记会议上,毛泽东要求:"全党一定要重视农业。农业关系国计民生极大。……农业是轻工业原料的主要来源,农村是轻工业的重要市场。……农村又是重工业的重要市场。比如,化学肥料,各种各样的农业机械,部分的电力、煤

---

① 康沛竹:《治国先治水——党的三代领导人对水利战略地位的认识》,载《中共党史研究》2002 年第 1 期,第 26 页。
② 毛泽东:《论十大关系》,载《毛泽东文集》(第七卷),人民出版社 1999 年版,第 24—25 页。

炭、石油，是供应农村的，铁路、公路和大型水利工程，也都为农业服务。现在，我们建立了社会主义的农业经济，无论是发展轻工业还是发展重工业，农村都是极大的市场。"①虽然毛泽东强调了重工业是国民经济发展的重点，但是他看到了重工业对轻工业和农业的依赖性，看到了农业在国民经济发展中的基础性作用，因而非常重视农业的发展。而且在毛泽东看来，只有农业获得了长足的发展，工业的发展才能持续和取得成效。能源既是重工业的重要组成部分，又是发展重工业和轻工业的动力支撑，因而毛泽东关于重工业和轻工业、农业关系的论述，实际上探讨的也是能源事业与农业的关系，凸显的是能源事业的发展既依赖农业又反过来促进农业发展的密切联系。认清这一点，对于中国这样一个传统农业大国来说，既非常正确也非常重要。因为在中国，无论是在传统的农业文明时代还是当时正在进入的工业文明时代，农业的地位历来都是不容忽视的。毛泽东的论述不仅有助于推动农业的发展，而且最终也会促进包括能源事业在内的工业的迅猛发展。

其次，要求突出工业的主导性地位，把能源事业的发展与整个国家的工业化进程紧密联系起来，使包括能源事业在内的工业建设与农业协调发展，相得益彰。这在周恩来的论述中表现得较为明显。1962年3月28日，周恩来指出："多年来的经验完全证明，我国国民经济的发展，必须以工业为主导，而以农业为基础。……我们必须遵照毛泽东主席的指示，把农业放在发展国民经济的首要地位，按照农业、轻工业、重工业的次序来安排经济计划。重工业必须为农业提供越来越多的各种农具、农业机械、化学肥料、木材、燃料等等，来不断地提高农业的劳动生产率，使农业能够为工业和城市提供越来越多的粮食、原料和其他农副产品。轻工业必须尽可能为农村提供越来越多的日用品，以利于发展城乡交流，逐步改善城乡人民的生活，增加国家建设资金的积累。"②1964年12月27日，他又指出："必须更好地执行以农业为基础、以工业为主导的发展国民经济总方针。工业的发展规模，要同农业可能提供的商品粮食和工业原料相适应。各行各业都应该面向农村，为农

---

① 毛泽东:《在省市自治区党委书记会议上的讲话》，载《毛泽东文集》(第七卷)，人民出版社1999年版，第199页。
② 周恩来:《国民经济的调整工作和当前任务》，载《周恩来选集》(下卷)，人民出版社1984年版，第371页。

业服务。重工业部门应该首先为农业提供越来越多的机械、化学肥料、农药、燃料、电力、水利灌溉设备和建筑材料,同时为轻工业提供越来越多的原料、材料和设备。为了实现这个要求,进一步加快重工业首先是基础工业的发展,是完全必要的。"①周恩来认识到,不仅包括能源事业在内的工业是一个整体,而且整个工业和农业也是一个整体,要促进农业的发展就必须大力发展包括能源事业在内的工业,让工业的发展带动农业发展。

总之,在包括能源事业在内的重工业和轻工业、农业的关系上,中共领导人始终从辩证唯物主义基本原理出发,厘清它们之间对立统一的关系,在此基础上为各个产业的发展指出正确的方向。这是辩证唯物主义的科学原理在我国经济发展和社会进步领域的科学运用,是中国共产党人关于社会主义建设的正确探索。

(二)发展能源事业的首要目的是谋求国家的独立富强

谋求国家的独立富强,是中国共产党领导中国人民进行革命斗争的直接目的。只有实现国家的独立富强,才能为共产主义事业扫清各种障碍。1922年中国共产党第二次全国代表大会确立的党的奋斗目标,前两项即是"消除内乱,打倒军阀,建设国内和平""推翻国际帝国主义的压迫,达到中华民族完全独立"。中国共产党从成立到建立新中国的二十八年奋斗历程,正是围绕谋求国家的独立富强而进行的。谋求国家的独立富强,在中共领导人的思想中一以贯之。在中国共产党领导中国人民取得革命战争的胜利之后,党的主要领导人一再强调谋求民族独立和国家富强的目标,表达对各种反动势力毫不妥协的决心和勇气。例如1949年6月15日,在新政治协商会议筹备会上,毛泽东指出:"中国必须独立,中国必须解放,中国的事情必须由中国人民自己作主张,自己来处理,不容许任何帝国主义国家再有一丝一毫的干涉。"②面对美帝国主义对即将成立的新中国的封锁,毛泽东说:"多少一点困难怕什么。封锁吧,封锁十年八年,中国的一切问题都解决了。中国

---

① 周恩来:《发展国民经济的主要任务》,载《周恩来选集》(下卷),人民出版社1984年版,第440页。

② 毛泽东:《在新政治协商会议筹备会上的讲话》,载《毛泽东选集》(第四卷),人民出版社1991年版,第1465页。

人死都不怕,还怕困难吗?……留给我们多少一点困难,封锁、失业、灾荒、通货膨胀、物价上升之类,确实是困难,但是比起过去三年来已经松了一口气了。过去三年的一关也闯过了,难道不能克服现在这点困难吗?没有美国就不能活命吗?"①中国共产党谋求国家独立富强的决心和毅力可见一斑,这种决心和毅力在发展能源事业上得到进一步的体现。

在中共中央作出发展核工业的决定后,周恩来亲自组织实施。1955年1月31日,周恩来主持召开国务院全体会议。会议就苏联部长会议1月17日关于苏联在促进原子能和平用途的研究方面给予其他国家以科学、技术和工业上帮助的声明进行了讨论,并通过了相应的决议。决议指出:"由于帝国主义和封建主义的长期压迫,中国的科学和技术的发展是落后的,但是我们深信,在解放了的中国,它的科学家、工程师和工人们,在苏联的真正帮助下,一定能够迅速掌握使用原子能的技术。"②这一决议表达了中国共产党领导下的中国政府在发展原子能这一尖端科技方面强烈的自信心,而这种自信心正来自于对国家独立富强的强烈追求和为谋求国家独立富强而奋斗的决心和勇气。中国共产党领导中国人民能够在极为艰难的历史条件下推翻"三座大山",打败各种反动势力对中国人民的压迫和剥削,当然也能够通过刻苦钻研而掌握代表世界上最先进的科学技术水平和工业发展水平的原子能事业,使中华民族傲然屹立于世界东方。

1963年9月,在审阅《关于工业发展问题(初稿)》时,毛泽东加写一段文字。在这段文字中,他把我国受世界上各帝国主义国家侵略和签订丧权辱国条约的原因,归结为社会制度腐败和经济技术落后两条。他指出:"现在,我国社会制度变了,第一个原因基本解决了;但还没有彻底解决,社会还存在着阶级斗争。第二个原因也已开始有了一些改变,但要彻底改变,至少还需要几十年时间。如果不在今后几十年内,争取彻底改变我国经济和技术远远落后于帝国主义国家的状态,挨打是不可避免的。……我们应当以有可能挨打为出发点来部署我们的工作,力求在一个不太长久的时间内改

---

① 毛泽东:《别了,司徒雷登》,载《毛泽东选集》(第四卷),人民出版社1991年版,第1496页。

② 《当代中国》丛书编辑部:《当代中国的核工业》,中国社会科学出版社1987年版,第14—15页。

变我国社会经济、技术方面的落后状态,否则我们就要犯错误。"①可见,毛泽东在建设国民经济、推动科学技术进步和发展能源事业上,始终把谋求国家的独立富强作为首要目的。"落后就要挨打"是中华民族百年来的屈辱史告诉中国人的一条真理,这个真理在中共领导人的头脑中时时闪现。我们一直以来所追求的国家独立和民族富强,强调的是中国人民必须自己站起来,必须通过自己的努力奋斗而实现民富国强,正是因为这是中华民族摆脱任人宰割的悲惨境遇而自己掌握自己命运的唯一出路。国家独立富强比什么都重要,绝不能受到丝毫的损伤。当昔日盟友苏联的一些做法危及我国的独立富强时,我们立即作出了反应,宁可不要苏联的援助,也要维护国家的独立富强。1964年1月5日,在同日本共产党中央政治局委员听涛克己谈话时,毛泽东一针见血地指出:"我们同苏联有外交关系,而且是社会主义阵营中的两个国家,但是中、苏两国之间的关系,还不如中国同日本自由民主党的关系好,也不如中国同池田派的关系好。这很值得我们大家想一想,是什么原因?就是因为美、苏两国都有核武器,想统治全世界,而自由民主党是受美国控制的。"②毛泽东的这番话,表明了中国共产党的最高领导人对国家独立富强的不懈追求,在维护国家独立富强方面的鲜明态度。

谋求国家的独立富强是中国共产党的一贯追求,发展能源事业是实现国家独立富强而采取的重要举措。发展能源事业和维护国家独立富强二者是手段与目的的关系,能源事业发展了,经济建设搞好了,人民生活富裕了,综合国力增强了,国家的独立富强就能得到很好的维护。如果没有国家的独立富强,经济社会发展可能给国家和民族带来屈辱和损害,发展的成果可能被掠夺和用来危害中国人民。正是认识到这一点,中共领导人把维护国家独立富强置于最高地位,作为发展能源事业的首要目的。

(三)坚持自力更生为主,争取外援为辅的发展方针

二十世纪五十年代初,在国防部第五研究院成立伊始,毛泽东、周恩来

---

① 毛泽东:《把我国建设成为社会主义的现代化强国》,载《毛泽东文集》(第八卷),人民出版社1999年版,第340—341页。
② 毛泽东:《两个中间地带》,载《毛泽东文集》(第八卷),人民出版社1999年版,第344页。

便批准了由兼院长聂荣臻提出的"自力更生为主,力争外援和利用资本主义国家已有的科学成果"的建院方针①。1958年6月17日,在审阅国务院副总理兼国家计划委员会主任李富春关于第二个五年计划要点报告时,毛泽东作出批示:"自力更生为主,争取外援为辅,破除迷信,独立自主地干工业、干农业、干技术革命和文化革命,打倒奴隶思想,埋葬教条主义,认真学习外国的好经验,也一定研究外国的坏经验——引以为戒,这就是我们的路线。"②这是毛泽东对自力更生为主,争取外援为辅的发展方针的进一步阐述。自力更生为主,争取外援为辅也是中国共产党领导中国人民发展能源事业的基本方针。在能源事业的发展中,我国始终坚持了这一基本方针,确保了能源事业的独立自主和健康发展。

在中苏关系保持友好时期,尽管苏联向中国提供了各方面的援助,我国仍然强调自力更生建设社会主义事业。1956年1月14日,周恩来指出:"我们既不能对知识界的现有力量加以忽略,更不能认为可以满足;既不能无限期地依赖苏联专家,更不能放松对苏联和其他国家的先进的科学技术进行最有效的学习。我们所应该采取的唯一正确的方针,就是为了使我国的社会主义建设事业进行得又多、又快、又好、又省,必须尽一切努力最充分地动员和发挥知识分子的现有力量,同时尽一切努力尽可能迅速地给以进一步的改造、扩大和提高,使这种改造、扩大和提高的速度和规模能够真正符合我们国家的各方面伟大发展的巨人式的步伐。"③1956年11月10日,周恩来又指出:"我们所说的在我国建立一个基本上完整的工业体系,主要是说:自己能够生产足够的主要的原材料;能够独立地制造机器,不仅能够制造一般的机器,还要能够制造重型机器和精密机器,能够制造新式的保卫自己的武器,象国防方面的原子弹、导弹、远程飞机;还要有相应的化学工业、动力工业、运输业、轻工业、农业等等。但是,应该指出,基本上完整并不是说一切

---

① 张家裕:《试论毛泽东、周恩来的核战略思想》,载《军事历史研究》1989年第2期,第5页。

② 毛泽东:《独立自主地搞建设》,载《毛泽东文集》(第七卷),人民出版社1991年版,第380页。

③ 周恩来:《关于知识分子问题的报告》,载《周恩来选集》(下卷),人民出版社1984年版,第167页。

都完全自足。就是大国也不可能什么都有。"①周恩来的这番话,既表达了中共领导人对中国广大知识分子、科学技术工作人员依靠自己的智慧和汗水推动中国科学技术进步、服务于社会主义建设的殷切希望,也表现出了党中央对中国自力更生发展包括能源事业在内的各项事业的高度自信。当然,这种自信并不是凭空产生的,并不是一种盲目的自大和自负,因为中国在历史上就是一个伟大的国家,中国的科学技术曾经长期在世界上处于领先地位,后来由于帝国主义的侵掠和掠夺,以及封建政治的腐朽和政府的无能等原因,才落后于西方列强。中国共产党领导中国人民建立新中国,对外驱逐了帝国主义势力,对内结束了一盘散沙、战火连绵的状态。全新的国家制度、清明的政治局面、最高领导层对发展科学技术的高度重视等,为我国独立自主开展科学技术研究工作提供了良好的环境。广大科学技术人员的辛勤努力和积极创新,再加上对国外先进科学技术的学习借鉴,中国完全能够独立自主地开展社会主义建设和发展具有高水平科学技术作为支撑的能源事业。当然,在发展能源事业方面坚持独立自主,并不意味着盲目排外,拒不接受国外的援助。中国在发展能源事业的初期和苏联保持着非常友好的关系,中国积极争取并接受了苏联的很多援助,涵盖电力、煤矿、石油化工等诸多领域。即使在核工业发展领域,苏联也曾向中国提供技术援助。争取外援作为中国发展能源事业的辅助性方针,解决了早期发展中的不少技术难题,在一定程度上拓宽了中国能源发展事业的瓶颈,其重要性不容忽视。

中共领导人确立并坚持的自力更生为主,争取外援为辅的发展方针,被实践证明是一条完全正确的方针,它使中国的能源事业从起步之时便走上了健康的发展道路,避免了因依赖国外而可能导致的后果。这一点在原子能事业发展中表现得尤为突出。1959年6月20日,苏共中央致信中共中央,拒绝提供原子弹教学模型和技术资料。7月,周恩来向宋任穷传达中央决策:"自己动手,从头摸起,准备用八年时间搞出原子弹。"②1960年7月18日,毛泽东在北戴河会议上指出:"要下决心搞尖端技术。赫鲁晓夫不给

---

① 周恩来:《经济建设的几个方针性问题》,载《周恩来选集》(下卷),人民出版社1984年版,第232页。

② 《当代中国》丛书编辑部:《当代中国的核工业》,中国社会科学出版社1987年版,第565页。

我们尖端技术,极好! 如果给了,这个账是很难还的!"①这是党中央坚持自力更生发展中国能源事业的生动写照,反映了我国发展能源事业的毅力和决心,也使我们更加坚信,只有自力更生,靠自己艰苦创业,才能在发展能源事业上取得真正的成功,才能把中国建设成为伟大的社会主义国家,才能在一些鄙薄和伤害中国的国际势力面前扬眉吐气。国外提供援助,固然是一件好事,但是过于关注国外的援助,而不把精力放到自己的发展上,不强调自己实力的提升,最终结果无非是两种:一是与外国过于紧密的合作将导致引狼入室,把自己的发展命脉拱手让于他人;二是与外国关系恶化而无力开展下一步的工作,在怨天尤人中一事无成。只有坚持自力更生这一根本性的发展方针,才能避免上述两种不利后果,使自己的能源发展道路越走越宽。1963年9月3日,在同印度尼西亚共产党由中央委员会主席迪·努·艾地率领的代表团谈话时,毛泽东感慨地说:"苏联把专家撤走,撕毁了合同,这对我们有好处。我们没办法,就靠自己,靠自己两只手。后来苏联又后悔了,想再派专家来,要同我们做生意,我们不干。……正是在一九六〇年的这个时候,苏联撤走专家,到现在已经三年了,我们的工业建设搞出了许多自己的经验。离开了先生,学生就自己学。有先生有好处,也有坏处。不要先生,自己读书,自己写字,自己想问题。这是一条真理。"②毛泽东的这番精辟论述,正是对我国在能源事业上坚持自力更生为主,争取外援为辅的发展方针的科学总结。

三、能源事业发展的历史贡献

新中国成立至社会主义建设探索时期我国能源事业的发展,无论是在理论上还是在实践中,都产生了重大影响。从理论方面说,中共领导人关于能源事业发展的重要认识丰富和发展了毛泽东思想。毛泽东思想是中国共产党丰富的思想宝库,涵盖哲学、政治、军事、经济、文艺等多个领域,对于能源事业发展的认识正是这一思想宝库的重要组成部分。以毛泽东为代表的

---

① 《当代中国》丛书编辑部:《当代中国的核工业》,中国社会科学出版社1987年版,第566页。

② 毛泽东:《革命和建设都要靠自己》,载《毛泽东文集》(第八卷),人民出版社1999年版,第338页。

中共领导人在发展能源事业方面的重要论述和决策、决定,不仅扩大了毛泽东思想涵盖的领域,充实了毛泽东思想的整体结构,而且支撑了毛泽东思想中政治、军事、经济等领域的科学论断,深化了毛泽东思想的理论内涵。从实践方面说,新中国成立之后开辟的我国现代能源事业,推动我国走上了现代化道路。1981年6月27日,党的十一届六中全会通过的《关于建国以来党的若干历史问题的决议》在总结建国三十二年来我国取得的主要成就时,把工业建设方面的成就概括为:"在工业建设中取得重大成就,逐步建立了独立的比较完整的工业体系和国民经济体系。……在辽阔的内地和少数民族地区,兴建了一批新的工业基地。国防工业从无到有地逐步建设起来。资源勘探工作成绩很大。铁路、公路、水运、空运和邮电事业,都有很大的发展。"这一决议还通过数字描述了各个领域的巨大进步,即1980年同完成经济恢复的1952年相比,全国工业固定资产按原价计算,增长26倍多,达到4100多亿元;棉纱产量增长3.5倍,达到293万吨;原煤产量增长8.4倍,达到6亿2000万吨;发电量增长40倍,达到3000多亿度;原油产量达到1亿零500多万吨;钢产量达到3700多万吨;机械工业产值增长53倍,达到1270多亿元。而这一切成就的取得,都离不开以毛泽东为代表的中共领导人对能源事业深刻认识的正确实践和积极推动。

新中国成立至社会主义建设探索时期我国能源事业发展的历史贡献是开创性的,无论对于整个社会主义事业还是对于中国的独立富强,都具有高瞻远瞩的理论指导意义和实践应用价值。正确认识和科学评价这一历史时期我国能源事业的发展,有助于全面了解我国在改革开放前三十年独立自主、自力更生、筚路蓝缕、艰苦创业的伟大历程,深刻理解我国如何从一个落后的农业国走向现代的工业国,从一个备受欺凌任人宰割的弱国走向作为世界和平力量强大代表的强国。结合我国走向社会主义现代化国家的伟大历程,可以把新中国成立后至社会主义建设探索时期我国能源事业发展的历史贡献,概括为三个方面:形成了中央发展能源事业的正确决策,开辟了我国能源事业的发展道路;开创了我国现代化的能源事业,奠定了社会主义现代化建设的基础;开创了我国现代化的能源科技,培养出第一代能源事业科学技术人才。

（一）形成了中央发展能源事业的正确决策，开辟了我国能源事业的发展道路

由于中共领导人对能源问题的正确论断和科学预见，中央很快作出发展能源事业的正确决策，由此开辟了我国能源事业的发展道路，谱写了我国能源发展的壮丽篇章。

新中国成立之初，边实施边编制并在1955年最终确定的"一五"计划，强调集中力量优先发展以能源、原材料、机械工业等基础工业为主的重工业，能源在发展国民经济和实现工业化方面的重要性不言而喻，根据中共领导人的能源思想所形成的发展能源等重工业的决策无疑是正确的，我国能源事业的发展也从中共领导人的设想进入实施阶段。此后，虽然经历过"大跃进""文革"等的严重干扰，但是我国关于能源事业发展的决策总体上得到了很好的贯彻落实，并且取得了举世瞩目的伟大成就。党的领导人在形成中央关于发展能源事业的正确决策、开辟我国能源事业的发展道路方面的历史贡献，也可以从我国石油工业、原子能事业的发展中表现出来。

党中央不仅决定发展中国的石油工业，而且对石油工业的发展始终倾注了大量心血，寄予了殷切希望。例如在发展石油事业的艰难时期，为了解决石油职工短缺的问题，在毛泽东的支持下，1960年2月，中央特别发出《中央决定动员三万名退伍兵给石油部的指示》，一大批经过战场考验的解放军退伍战士和转业军官奔赴石油会战前线，成为发展石油工业的有生力量。大庆油田的建成，实现了我国原油和石油的全部自给，结束了我国靠"洋油"过日子的时代，毛泽东对此予以充分肯定，并在1964年1月25日发出"工业学大庆"的号召。毛泽东和党中央树立的大庆这面旗帜，成为中国石油工业独立发展的典型。有研究者回顾新中国成立后30年中国石油的发展，认为在有中国特色的石油工业发展道路的形成与完善过程中，"毛泽东作为新中国的第一代领导核心和新中国石油工业的创始人，对石油事业始终给予高度重视和关怀指导，当之无愧地是有中国特色的石油工业发展道路最主要的开创者"[①]。

---

① 马宏:《毛泽东与中国特色的石油工业发展道路》，载《毛泽东与当代中国——全国纪念毛泽东同志诞辰110周年学术研讨会论文集》（上），中央文献出版社2004年版，第562页。

在原子能事业的发展中,中共领导人所起的作用也是最为关键的。1961年7月16日,中央发出《中共中央关于加强原子能工业建设若干问题的决定》,指出:"为了自力更生,突破原子能技术,加强我国原子能工业的建设,中央认为有必要进一步缩短战线,集中力量,加强各有关方面对原子能工业建设的支援。"同时,中央决定采取四项措施,即加强核工业的技术力量和领导力量;加强核工业所需设备、仪表的生产、试制和配套;着力解决工业卫生和防护医疗问题;为保密和保证运输及时,将核工业系统的物质运输一律列为军运。1962年9月11日,第二机械工业部向中共中央、毛泽东写出《关于自力更生建设原子能工业情况的报告》,提出了争取在1964年或者1965年上半年实现第一颗原子弹爆炸试验的奋斗目标。11月3日,毛泽东批示:"很好,照办。要大力协同做好这件工作。"①刘少奇主持召开中央政治局会议,批准了第二机械工业部提出的规划。

为加强领导,组织实施,决定在中央直接领导下,成立一个15人的专门委员会,周恩来任主任。除周恩来外,中央专委中的7位副总理、7位部长级干部都是政府、军队、工交、财贸、科研、文教卫生各方面的负责人。他们参加专委,可以动员各方面的力量参加核工业建设和核武器研制攻关。中央专委从成立到第一颗原子弹装置爆炸成功之前,共召开13次会议,讨论解决100多个重大问题。在中央专委的组织领导下,全国各地区、各部门迅速形成了大力协同攻关会战的动人场面。②

正是中共领导人在发展原子能事业方面的集中统一领导,对诸多具体而微的问题的亲自协调解决,才保证了各种力量的协同攻关,最终取得原子能事业的巨大成功。正如有研究者所评论的那样:"实践证明,没有党中央和毛泽东、周恩来等人远见卓识的正确决策和强有力的集中统一领导,研制核武器等'两弹一星'这样庞大的工程系统,是不可能那样快地取得惊人成就的。党中央的正确决策和强有力的集中统一领导,有力地推动了原子能工业和原子弹研制的进程,出现了势如破竹、节节胜利的局面,各项任务协

---

① 《当代中国》丛书编辑部:《当代中国的核工业》,中国社会科学出版社1987年版,第567—568页。
② 《当代中国》丛书编辑部:《当代中国的核工业》,中国社会科学出版社1987年版,第47—51页。

调配合的效果都超出了预期设想,为我国发展高科技事业创造了有普遍指导意义的经验。"①

总之,以毛泽东为代表的中共领导人对能源问题的论述和主张不仅作为毛泽东思想体系的一个组成部分而具有理论上的重大价值,而且在进入党和国家的政策层面后得到了有效实施并取得了辉煌成就,开辟了我国能源事业的发展道路。新中国成立至社会主义建设探索时期我国能源事业发展的历史贡献是开创性的,它从理论和实践两个层面科学回答了中国的能源事业要不要发展、应当如何发展等重大战略问题,几乎从无到有地探索出了中国能源事业独立自主的发展道路,解决了制约中国社会主义建设的能源问题。

(二)开创了我国现代化的能源事业,奠定了社会主义现代化建设的基础

新中国成立之前,我国的常规能源虽然有一定的发展,但规模和产量非常有限,远远不能维持国民经济的正常运转。中国作为一个农业国,民族工业本身就很脆弱,加上电力特别是石油等发展工业所亟需能源的匮乏,国家的工业建设步履维艰。工业建设和能源生产之间具有非常密切的关系,没有足够的能源就不可能建成发达的工业,尤其是在机械制造、交通运输等领域,石油的重要性更为突出。而在军工、国防领域,原子能和原子弹已经成为国家实力的关键性标识。以毛泽东为代表的中共领导人在发展石油和原子能事业方面投入了巨大的精力,开创了我国现代化的能源事业。以石油生产为例:"1949年新中国成立时,石油年产量只有12万吨,只占当年能源总产量的百分之一。'一五'期间,石油是唯一没有完成生产计划的部门。直到1959年,中国的石油自给率只有40.6%。如果说石油是工业的血液,那么新中国是严重贫血的。如果说石油是保障一个国家独立与繁荣的生命线,那么新中国这条生命线断续若丝,非常羸弱。然而,经过大庆石油会战,1965年我国就自豪地宣布实现了石油的基本自给,把石油落后帽子甩到了太平洋里去。70年代初,中国开始向国外出口石油。1980年,中国原油产量

---

① 高健民,宋炳寰:《周恩来与我国第一颗原子弹》,载《百年潮》2014年第11期,第13页。

超过了1亿吨,跨进了世界产油大国的行列。"①我国现代化的能源事业的发展轨迹,可以从那个年代石油生产翻天覆地的变化中窥见一斑。

把以毛泽东为代表的中共领导人高度重视和大力发展石油、原子能事业,视为我国现代化的能源事业的开端,是因为这两类能源在中国能源事业的发展中具有至关重要的意义。在现代社会里,石油的重要性无可替代,特别是对于工业化国家或者希望走上工业化道路的国家来说。二十世纪后期爆发的世界石油危机,更加深了各个国家对石油重要性的认识和对石油的依赖性。对于一个大国来说,石油的生产数量特别是消费数量也能反映出其现代化的状况和程度。我国不仅安然度过了当时的石油危机,并能够出口石油,足以说明我国在能源事业的现代化方面所取得的成就。核能所代表的现代化水平更为明显。尽管在当前,核能基本上被确定为常规能源,但是在冷战时期,核能代表着最尖端的科学技术实力,属于最为现代化的能源事业。一个国家核能的发展状况,不仅展示了它对现代化能源科学技术的掌握程度,而且表明了它对最具有威慑力的核武器的拥有能力。即使在今天,虽然人们已经用新能源的发展状况来衡量一个国家能源事业的现代化程度了,但对石油和核能的开发利用状况仍在一定程度上代表着一个国家能源事业的现代化水平。以毛泽东为代表的中共领导人对这两项能源的发展,不但是对我国现代化能源事业的开创,而且奠定了我国目前大力发展新能源事业的基础,具有深远的历史意义。

能源事业的发展对整个国民经济来说都具有显著的推动作用,但是受益最为直接的、成效最为显著的行业当属工业。中国共产党在领导中国革命取得成功之时,就把工业化列为发展国民经济和建设社会主义国家重中之重的任务,实现社会主义工业化成为中国共产党在过渡时期总路线的主体。1955年10月29日,在资本主义工商业社会主义改造问题座谈会上,毛泽东直言不讳地指出:"我国是个大国,但不是富国,也不是强国。飞机也不能造,大炮也不能造,坦克也不能造,汽车也不能造,精密机器也不能造,许多东西我们都不能造,现在才开始学习制造。我们还是一个农业国。在农

---

① 马宏:《毛泽东与中国特色的石油工业发展道路》,载《毛泽东与当代中国——全国纪念毛泽东同志诞辰110周年学术研讨会论文集》(上),中央文献出版社2004年版,第568页。

业国的基础上,是谈不上什么强的,也谈不上什么富的。"①实现国家的社会主义工业化,必须以丰富的能源作为支撑,这也是中共领导人高度重视并大力发展能源事业的重要原因之一。能源事业的发展为中国走向工业化的道路提供了动力之源,经过中国共产党的正确领导和广大人民的艰苦奋斗,初具规模的社会主义工业体系在能源事业的基础上逐渐形成。在改革开放前三十年,我国工业生产成绩斐然。从主要工业产品的产量来看:钢产量从1949年的16万吨发展到1976年的2046万吨;发电量从1949年的43亿度发展到1976年的2031亿度;原油从1949年的12万吨发展到1976年的8716万吨;原煤从1949年的3200万吨发展到1976年的4.83亿吨;汽车产量从1955年年产100辆发展到1976年的年产13.52万辆②。以毛泽东为代表的中共领导人领导开展的能源事业和工业化建设,都取得了巨大的成功,从根本上改变了新中国成立之初一穷二白的局面,实现了国家在经济命脉上的独立自主和自力更生,奠定了我国社会主义现代化建设的物质基础。有研究者指出:"以毛泽东为首的新中国领导人带领共和国走过了艰难曲折的道路;于新中国诞生后30余年,初步建立起独立完整的工业体系和国民经济体系。这在中国史无前例,在世界也罕见,值得后人铭记。"③

(三)开创了我国现代化的能源科技,培养出第一代能源事业科学技术人才

科学技术的发展水平和科学技术人才的培养质量,是展现新中国成立至社会主义建设探索时期我国能源事业发展的历史贡献的又一个重要方面。工业化本身就包含着很高的科学技术水平,没有科学技术的进步就不会有人类历史上的工业革命。同时,实现国家的工业化需要丰富的能源作为动力,而能源事业特别是现代化能源事业的发展必须依靠科学技术的进步。因此,我国实现工业化和发展能源事业,必然伴随着科学技术的重大发展。党中央采取了非常必要和正确的措施推动了我国科学技术的发展。

---

① 毛泽东:《在资本主义工商业社会主义改造问题座谈会上的讲话》,载《毛泽东文集》(第六卷),人民出版社1999年版,第495页。
② 数据引自沙健孙《毛泽东与新中国的经济建设》,载《党的文献》2013年增刊,第108页。
③ 董志凯:《毛泽东与新中国独立完整工业体系的建立及中国的现代化》,载《马克思主义研究》2014年第8期,第66页。

1953年9月8日,在论述过渡时期的总路线时,周恩来就提出:"培养技术人才是我们国家建设的关键。我们的技术人才还很不够,培养人才是一个重大的任务。要从各方面培养人才。除各种专门学校外,还要在工厂中培养技术工人,要使干部学习业务,学习技术。"①为了大力发展科学技术,我国在那一时期制定了两个科学技术发展规划。第一个是《1956—1967年科学技术发展远景规划纲要(修正草案)》,它提出:"为了更好地服务于社会主义建设,必须努力使我国科学技术工作逐步走上自立的道路。对于科学的空白部门必须迅速加以填补,原来较有基础的部门必须迅速加以提高和加强,务须迅速摆脱我国在科学技术方面的落后现象,在十二年内接近或赶上世界先进水平。"这一规划确定了我国发展科学技术必须执行的"重点发展,迎头赶上"的方针,要求"根据国民经济发展的需要和科学发展的方向,确定国家的重要科学技术任务,把各个科学部门的力量汇合在统一的目标下","在进行科学研究时,应该首先掌握世界现有的先进科学成就,尽量避免重复研究国外早已解决了的问题","必须及时地积极地积累自己的科学储备"。这一规划从13个方面提出了57项重要的科学技术任务,其中第三个方面便是"燃料和动力"。1963年底,在前一个规划提前完成的基础上,根据社会主义建设的任务,并参照世界科学技术的进展状况,我国制定了《1963—1972年科学技术发展规划纲要》。它提出十年科学技术发展的要求,即:"动员和组织全国的科学技术力量,自力更生地解决我国社会主义建设中的关键科学技术问题,迅速壮大又红又专的科学技术队伍,在重要的急需的方面,掌握六十年代的科学技术,力求在接近和赶上世界先进科学技术水平的道路上,实现大跃进。"②它所规划的发展科学技术的目标中,最后一项即是"大力培养人才,充实现代化实验装备,在各个重要的科学技术领域,形成研究中心,建立一支能够独立解决我国建设中科学技术问题的、又红又专的科学技术队伍"③。这两个科学规划,充分体现和正确落

---

① 周恩来:《过渡时期的总路线》,载《周恩来选集》(下卷),人民出版社1984年版,第110页。

② 中华人民共和国科学技术部创新发展司:《中华人民共和国科学技术发展规划纲要(1956—2000)》,科学技术文献出版社2018年版,第54页。

③ 中华人民共和国科学技术部创新发展司:《中华人民共和国科学技术发展规划纲要(1956—2000)》,科学技术文献出版社2018年版,第55页。

实了中共领导人科技兴国方面的思想,经中共中央、国务院批准后在全国实施。1964年12月13日,毛泽东审阅周恩来在第三届全国人民代表大会第一次会议上的政府报告草稿时,增加了这样一段文字:"我们不能走世界各国技术发展的老路,跟在别人后面一步一步地爬行。我们必须打破常规,尽量采用先进技术,在一个不太长的历史时期内,把我国建设成为一个社会主义的现代化的强国。我们所说的大跃进,就是这个意思。"①毛泽东的这一论述,可以看作是我国在发展科学技术、培养科学技术人才方面的行动指南。在这一时期,我国成功启动了一大批现代化的科学技术研究和应用工作,促进了一大批新兴工业部门的崛起。

原子能事业的发展即是这一时期我国开创现代化的科学技术、培养科学技术人才的集中表现。比如,1956年4月23日《中共中央关于抽调干部和工人参加原子能建设工作的通知》指出:当前最急迫的是必须由全国各地和中央各部门抽调一批优秀的技术干部和行政干部,以及一定数量的技术工人和普通工人,在苏联专家的指导下,立即开始学习和工作。为此,中央决定:除1956年所需高等学校毕业生2462名和中等技术学校毕业生760名由国家计划委员会负责分配外,并且从全国各地和中央各部门中抽调干部1895名(其中技术干部819名)、工人5055名参加这一工作。再如,1961年7月16日《中共中央关于加强原子能工业建设若干问题的决定》所采取的四项措施中,第一项就是加强核工业的技术力量和领导力量,具体包括五项内容:一是,抽调86名高级科学研究和工业技术骨干。二是,由中央组织部负责,抽调厂、矿长,党委书记14名,处级干部60名,科级干部18名。三是,由教育部考虑确定在西安交通大学、上海华东工学院指定科系,专门培养有关原子能方面需要的专业干部,在招生安排、学生质量和毕业生分配上首先保证二机部的需要。四是,由三机部调一个技工学校、由电力部拨一个中等技术学校给二机部。五是,由煤炭部调给二机部一个有经验的技术较好的竖井队。通过这些得力措施的推动,我国原子能的发展迅速达到世界先进水平,并且自己培养了一支强大的原子能科学技术人才队伍,

---

① 毛泽东:《把我国建设成为社会主义的现代化强国》,载《毛泽东文集》(第八卷),人民出版社1999年版,第341页。

令全世界刮目相看。

通过贯彻实施两个科学技术发展规划,特别是在发展能源事业的过程中,党中央和毛泽东多次采取重要措施,研究制定专门的解决方案,使我国在现代能源科学技术方面取得了重大成就。特别是在核能、军事工业和航天等领域所取得的科学技术成就,成为中国走向强大的起点和标识。与这些伟大的科学技术成就相伴随的,就是我国能源事业科学技术人才队伍的发展壮大。这些成就的取得,正是中国共产党坚强领导和全国人民共同奋斗的必然结果。

第二章
党的十一届三中全会前后至十三届四中全会期间我国能源事业的发展

党的十一届三中全会以来,以邓小平同志为主要代表的中国共产党人,总结新中国成立以来正反两方面的经验,解放思想,实事求是,实现全党工作中心向经济建设的转移,实行改革开放,开辟了社会主义事业发展的新时期,逐步形成了建设中国特色社会主义的路线、方针、政策,阐明了在中国建设社会主义、巩固和发展社会主义的基本问题,创立了邓小平理论。在邓小平理论中,包含着丰富的关于我国能源事业发展的重要思想。改革开放之初,能源问题的重要性更加突出。这是因为:一方面,改革开放前建立的工业基础使我国的工业生产规模日益扩大,对能源的需求量不断增加,能源已经成为我国开展四个现代化建设所必需的动力要件;另一方面,二十世纪中后期发生的世界性的能源危机也给中国敲响了警钟,使中国进一步认识到能源的极端重要性和在国民经济发展中的战略性地位。在这种情况下,以邓小平为代表的中共领导人始终把能源作为社会主义经济建设的重中之重来对待。1982年12月2日,陈云同出席第五届全国人民代表大会第五次会议的上海代表团部分代表座谈时指出:"为了给后十年比较快的发展创造条件,由中央适当集中一笔资金,加强能源、交通运输和科学、教育等薄弱环节,保证重点项目的建设,是完全必要的。这是大革命、大建设,是从全局利益出发的。……只有把国家的大革命、大建设搞好了,各地的小革命、小建设才有切实的保障。"[①]陈云的谈话,充分说明了能源问题的重要性,表达了对发展能源事业的鲜明态度。在这一时期,改革开放和现代化建设的总设

[①] 陈云:《实现党的十二大制定的战略目标的若干问题》,载《陈云文选》(第三卷),人民出版社1995年版,第318—319页。

计师邓小平对能源问题的关切与论述,对国民经济和社会发展产生了深远影响。在推动中国对内搞活、对外开放的历史进程中,在解放和发展社会生产力、建设中国特色社会主义的伟大事业中,邓小平多次谈到能源问题,强调能源的重要性,提出我国发展能源的基本战略,规划我国能源事业的蓝图。研究党的十一届三中全会前后至十三届四中全会期间我国能源事业的发展,需要认真理解邓小平的相关论述、决断以及在推动能源事业发展方面采取的重要举措。

一、能源事业发展的基本内容

1982年5月6日,在向利比亚国家元首多伊介绍中国经济建设的经验时,邓小平说:"我们一方面实行开放政策,另一方面仍坚持建国以来毛泽东主席一贯倡导的自力更生为主的方针。必须在自力更生的基础上争取外援,主要依靠自己的艰苦奋斗。"[①]这一历史时期,我国能源事业在继承中创新,在创新中发展。继承表现为继续重视石油工业和核工业,并大力发展科学技术,使我国在石油生产和核能利用方面保持了较快的发展势头,相应的科学技术水平也获得了很大的提高。创造性发展是以邓小平为代表的中共领导人能源思想的核心内容,也是党的十一届三中全会前后至党的十三届四中全会期间我国能源事业发展的基本内容。这一时期我国能源事业的创造性发展,大体可以归结为三个方面。

(一)削减军事能源的消耗,增加民用能源的投入

在我国能源事业发展的早期,军事领域对能源的消耗所占比重相对较高,而且有些能源事业的发展本身就和军事活动密切相关,如对核能的开发和利用首先是服务于国防目的。在能源供给十分紧张的情况下,我国之所以把有限的能源投入军事领域,是当时的国际国内形势决定的。国际上,一些帝国主义势力一再扬言要扼杀新生的社会主义政权,经常挑起各种事端和制造一些摩擦,对我国进行威胁和恐吓。在国内,一大批特务分子潜伏在

---

① 邓小平:《我国经济建设的历史经验》,载《邓小平文选》(第二卷),人民出版社1994年版,第406页。

人民群众当中,伺机发动叛乱和颠覆中国共产党的领导地位。虽然中国共产党领导人民取得了新民主主义革命和社会主义革命的胜利,但国家仍面临着各种潜在的危机。为了粉碎国内外敌对势力的威胁和破坏,保卫人民民主专政的国家政权,我国必须建立一支强大的人民军队,加强对军事领域的投入,确保军事领域的能源供应。经过对反革命势力的镇压和对境内外敌对势力的打击,再加上工农业生产的长足发展,到了二十世纪七八十年代,企图颠覆社会主义政权和侵略中国的敌对力量逐渐减弱,我国在政治、军事、经济等领域的防御能力日益增强。在这种情况下,削减军事能源的消耗,增加民用能源的投入就显得非常必要。

早在 1975 年初,邓小平在毛泽东的支持下开展整顿,部分地纠正"文化大革命"的一些"左"的错误时,就开始关注军事领域对资源消耗较多的状况,提出削减军事领域的消耗,增加民用领域的投入。1975 年 4 月上中旬,在中央军委常委会议上听取国防工业有关部门的汇报时,邓小平指出:"飞机的生产,要根据生产能力和原材料的水平,在军用飞机达到一定数量后,就要转入生产民用飞机。舰艇、坦克的生产也有这个问题,当生产到一定数量后,就要转入生产民用品和工农业机械产品。"①1978 年 7 月 1 日和 2 日,在听取第五机械工业部部长张珍关于军工生产情况汇报时,邓小平指出:"军工企业要走军民结合的道路,在国家的统一计划下,以军为主,搞军民结合。重点放在平时,至少拿一半转到民用,战时可以转产,这是一个大方针,这个道路是对的。"②此时的邓小平,已经把削减军用装备的要求扩大到整个军工企业的生产中,强调军工企业在保持其军工生产能力和企业性质的前提下,大幅度地转向民用产品的生产。这意味着军工企业的能源消耗中,有超过半数是用于工农业生产和人民生活需要。由此可以清晰地看到,邓小平在保持军事领域正常运行、确保国家安全稳定的同时,更注重把能源用在发展民生方面,使有限的能源在促进经济社会发展和提高人民生活水平中实现其价值。

---

① 中共中央文献研究室:《邓小平思想年编(一九七五—一九九七)》,中央文献出版社 2011 年版,第 12 页。

② 中共中央文献研究室:《邓小平思想年编(一九七五—一九九七)》,中央文献出版社 2011 年版,第 146 页。

邓小平主张削减军事能源的消耗,增加民用能源的投入,基于他对国际形势的正确判断和对国内经济社会发展的科学决断。国际上尽管还存在大大小小的摩擦和局部战争,但邓小平敏锐地认识到和平与发展是当今世界的两大主题,短期内不会有大规模的世界性战争,因而中国应当抓住这个和平的国际环境,把主要精力放在自身的经济建设上。只有经济建设搞好了,人民的生活水平提高了,中国维护世界和平的力量才能增强,才能为全世界的和平与发展作出更大的贡献。我国在邓小平领导下裁军百万,也是根据世界和平与发展的两大主题而部署的,这同样有助于降低军事领域的能源消耗,增加民用领域能源消耗在整个国家能源消耗中的比重。1978年8月1日、2日,在同第七机械工业部负责人宋任穷等人谈到当前国家建设的重点时,邓小平指出:"要把电力、冶金、煤炭、石油、交通运输搞起来,要把农业搞起来,钱要先花在这些方面。……四个现代化,要有重点。我们要把钱花在发展国民经济,提高生产力,提高技术水平,提高人民生活上。国防工业要以民养军,军民结合。……我们要合理使用力量,合理使用资金,还是把技术力量转到急需的方面。"①这番话充分表达了邓小平削减军事领域能源消耗、增加民用领域能源投入的鲜明态度。邓小平还认识到,国防建设不能光靠军事力量的增强,它还依赖国家的经济发展状况。只有经济发展了,人民富裕了,国库充实了,军事领域才能获得更多的物力支持而走向强大。所以,1978年9月1日,在军队引进国外先进技术座谈会上,邓小平说:"外汇的使用原则是要集中到促进国民经济的发展上,目前要用在发展钢、电、煤、石油、铁路等方面。这些方面上不去,就没有飞机、坦克。"②

削减军事领域的能源消耗,增加民用领域的能源投入,是改革开放初期我国能源事业发展的重要内容。这一内容既符合世界各国人民追求和平与发展的潮流,也符合国内广大人民群众的强烈愿望,因而具有非常重要的现实意义。特别是经过"文化大革命"的破坏,我国经济发展受损严重,人民群众的生活水平和质量普遍低下。在这种情况下把有限的能源尽可能多地投

---

① 中共中央文献研究室:《邓小平思想年编(一九七五—一九九七)》,中央文献出版社2011年版,第152—153页。

② 中共中央文献研究室:《邓小平思想年编(一九七五—一九九七)》,中央文献出版社2011年版,第158页。

向民用领域,必然能调动人民群众开展社会主义建设的积极性,实现经济的良性发展和人民生活水平的显著提高。

(二)降低对钢铁产量的过度追求,重点发展电力和煤炭

社会主义中国起步于一个落后的农业国,这一客观事实注定了我国要想摆脱落后面貌,建成伟大的社会主义国家,就必须大力开展工业化建设。钢铁产量在很大程度上决定着国家的机械化程度,因而一度被认为是实现国家工业化最明显的标志。正是在这一观念的指导下,我国提出了"以钢为纲"的口号,开展了"大炼钢铁"运动。提高钢铁产量本身没有错,但是过于重视钢铁的生产,在短时间内制定脱离中国实际生产能力和消耗能力的钢铁产量指标,除了造成极大的浪费外,必然导致国民经济建设比例失调,妨碍钢铁之外其他领域的正常发展,严重影响人民群众的生产生活,挫伤人民群众劳动的积极性。在二十世纪六七十年代,我国虽然纠正了"大跃进"中片面追求钢铁产量的错误做法,但仍然把钢铁生产放在非常重要的地位。毕竟,钢铁对实现国家的现代化具有不可替代的重要作用,忽视钢铁生产必然影响工业化的进程。因此,即使不把钢铁生产和钢铁工业建设放在国民经济发展的首位,也绝不能对它们掉以轻心。如何处理好发展钢铁的度,是一个不好把握的问题。

1979年1月6日,在同国务院副总理余秋里等人谈话时,邓小平提出经济调整的问题。他说:"我们对经济建设的方针、规划要进行一些调整,先搞那些容易搞、见效快、能赚钱、创外汇多的,宁肯减少一些钢铁厂和一些大项目,到一九八五年钢产量不一定非要搞到六千万吨不可。在工业内部,投资的重点要放在电、煤、石油、交通、通讯、建材等方面。搞电,要注意多搞水力发电,搞坑口电站。引进的重点要放在见效快、赚钱多的项目上,先积累资金,然后再搞那些重工业项目。这样做,能增加就业机会,对改善人民生活也有利,更不会发生偿还不起外债的问题。"[①]从这个谈话可以看出,中共领导人在重视钢铁生产的同时,更重视能源事业。在改革开放和社会主义现

---

① 中共中央文献研究室:《邓小平思想年编(一九七五——一九九七)》,中央文献出版社2011年版,第212—213页。

代化建设新时期,引进国外资金和技术发展经济已经成为非常鲜明的时代特色,把有限的国内经济建设资金和外汇更多地用在能源事业的发展上,不仅能为钢铁的发展提供动力,还可以通过创外汇和积累资金,进一步促进钢铁的生产。这显然是一个非常先进和实用的建设思路,在一定程度上解决了钢铁生产和其他生产领域的矛盾的同时,又凸显了能源的地位,对推动能源事业发展具有重要意义。

而在发展能源中,邓小平非常关注的是电力和煤炭。1978年5月19日,在会见美国合众国际社访华代表团时,邓小平说:"我们准备吸收世界先进技术,包括美国在内。……我们自己在搞核电站,也准备买一点技术和设备。我们能源丰富,有油、有煤,水利资源也非常丰富。核电好是好,但很花钱,我们的重点还是发展水电、火电。"①1980年4月2日,邓小平在谈到长期规划问题时说:"各国解决能源问题,都有各自的侧重点。我们的侧重点,应该是煤的开发和利用,其次要搞水力发电。这要和对外贸易、利用外资、引进技术结合起来考虑,也要同开发西南的有色金属、稀有金属联系起来考虑。"②在发展能源方面,邓小平的思路非常明显,那就是在保持石油、核能等能源正常发展的同时,重点发展电力和煤炭。这一思路对当时的中国来说,非常切合实际。因为我国煤炭的储量和产量都非常大,煤炭在我国能源结构比例中一直居于主导地位,发展煤炭显然更为便捷,也更能通过对外贸易来换取我国急需的技术和资金。煤炭也是火力发电最主要的原材料,煤炭的生产有利于推动火电事业的发展。与此同时,我国水能资源相当丰富,但大部分处于未开发的状态。通过水力发电不仅可以节约煤炭等能源,而且能带动其他相关行业的发展,推动水资源所在地区的经济建设。我国在走向现代化的进程中,生产和生活上对电力的需求都将明显增加,通过发展煤炭和电力来满足能源需求是当务之急。

降低对钢铁的过度追求,重点发展电力和煤炭,实际上是党中央在经济发展战略上的一个重大调整。它意味着我国在现代化建设中,改变了长期

---

① 中共中央文献研究室:《邓小平思想年编(一九七五——一九九七)》,中央文献出版社2011年版,第129页。

② 中共中央文献研究室:《邓小平思想年编(一九七五——一九九七)》,中央文献出版社2011年版,第301页。

以来把钢铁产量视为衡量国家工业化程度主要标准的简单做法,转而追求更为广泛和全面的评价标准,这实际上是在搞活经济,也是在改革开放背景下我国对内改革的一个重要措施。因为单一的"以钢为纲"的做法,在二十年的发展中逐渐脱离经济社会发展的基本规律和我国经济建设的现实状况,其发展空间已经非常有限了。在这种情况下,只有适度放缓钢铁工业的步伐,让其他产业特别是能源、交通等产业先发展起来,才能进一步推动钢铁工业的发展和促进现代化建设。1979年3月21日,在中共中央政治局会议上,陈云说:"单纯突出钢,这一点,我们犯过错误,证明不能持久。搞钢,就要煤,要电,要有色金属,等等。突出一点,电跟不上,运输很紧张,煤和石油也很紧张。有了电厂,没有煤烧,没有油烧,电厂只好摆在那里。钢太突出,就挤了别的工业,挤了别的事业。"①陈云的这番话,强调的正是其他工业领域特别是能源事业和钢铁工业在发展中的辩证关系,也是以邓小平为代表的中共领导人适度降低钢铁产量而大力发展电力、煤炭等能源事业的重要原因。

(三)引进外资和技术发展能源,培养能源领域的科技和管理人才

新中国成立后,我国在社会主义建设中一直坚持的是独立自主、自力更生的方针,并在独立自主的前提下尽可能多地争取外援。正是独立自主、自力更生的方针,确保了中国人民在中国共产党的领导下不但推翻了三座大山的压迫,实现了国家独立和民族解放,而且顺利开展了社会主义建设,在一穷二白的基础上创建了我国的工业体系,为四个现代化的实现奠定了基础。与此同时,由于国际上一些敌对势力的封锁,以及后来中苏关系的恶化,我国在独立自主地进行社会主义建设的过程中,逐渐淡化了外援的重要作用。在对外交往中,我国也注重与第三世界国家开展交流和合作,并对它们进行了无私的援助。这种做法使我国收获了来自第三世界国家的友谊,在国际社会上赢得了较高的声望。但是,这也意味着我国与广大发达国家的交流与合作不够深入,当然也不利于我国从这些在经济、技术和管理方面都比较成功的国家获得援助。所以,在社会主义建设的艰难探索时期包括

---

① 陈云:《坚持按比例原则调整国民经济》,载《陈云文选》(第三卷),人民出版社1995年版,第251页。

能源事业的整个经济领域中,我国做了很多"援外"的事情,所欠缺的恰恰是"外援"。能够给我国经济和科学技术进步提供外援的首先是那些发达国家,它们经过了工业革命的洗礼而在科学技术、经济管理等方面处于领先地位,我国要想实现现代化,就必须加强与这些国家的交流与合作。1979年10月11日,在会见英国学术院代表团时,邓小平说:"我们面临的最大困难是知识不够,科学技术水平低,人才比较缺乏。因此,我们要在自然科学、社会科学方面加强国际交流。"①邓小平的话表达了中共领导人放眼世界的胸襟和学习借鉴国外先进科学技术的诚意。

在能源发展领域,以邓小平为代表的中共领导人高度重视"外援"的重要性,以开放的姿态对待国外资金和先进技术,强调吸收它们为我国经济发展服务,并注重培养能源领域的科学技术人才和管理人才。1977年7月26日,在中共中央政治局会议听取和讨论国家计委《关于引进新技术和进口成套设备规划的请示报告》时,邓小平指出:"长春汽车厂、鞍钢搞技术改造,请外国人设计,是条路子,花钱买技术嘛。国民经济搞好了,多出点油、煤。轻工业搞好,包装搞得好,多换一些外汇。"②1977年10月29日,在中共中央政治局会议上听取煤炭工业部工作汇报时,邓小平指出:"引进新技术,增加煤炭产量,多出口煤炭换回外汇,争取了时间,赢得了速度,这是一个大政策。日本为什么发展这么快,就是引进国外先进技术,引进后再加以改造提高,变为他们自己的先进技术再出口。"③当然,以邓小平为代表的中共领导人在发展能源事业中所注重的"外援",并不是简单地争取国外力量的支持和帮助,而是通过双方平等交流和协商,在互惠互利的基础上,我国借助于国外所提供的资金特别是先进科学技术来发展工业和能源,并通过我国的产品进行偿还。这种方式不同于以毛泽东为代表的中共领导人发展能源中的"争取外援",更不是发达国家以居高临下的态度对我国进行援助,掌控我国

---

① 中共中央文献研究室:《邓小平思想年编(一九七五——一九九七)》,中央文献出版社2011年版,第267页。
② 中共中央文献研究室:《邓小平思想年编(一九七五——一九九七)》,中央文献出版社2011年版,第55页。
③ 中共中央文献研究室:《邓小平思想年编(一九七五——一九九七)》,中央文献出版社2011年版,第90页。

经济发展中的主导权,甚至在一定程度上对我国的经济安全构成威胁。这种方式与其说是合作,不如说是经济领域的一种贸易方式,它注重的是双方的自愿平等和共同获利,即我国获得了发展经济所急需的资金特别是先进科学技术,而外方获得了煤等实物或者其他经济利益。就像1979年1月31日,邓小平在接受《华盛顿邮报》等机构新闻工作者提问时所说的那样:"中国有许多商品可以出口,我们有煤、有色金属、稀有金属、化工产品、轻工业产品。我们同美国如果用补偿贸易的方式,美国提供资金、技术,我们完全可以用我们的产品偿还。"①

引进国外资金和先进技术,并不是说这些资金特别是技术仍然掌握在外国人手里,我国只是使用而已,自己本身仍未进步。引进的目的除了使用外,更重要的是由我国掌握这些先进的科学技术和管理技术,在此基础上培养我国发展能源事业所急需的科学技术人才和管理人才。1978年9月19日,在唐山听取开滦煤矿负责人汇报工作时,邓小平指出:"从国外引进的八套采煤机器,要集中使用,这样便于掌握技术,便于管理。机器的修理,要做到小修在矿,中修、大修有专门厂子。要专业化,要组织专门的修理公司。今后主要靠我们国家自己制造采煤机器。"②这是在指示开滦煤矿负责人,我们必须自己掌握这些先进技术,这些技术虽然是引进的,但最终要使它们成为我国的技术。因此,我国必须借助于引进的科学技术来培养自己的科学技术人才。除了科学技术人才外,邓小平还非常注重培养专业化的管理人才。1979年1月31日,在会见时任美国总统尼克松时,邓小平说:"不仅要培养技术专家,还要培养管理人员。管理是一门专门的学问,这是我们最薄弱的一个环节。"③1979年5月10日,在会见美国商务部部长克雷普斯时,邓小平说:"我们经济调整本身,是为了使经济发展得更快,更好地利用外国先进技术和资金。还有一个要利用好的,就是人才。技术人才、管理人才,这

---

① 中共中央文献研究室:《邓小平思想年编(一九七五——一九九七)》,中央文献出版社2011年版,第221页。

② 中共中央文献研究室:《邓小平思想年编(一九七五——一九九七)》,中央文献出版社2011年版,第171页。

③ 中共中央文献研究室:《邓小平思想年编(一九七五——一九九七)》,中央文献出版社2011年版,第220页。

也是我们的缺口。这些都属于调整范围,否则搞引进没有用。"①长期以来,由于工农业生产的规模和水平不够高,再加上开展工业化建设的时间还很短,经济管理方面的技术在我国并没有受到应有的重视。邓小平高瞻远瞩地看到,发展现代工业离不开现代化的管理人才,因而在引进国外资金和技术的同时,他专门强调要引进国外先进的管理经验,培养我国能源领域的管理人才。这一思想对推动我国经济管理的现代化、实现能源事业发展和管理的专业化功不可没。

二、发展能源事业的重要举措

改革开放的初创时期,是中国进行社会主义现代化建设的关键时期,也是中国工业和其他相关产业迅猛发展的时期。这一时期我国能源事业的发展,无不带有深刻的时代烙印,呈现出鲜明的时代特征。

(一)立足中国现代化建设的背景发展能源事业

我国建设四个现代化的口号和目标,在改革开放前就已经提出来和初步实施了。然而由于十年动乱的干扰,这一目标很难实现。随着党的十一届三中全会的召开,四个现代化建设再次被提上日程。邓小平在多个场合指出,我国的各项工作实际上是围绕实现四个现代化建设来开展的,四个现代化建设是我国进行社会主义建设的关键内容。作为社会主义建设的动力之源的能源,理所当然应融入现代化建设中。因此,发展能源事业是建设社会主义现代化的有机组成部分,能源事业的发展应当立足中国现代化建设的时代背景,并最终服务于现代化建设。

全力开展四个现代化建设,是推动中国在二十世纪晚期紧跟世界发展潮流逐步走上富强道路的关键举措,是建设社会主义事业的关键内容。因此,邓小平在多个场合强调四个现代化建设问题,并把能源问题贯穿到现代化建设中进行论述。例如,1979 年 10 月 4 日,在中共省、市、自治区委员会第一书记座谈会上,他开门见山地说:"经济工作是当前最大的政治,经济问题是压倒一切的政治问题。不只是当前,恐怕今后长期的工作重点都要放

---

① 中共中央文献研究室:《邓小平思想年编(一九七五—一九九七)》,中央文献出版社 2011 年版,第 237 页。

在经济工作方面。所谓政治,就是四个现代化。……四个现代化这个目标,讲空话是办不到的。这是各级党委的中心工作。"①邓小平的讲话凸显的是中共领导人对四个现代化建设的高度重视,以及实现四个现代化对于中国的重要意义。1979年11月26日,在会见美国不列颠百科全书出版公司编委会副主席吉布尼和加拿大麦基尔大学东亚研究所主任林光达等人时,邓小平说:"我们要实现四个现代化。定了这个目标,要靠我们的努力,靠我们的方针政策对头,靠具体的措施有力,才能实现。现在人们怀疑,中国能不能实现现代化目标,问我们提出这个目标有什么根据。我们的根据可以讲有四条。第一条,我们有丰富的资源。中国地方大,在能源方面,在矿藏方面,无论是黑色金属、有色金属还是稀有金属,中国没有的很少。这些资源要是开发出来,就是了不起的力量。第二条,三十年来……我们毕竟在工农业和科学技术方面打下了一个初步的基础,也就是说,有了一个向四个现代化前进的阵地。我们现在有二百多万台机床,石油年产量超过一亿吨,煤炭超过六亿吨,只有钢才三千多万吨。总之,我们还是建立了实现四个现代化的物质基础。第三条,我们相信中国人不笨。……我们要加强科学教育事业,要发现人才,很好地使用人才。归根到底,就是要发挥积极性,只要把人们的聪明才智调动起来,我们还是有希望的。第四条,实现四个现代化必须有一个正确的开放的对外政策。我们实现四个现代化主要依靠自己的努力,自己的资源,自己的基础,但是,离开了国际的合作是不可能的。应该充分利用世界的先进的成果,包括利用世界上可能提供的资金,来加速四个现代化的建设。这个条件过去没有,后来有了,但一段时期没有利用,现在应该利用起来。"②邓小平清醒地认识到,能源是我国进行社会主义现代化建设的物质基础和动力来源,能源事业的发展状况在一定程度上制约着社会主义现代化建设的实现,开展社会主义现代化建设本身就包含着发展能源事业。

社会主义现代化建设与能源事业总是一体的,建设四个现代化的先决

---

① 邓小平:《关于经济工作的几点意见》,载《邓小平文选》(第二卷),人民出版社1994年版,第194—195页。

② 邓小平:《社会主义也可以搞市场经济》,载《邓小平文选》(第二卷),人民出版社1994年版,第232—234页。

条件是对能源事业的发展作出正确规划,确保能源更好地服务于现代化建设。仅仅在1980年,邓小平就多次谈到现代化建设和发展能源的问题,把能源事业的发展有机融入现代化建设中,使能源更好地服务于现代化建设。例如,1980年1月16日,在中共中央召集的干部会议上,邓小平讲话指出:"八十年代我们要做的主要是三件事。第一件事,是在国际事务中反对霸权主义,维护世界和平。……第二件事,是台湾归回祖国,实现祖国统一。……第三件事,要加紧经济建设,就是加紧四个现代化建设。四个现代化,集中起来讲就是经济建设。国防建设,没有一定的经济基础不行。科学技术主要是为经济建设服务的。三件事的核心是现代化建设。这是我们解决国际问题、国内问题的最主要的条件。一切决定于我们自己的事情干得好不好。"①现代化建设的实现不能靠一时的激情,也不可能一蹴而就,它必须落实到长期规划中,分解到一项项具体的任务中。在这些规划和任务中,能源受到邓小平的高度重视。1980年3月19日,在谈及长期规划问题时,邓小平首先谈的就是能源。他说:"一是能源,包括煤、电、油、水利、沼气、太阳能、风力。要全面进行研究、规划。现在越来越看得清楚,能源问题是经济的首要问题,能源问题解决不好,经济建设很难前进。"②1980年4月2日,邓小平又强调:"长期规划第一位的问题是能源,把它规划好了,使它真正走在前面,就解决了长期规划一半的问题。这个问题不解决,各项事业寸步难行。"③由此可见,在邓小平的思想中,发展能源事业是我国进行社会主义现代化建设的先决条件,在社会主义现代化建设中处于十分重要的地位。我国社会主义现代化建设的实践也印证了邓小平这一思想的正确性,即社会主义现代化建设必须能源先行,没有能源事业的发展就没有四个现代化的实现。

(二)以对外开放的姿态推动能源事业的发展

对内改革、对外开放的政策调动了人们生产的积极性,激活了中国的经

---

① 邓小平:《目前的形势和任务》,载《邓小平文选》(第二卷),人民出版社1994年版,第239—240页。
② 中共中央文献研究室:《邓小平思想年编(一九七五—一九九七)》,中央文献出版社2011年版,第299页。
③ 中共中央文献研究室:《邓小平思想年编(一九七五—一九九七)》,中央文献出版社2011年版,第301页。

济,改革开放成为这一时期最为明显的时代特征。国家非常注重加强中外经济贸易方面的交流与合作,大力引进国外的资金、先进的科学技术和管理经验发展中国的经济。这种开放并非一时的权宜之计,也不是局限在个别生产领域和行业内,而是全方位、深层次地敞开国门,把各种有益的经济和科学技术资源吸收到我国的社会主义现代化建设中,从而实现社会主义制度的自我发展和不断完善,提高社会主义社会的生产力。

  邓小平在一开始整顿国民经济之时,就旗帜鲜明地提出扩大进出口,通过引进国外先进技术来提高我国的劳动生产率。这一对外思路在能源领域有明显的体现。早在1975年8月18日,国务院讨论国家计委起草的《关于加快工业发展的若干问题》时,邓小平就提出引进新技术、新设备,扩大进出口。他说:"外国都很重视引进国外的新技术、新设备。把他们的产品拆开一看,好多零部件也是别的国家制造的。有一些原材料,我们一时解决不了,必须进口的,还是要进口一些。如化纤厂搞起来了,缺少某些化工原料就不能生产,不进口怎么行?要进口,就要多出口点东西。这里有一个出口政策问题。出口什么?要大力开采石油,尽可能出口一些。工艺美术品等传统出口产品,要千方百计地增加出口。化工产品要考虑出口。煤炭也要考虑出口,还可以考虑同外国签订长期合同,引进他们的技术装备开采煤矿,用煤炭偿付。这样做好处很多:一可增加出口,二可带动煤炭工业技术改造,三可容纳劳动力。这是一个大政策,等中央批准了再办。总之,要争取多出口一点东西,换点高、精、尖的技术和设备回来,加速工业技术改造,提高劳动生产率。"[①]在这一时期,邓小平通过对外开放来促进经济发展的思想已经初见雏形。不过由于特定历史时代的约束,邓小平此时所提出的对外开放强调的主要是引进国外的先进科学技术发展我国的生产,石油、煤炭等能源主要是作为原料来出口,用以偿付国外先进科学技术的使用费的。尽管如此,这种思想在当时已经具有划时代的意义了,因为它打破了我国过于强调自力更生而忽视引进国外先进科学技术的局面,开阔了人们的思想,引导人们放眼世界。在恢复领导职务后,邓小平进一步提出要引进国外先

---

① 邓小平:《关于发展工业的几点意见》,载《邓小平文选》(第二卷),人民出版社1994年版,第29页。

进科学技术特别是成套设备,借此提高我国的科学技术水平。1978年3月13日,在中共中央政治局会议讨论《关于一九七八年引进新技术和进口成套设备计划的报告》时,邓小平说:"引进这件事肯定要做,重要的是争取时间,要缩短从谈判到进口的时间。如果一个项目能缩短半年,就能得到很大的利益。有几年可能借点钱,出点利息。这不要紧,早投产一年半载,就把钱赚回来了。谈判时,价钱略为贵一点不要紧,但质量一定要选好的,技术水平一定要先进的。这一点很重要。"①在邓小平看来,把有限的资金用来购买先进的科学技术是非常合算的事情,它可以缩短我国技术研究和投入生产的时间,加快我国的科学技术更新,迅速提高我国的生产水平。

这一时期,我国的对外开放还有更进一步的发展,我国的经济发展和能源事业大幅度地走向世界,其中最为明显的就是引进国外资金推动我国包括能源事业在内的经济的迅速发展。1979年10月4日,在中共省、市、自治区委员会第一书记座谈会上,邓小平指出:"利用外资是一个很大的政策,我认为应该坚持。至于用的办法,主要的方式是合营,某些方面采取补偿贸易的方式,包括外资设厂的方式,我们都采取。……我认为,现在研究财经问题,有一个立足点要放在充分利用、善于利用外资上,不利用太可惜了。现在我们有这个条件。外国人为什么要来,他们判断,中国确实有偿付能力。我们有稀有金属,有各种矿藏,有油水。如果没有偿付能力,他不会干的。我们引进每一个项目都要做到必须具有偿付能力。可以先干两件事再说。"②邓小平敏锐地认识到,在引进国外先进科学技术的同时,还应当主要引进国外资金。这不仅可以解决我国社会主义建设资金不足的问题,而且能够增加我国的就业机会,刺激我国的生产和消费,提高我国的税收和人民群众的生活水平。虽然资金是外国的,生产中会受到外国人的一些约束甚至是控制,但是生产活动发生在中国的土地上,由生产而带来的一系列分配、交换和消费活动都必然会和中国形成密切的联系,最终刺激中国经济的增长。与此同时,国外投资者对生产企业的优秀管理经验也会促进我国企

---

① 中共中央文献研究室:《邓小平思想年编(一九七五—一九九七)》,中央文献出版社2011年版,第110页。
② 邓小平:《关于经济工作的几点意见》,载《邓小平文选》(第二卷),人民出版社1994年版,第198—199页。

业管理水平的提升。而这一切,最终都会促进中国能源事业的发展,既能提高能源领域的科学技术水平和管理水平,增加煤炭、石油等能源的产量,也能扩大能源的出口,增强我国在国际能源市场上的影响力。通过引进国外资金和先进管理经验把我国经济搞活,实现能源事业的长足发展,这种具有开创性的思想与我国的经济建设一结合起来,就迅速促进了国民经济的发展,为现代化建设目标的实现和人民生活水平的提高作出了重大贡献。

1984年10月6日,在会见参加中外经济合作问题讨论会全体中外代表时,邓小平说:"总结历史经验,中国长期处于停滞和落后状态的一个重要原因是闭关自守。经验证明,关起门来搞建设是不能成功的,中国的发展离不开世界。当然,像中国这样大的国家搞建设,不靠自己不行,主要靠自己,这叫做自力更生。但是,在坚持自力更生的基础上,还需要对外开放,吸收外国的资金和技术来帮助我们发展。这种帮助不是单方面的。……帮助是相互的,贡献也是相互的。"[①]邓小平的这番话,正是对他这一代中共领导人以对外开放的姿态发展能源事业思想的科学概括。

(三)通过发展能源事业来带动工业和其他行业的发展

新中国成立之时,以毛泽东为代表的中共领导人就对实现国家的工业化作了全面规划,投入了大量资源来发展民族工业,对把我国建设成为一个强大的社会主义工业国充满期待。二十世纪六七十年代,我国在提出建设四个现代化时,进一步强调了工业现代化的重要意义。由于历史上的原因,我国工业发展水平一直比较低,如何推动工业发展成为中共领导人不得不思考的重要问题。当然,工业和其他产业之间有着极为密切的关系,各个产业相互促进,共同发展,不可偏废。但是,这些产业之间并不是完全等同的,它们对国民经济发展的作用有大有小,要快速地发展国民经济,必须抓住最关键的产业和领域,这样才能促进工业的发展,进而带动整个现代化的实现。以邓小平为代表的中共领导人清醒地认识到,只有能源发展了,工业才能前进,其他行业才能进一步发展。但是,能源事业不仅仅是发展工业和其

---

① 邓小平:《我们的宏伟目标和根本政策》,载《邓小平文选》(第三卷),人民出版社1993年版,第78—79页。

他行业的必要条件,以邓小平为代表的中共领导人进一步把能源事业看作是发展工业和其他行业的充分条件。因为能源不仅是我国建设社会主义事业的动力来源,更是带动工业发展的牵引力。能源事业的发展不能仅限于满足当前包括工业在内的各个行业的发展需要,它必须领先于工业和其他行业的发展,只有能源事业发展了,才能带动工业和其他行业的发展。

1978年8月18日,在会见美籍华人教授杨振宁时,邓小平说:"发展工业有两个先行官:电力、交通。现在又加了一个建筑业。现在很需要盖房子,居民住宅很少。我们建筑材料贵,施工技术和设备落后。我们要搞现代化,建筑行业发展起来,可以为其他行业提供就业。"①邓小平把电力、交通和建筑作为工业发展的先行官,就是看到了能源、交通、建筑等领域的发展对工业甚至整个国民经济发展的积极作用,这其中能源处于最为领先的地位,没有充分的能源,其他一切工作都无从谈起。1979年3月19日,在听取中央军委科学技术委员会关于调整规划的汇报时,邓小平指出:"所谓国民经济的调整,就是把基础缩小,钢不要搞六千万吨。这样,可以腾出手去发展急需的电、油、煤等动力工业和运输工业。还要投资搞旅游事业,赚外汇。"②邓小平这种优先发展能源的思想,体现的就是能源事业对其他产业的促进和带动作用。

此后,邓小平又多次指出能源事业的发展对工业和其他相关行业发展的带动作用,而且一再强调能源事业的发展要走在工业和其他行业发展的前面。1981年7月15日,在同国务院副总理万里等人谈长期规划时,邓小平说:"在我们的长期计划中要树立一些骨干企业。比如假定在长期计划中开发二滩,把三百多万千瓦电搞起来,西南就活了。长远规划要有几个骨架。铁路,要有个规划。再穷,也要挤出钱来搞铁路,搞港口。要列入议事日程。从历史上看,每年修一千公里铁路是办得到的。海上石油开发,看起来很有希望。搞能源、交通,带动整个工业前进,这个方向是对的。"③这是因

---

① 中共中央文献研究室:《邓小平思想年编(一九七五—一九九七)》,中央文献出版社2011年版,第155页。

② 中共中央文献研究室:《邓小平思想年编(一九七五—一九九七)》,中央文献出版社2011年版,第223—224页。

③ 中共中央文献研究室:《邓小平思想年编(一九七五—一九九七)》,中央文献出版社2011年版,第375页。

为,只要把某一个地方的能源事业发展起来,自然会带动当地的交通运输和其他行业的发展。有了能源,与该能源密切相关的生产行业和服务行业都会迅速发展,人们的就业机会多了,劳动的积极性提高了,收入自然也会增长。1982年11月24日,在听取国家计委副主任宋平汇报今后二十年电力增长的设想后,邓小平说:"二十年翻两番已定,要向这个目标奋斗。但到底靠不靠得住,我有点担心。搞真的、没水分的翻两番,可不简单。电力的增长速度应当高于工业的发展速度,应当高出一个相当的幅度,才能摆脱建国以来存在的这个弱点。还有原材料、机械工业的产品,都存在技术改造的问题。……工业的计划性很大,前后左右要均衡生产。要从这些方面考虑,怎样改进计划工作,怎样改进企业,才能适应翻两番。……在强调能源、交通的时候,还要看机械电子产品这些现代通讯方面能不能完全适应。"[1]邓小平的这番话,在强调电力重要性的同时,更是在说明电力的发展所带来的工业和其他相关产业的进步。也就是说,在国民经济的发展中,电力等能源事业必须走在前面,这样就能刺激工业和其他相关产业的进步,促使它们适应当前能源事业突飞猛进的形势,推动它们加快科学技术更新和经营管理转型。这里的道理在于,"现代化、自动化,人多了不行,人多了管理不好……引进先进技术设备后,一定要按照国际先进的管理方法、先进的经营方法、先进的定额来管理,也就是按照经济规律管理经济。一句话,就是要革命,不要改良,不要修修补补"[2]。用能源事业的发展带动工业和其他相关产业的发展,实际上是在引导工业和其他相关产业内部发生革命,促进生产力的迅速提高。

三、能源事业发展的历史贡献

改革开放前后至党的十三届四中全会期间我国能源事业所取得的巨大进步,仅从党的十一届三中全会至1988年这十年间的成就中便可知一二。一组数据显示:改革开放以来,能源工业无论企业面貌还是生产建设,都发

---

[1] 中共中央文献研究室:《邓小平思想年编(一九七五——一九九七)》,中央文献出版社2011年版,第445页。

[2] 邓小平:《用先进技术和管理方法改造企业》,载《邓小平文选》(第二卷),人民出版社1994年版,第129—130页。

生了巨大变化,许多方面,十年超过了过去的十五年,有些方面超过了新中国成立以来到1978年的三十年。这些成绩表现在三个方面。

(1)能源产量大幅增长。1988年全国一次能源生产总量达到9.58亿吨标准煤,比1978年增长了3.3亿吨,十年相当于过去三十年增长量的55%。具体来说:电力工业装机和发电量,近十年都超过了过去三十年的增长量。1988年,我国发电装机达到1.15亿千瓦,发电量达到5450亿千瓦时,分别比1978年增长了6390万千瓦和2884.48亿千瓦时,均超过了过去三十年的增长量。煤炭工业生产能力也有了较大发展。1979年到1988年的十年间,全国建成投产年产3万吨以上能力的矿井491处,增加生产能力1.78亿吨,为过去三十年建成投产能力3.79亿吨的47%。其中包括一批特大型的现代化矿井,如年产300万吨的山东兴隆庄煤矿、鲍店煤矿和中美合作经营的年产1500万吨的平朔安太堡煤矿等。全国原煤产量,1988年达到97 897万吨,比1978年的61 786万吨增长36 111万吨。石油工业中,1979年到1988年十年探明石油地质储量50.12亿吨,相当于1949年—1978年三十年的总和;原油生产能力约1亿吨,也相当于以往三十年的总和。海上石油天然气勘探、开发初步打开了局面,在南海、渤海已发现了十余个具有商业价值的油气田。石油工业综合生产能力进一步增强,十年中新建油气外输管道3590.8公里。

(2)技术装备水平提高,能源工业正向现代化迈进。电力工业十年来逐步跨入了大机组、超高压大电网发展的新阶段。1978年,全国没有一台60万千瓦的大机组,20万千瓦以上的大机组只有18台。1988年,我国不仅从国外引进了60万千瓦的机组,而且能够自己制造和安装60万千瓦的机组,全国20万千瓦以上的机组已达到133台,总能力达到3153万千瓦。发电厂的规模也随之扩大,1978年尚无100万千瓦的电厂,1988年全国已有11座;1978年尚无500千伏的超高压输电线路,到1988年底已建成了5677公里500千伏的超高压交流输电线路和1080公里500千伏葛洲坝—上海的超高压直流输电线路。从1985年开始,我国自行设计、安装核电站。电网的能力也不断扩大。煤炭工业正向着机械化和现代化发展。统配煤矿采煤机械化程度从1978年的32.5%提高到1988年的58%。其中,具有国际先进水平的综合机械化采煤程度从4.3%提高到31%。从1984年起,煤炭工业开始抓现代化矿井的建设,到 1988 年,全国已建成 32 个现代化矿井。石油工业科学技术也取得了明显的进步,石油工业已基本掌握了我国复杂地质情况,具备了开发各种复杂油气的本领。

(3)经济效益相应提高。在物价上升,工资、费用提高,增支因素很多的情况下,能源工业企业仍然取得了比较好的效益。电力工业从 1983 年以来,实现利税平均以 4% 的幅度增长。石油工业六年来上缴财政的利税,相当于国家投资的两倍多。煤炭工业统配煤矿,虽然亏损比较大,但实际企业的经济效益仍然是提高的。①

这一组数据充分展示了改革开放最初的十年间中国能源事业迅速发展的状况,也从一定程度上证明了以邓小平为代表的中共领导人的能源思想对推动我国能源事业发展所起的重要指导作用。结合我国社会主义建设的历史背景,改革开放前后至党的十三届四中全会期间我国能源事业发展的历史贡献大体可以概括为:重新开启了我国能源事业国际合作的大门,深入推动了能源事业与教育、科技事业的共同发展,切实保障了四个现代化建设的顺利进行。

(一)重新开启了我国能源事业国际合作的大门

我国在改革开放前发展能源事业时就注重同国外的合作。当时我国坚持的"自力更生为主,争取外援为辅"的方针,本身就包含着在发展能源事业中开展国际合作的愿望。在国际合作中,比较典型的实例是在新中国成立初期,我国曾经和苏联进行过合作。但是,当时的合作存在一些问题。最初的"争取外援",关注的是苏联对我国的援助,这种援助更多地是中苏双方共同站在社会主义阵营中的政治合作,经济性的成分不够明显,因而苏联总是持一种居高临下的姿态对待中国,最终因双方关系恶化而中断合作。之后,我国在独立自主发展能源事业的同时,还和其他一些国家进行了合作,但主要是对第三世界国家进行友情援助。总之,在改革开放前,我国能源事业的国际合作很有限。

---

① 本部分数据资料参见郑公长《能源工业十年发展的回顾》,载《中国能源》1989 年第 5 期,第 10—11 页。

改革开放之初,由于注重吸收国外资金和技术,我国能源事业国际合作的大门重新开启了。1979年1月31日,在接受美国费城坦普尔大学授予的名誉法律博士学位时,邓小平致答词说:"为了实现四个现代化的宏伟目标,我们主要依靠过去三十年建立起来的基础和积累起来的建设经验,同时也特别注意加强同世界各国的经济、文化和科技交往。……中国人民深信,把自己的社会主义制度的优越性同经济发达国家的先进科学技术和经济管理、人才培养等方面的先进经验结合起来,对于加快实现四个现代化具有重要的意义。"①这些话充分体现出了邓小平打开国门同世界上各个国家交往的决心,特别是同那些在经济、科技和文化领域比较发达的国家进行交往的决心。这一决心具体到能源领域,就是要吸引国外资金和先进的科技、管理手段来加快发展我国能源事业。1979年2月27日,在会见美国财政部长布卢门撒尔,谈到国际上对我国开展四个现代化建设,引进先进设备和技术的偿付能力有些担心的问题时,邓小平说:"这个问题要具体分析。有一些项目不会发生偿付能力的问题,比如我们同你们石油公司签订的开采石油协定,广西平果铝矿的开采,都完全可以用产品补偿。采取补偿贸易形式,本身就有偿付能力。另外,外国在中国设厂,合资经营,也不会发生偿付能力的问题。一些本身没有偿付能力的项目,需要双方发展其他贸易关系来解决偿付能力问题。在竞争能力方面,美国比别的国家能力还是强一些,现在要排除发展贸易的各种障碍。"②在此次谈话中,邓小平明确提出了中国同发达国家在能源领域的合作,并在一些具体问题上表明了中方合作的诚意和偿付对方的方案,这对加强能源领域的中外合作具有显著的示范意义。为了进一步打开国际合作的大门,加大对国外资金和技术的引进力度,规范中外双方的合资经营行为,1979年7月1日,全国人民代表大会通过《中华人民共和国中外合资经营企业法》,这一法律和《中华人民共和国刑法》等其他六部法律同一天通过,足以说明它对我国开展社会主义建设的重要性。《中华人民共和国中外合资经营企业法》的出台,从法律上支撑了邓小平所重新

---

① 中共中央文献研究室:《邓小平思想年编(一九七五——一九九七)》,中央文献出版社2011年版,第220页。
② 中共中央文献研究室:《邓小平思想年编(一九七五——一九九七)》,中央文献出版社2011年版,第221—222页。

开启的能源事业国际合作的大门,为能源领域的对外合作提供了国家层面的法律保障。从此之后,我国能源事业的国际合作做到了有法可依,合作领域不断拓宽,合作渠道不断增多,合作成效越来越明显。随着国际合作实践的发展,国务院又制定了《中外合作经营企业法实施条例》,对法律条文进一步细化,使我国能源事业国际合作的大门在越来越敞开的同时,也越来越规范,越来越适应我国社会主义建设事业的需要。

在邓小平的主导下重新开启的能源事业国际合作的大门,具有三个明显的特征。一是国际合作侧重于经济和技术领域。开展能源事业的国际合作,主要是为了发展我国的经济,提高我国的科学技术和管理水平。1984年3月25日,在会见日本首相中曾根康弘时,邓小平说:"翻两番,分成前十年和后十年,前十年主要是为后十年的更快发展做准备。这种准备包括四个方面,一个是能源,一个是交通,一个是原材料,一个是智力。这需要大量的资金,我们很缺乏,所以必须坚持开放政策,欢迎国际资金的合作。"[①]邓小平所强调的国际合作,就是这种经济、科技领域的合作。因此,在选择合作对象时,我国所关注的是对方能否为我国提供资金和技术领域的帮助,而不关注对方的意识形态是社会主义还是资本主义,国际合作与政治意识形态没有关系。二是国际合作强调互利共赢。这种合作不是一方对另一方的支援,而是双方经过平等协商取得一致意见之后共同在我国发展能源事业。合作双方地位平等,不存在一方高于另一方或者对另一方指手画脚的情况,更不存在一方对另一方的无偿支持或者援助。双方是互利共赢的关系,国外合作方完全可以通过与中方的合作而取得其应当得到的合理利益,而且这种合理利益受到了中国法律的保护。三是这种合作凸显了我国与发达国家的合作关系。尽管在改革开放的前期,我国仍然同第三世界国家之间在能源领域继续着广泛深入的合作,但能够给我国提供发展能源事业的资金、技术支持的只能是以美国为首的发达国家。双方在能源领域的合作密切了我国同发达国家之间的关系,使中国和西方发达国家在许多方面的利益交织在一起,进一步开放了国际合作的大门。

---

① 邓小平:《发展中日关系要看得远些》,载《邓小平文选》(第三卷),人民出版社1993年版,第54页。

显而易见,改革开放之初中国在发展能源事业方面的国际合作更符合20世纪后期的国际国内形势。在和平与发展成为世界潮流和趋势的大背景下,尽管不同国家意识形态领域仍然存在很大的分歧,但是所有国家发展本国经济和追求利益最大化的目标是共同的。因此,我国能源领域的国际合作在这一时期如火如荼地开展起来。

(二)深入推动了能源事业与教育、科技事业的共同发展

能源事业的发展处在国民经济的整个宏观体系之下,与农业、工业和其他产业的发展关系密切。1982年10月14日,在同国家计委负责同志谈话时,邓小平说:"我们整个经济发展的战略,能源、交通是重点,农业也是重点。农业的发展一靠政策,二靠科学。科学技术的发展和作用是无穷无尽的。"①这种决策,是立足我国二十世纪晚期经济社会发展的基本情况而作出的正确判断,实现了我国各个产业的协调发展和共同推进。除此之外,国家更加强调对教育事业和科技事业的重视,希望通过教育、科技事业的发展带动能源事业的发展,这样做的结果便是深入推动了能源事业与教育、科技事业的共同发展。1978年4月22日,在全国教育工作会议上,邓小平指出:"我们的国民经济是有计划按比例发展的,我们培养训练专门家和劳动后备军,也应该有与之相适应的周密的计划。我们不但要看到近期的需要,而且必须预见到远期的需要;不但要依据生产建设发展的要求,而且必须充分估计到现代科学技术的发展趋势。国家计委、教育部和各部门,要共同努力,使教育事业的计划成为国民经济计划的一个重要组成部分。"②邓小平的这番话,在强调发展教育事业的同时,要求教育事业必须有长远规划,能够培养科学技术领域的人才。更重要的是,无论是教育事业的发展还是科学技术事业的发展,都必须服务于我国经济社会发展的实际需要,充分融入国民经济发展的潮流中。由于能源事业在整个国民经济中占据重要地位,教育和科学技术的发展必然与能源事业的发展有机统一起来。因而在邓小平的

---

① 邓小平:《前十年为后十年做好准备》,载《邓小平文选》(第三卷),人民出版社1993年版,第17页。
② 邓小平:《在全国教育工作会议上的讲话》,载《邓小平文选》(第二卷),人民出版社1994年版,第108页。

领导下,中国能源事业和教育、科技事业实现了相互促进和共同发展。

这种共同发展的实现,首先依赖于管理体制的更新。1982年10月14日,在同国家计委负责同志谈话时,邓小平说:"我们不是没有人才,问题是能不能很好地把他们组织和使用起来,把他们的积极性调动起来,发挥他们的专长。现在科技人员一方面很缺,另一方面又有很大的窝工浪费,用非所学、用非所长的现象很严重。这样的管理形式不行。……要落实知识分子政策,第一位的就是科技队伍的管理使用问题。人才,只有大胆使用,才能培养出来。对那些真正有本事的人,要放手提拔,在工资级别上破格提高。招聘也是个办法。我们要开一条路出来,让有才能的人很快成长,不要老是把人才卡住。人才不断涌出,我们的事业才有希望。这条路还没有开出来,各行各业,包括企业,都要解决这个问题。二十年规划能否实现,关键就在这里。"①邓小平的这种思路,是当时我国对内改革政策的具体体现,也是对外开放政策中吸收国外先进技术和管理经验的延伸。只有改革管理体制,切实发挥科学技术人员在能源生产和管理方面的作用,才能真正消化和吸收从国外引进的先进生产设备和生产、管理技术,加快我国能源科学技术的发展,提高能源的产量和品质。在这种思路的指导下,一大批优秀的科学技术人才走上了能源生产和管理领域的重要岗位,推动了能源领域在硬件和软件方面的更新换代,一些适应现代科学技术发展的管理体制逐步建立起来,促进了能源事业的快速发展。

这种共同发展也依赖于教育和科学技术人员待遇的不断提高。以邓小平为代表的中共领导人对劳动有科学的认识,注重体力劳动和脑力劳动的划分,并根据国民经济发展状况和劳动者的劳动情况,适度提高了教育、科学技术领域脑力劳动者的待遇。1977年8月8日,在科学和教育工作座谈会上,邓小平指出:"对知识分子除了精神上的鼓励,还要采取其他一些鼓励措施,包括改善他们的物质待遇。教育工作者的待遇应当同科研人员相同。假如科研人员兼任教师,待遇还应当提高一点,因为付出的劳动更多嘛。讲按劳分配,无非是多劳多得,少劳少得,不劳不得。这个问题从理论到实践,

---

① 邓小平:《前十年为后十年做好准备》,载《邓小平文选》(第三卷),人民出版社1993年版,第17—18页。

有好多具体问题要研究解决。这不仅是科学界、教育界的问题,而且是整个国家的重大政策问题。"①1982年7月1日,陈云给中共中央政治局常委各同志写信说:"生产、科研、教育、管理部门的知识分子,是任何一个工业化国家最宝贵的财富。日本、西德在战后所以恢复得那么快,重要原因之一,就是保存了一批骨干,并充分发挥了他们的作用。因此,我们把钱用在中年知识分子身上,是划得来的,是好钢用在刀刃上。应该向人民讲清楚,脑力劳动和体力劳动不一样,脑力劳动者比体力劳动者、受教育程度高的人比受教育程度低的人在工资收入上高一些,这是合乎社会主义经济规律的,也是合乎人民长远利益的。"②改革开放之后,教育和科学技术领域从业人员的收入不断提高。这样做至少在两个方面促进了能源事业的进步:一是调动了广大教育和科学技术领域知识分子的积极性,激发了他们的工作热情,增强了他们的责任心,从而能够全身心地投入教学、科学技术研究和生产建设中;二是为广大普通劳动者树立了崇尚科学追求知识的榜样,营造了全社会关注教育学习科学知识的浓厚氛围,进一步促进了教育和科学技术事业的发展,使教育和科学技术更好地服务于能源事业。

总之,能源事业和教育、科学技术事业的发展是互助互利的。一方面,能源事业的发展对教育和科学技术事业提出了新的要求,教育和科学技术事业必须培养出大量具有较高科学素养和业务水平的专业技术人员,满足能源事业发展的需要;另一方面,教育、科学技术领域的研究人员通过科学探索和技术改进,进一步提高了能源事业的劳动生产率,推动了能源在产量、品质方面不断进步。1985年5月19日,在全国教育工作会议上,邓小平指出:"我们多次说过,我国的经济,到建国一百周年时,可能接近发达国家的水平。我们这样说,根据之一,就是在这段时间里,我们完全有能力把教育搞上去,提高我国的科学技术水平,培养出数以亿计的各级各类人才。"③

---

① 邓小平:《关于科学和教育工作的几点意见》,载《邓小平文选》(第二卷),人民出版社1994年版,第51页。
② 陈云:《改善中年知识分子的工作条件和生活条件》,载《陈云文选》(第三卷),人民出版社1995年版,第312—313页。
③ 邓小平:《把教育工作认真抓起来》,载《邓小平文选》(第三卷),人民出版社1993年版,第120页。

在教育和科学技术的支撑下,能源事业的发展获得了充分的智力帮助,能源事业和教育、科学技术事业的共同发展成为一种必然结果。

(三)切实保障了四个现代化建设的顺利进行

实现四个现代化既是全党和全国人民的奋斗目标,也是开展中国特色社会主义事业的具体建设内容。对四个现代化建设目标的实现,我们既充满信心,又需要科学分析我国的具体国情和面临的困难。制定科学规划和发展能源事业,确保国民经济有计划按比例地快速发展,是克服困难和实现四个现代化的必要措施。党和国家从这些方面入手,促进了我国能源事业的迅速发展,切实保障了四个现代化建设的顺利进行。

1978年5月7日,在会见马达加斯加民主共和国政府经济贸易代表团时,邓小平说:"实现四个现代化,我们清醒地看到这是一件艰巨的事情,但是是能够做到的。首先是我们有全党的团结,全国人民的团结。我们的人民是勤劳的人民,有着艰苦奋斗的传统。其次是我们已经建立了相当的物质基础。还有就是我们制定了明确的方针,要利用世界上一切先进技术、先进成果。……我们要把世界一切先进技术、先进成果作为我们发展的起点。再加一条,那就是我们有丰富的自然资源。总起来说,人民的积极性调动起来了,又有一定的物质基础,有丰富的资源,加上利用世界的先进技术,我们实现四个现代化是有可能的。"①从这里可以看出,邓小平把包括能源在内的各种自然资源作为推动我国实现四个现代化建设的必备要件,希望通过发展能源事业而带动其他领域的经济建设,进而实现四个现代化建设的目标。当然,这种乐观的预见必须立足于我国贫困落后的基本国情,建立在科学规划和制定正确经济路线的基础之上。在当时,我国开展四个现代化建设的基础并不雄厚,国民经济的发展水平整体上还处在比较落后的状态。比如,1979年3月21日,在中共中央政治局会议上,陈云说:"我们搞四个现代化,建设社会主义强国,是在什么情况下进行的。讲实事求是,首先要把'实事'搞清楚。这个问题不搞清楚,什么事情也搞不好。……九亿多人,百分之八

---

① 邓小平:《实现四化,永不称霸》,载《邓小平文选》(第二卷),人民出版社1994年版,第111页。

十在农村,革命胜利三十年了还有要饭的,需要改善生活。我们是在这种情况下搞四个现代化的。"①邓小平进一步提出,我国当时能源事业的发展远远不能满足现代化建设的需要,必须通过长期的艰苦奋斗才能实现现代化建设的目标。1980年1月16日,在中共中央召集的干部会议上,邓小平强调:"我们要经常记住,我们国家大,人口多,底子薄,只有长期奋斗才能赶上发达国家的水平。例如煤产量,一九七八年,美国商品煤五亿九千九百多万吨,苏联原煤七亿二千四百万吨。我们去年的原煤也达到六亿三千多万吨,似乎不算少。但是,按每人平均占有量计算,我们就少多了。……总之,我们拥有各种有利条件,一定能够赶上世界上的先进国家;但是也要认识到,为了缩短和消除两三个世纪至少一个多世纪所造成的差距,必须下长期奋斗的决心。在相当长的一段时间里,我们不能不提倡和实行艰苦创业。"②

经过全国人民的艰苦奋斗,我国能源事业的发展取得了辉煌的成果。以1988年为例,当年召开的全国能源工作会议提出,我国能源生产形势很好,但能源供求十分紧张。几年来能源各个行业都年年超额完成生产建设任务,1988年又做到了超产,煤、电、油、核的生产都超额完成了国家计划。特别是电力生产,在连续两年平均增长10%的基础上,继续以较高的速度增长。在能源建设方面,1988年全国统配煤矿新增生产能力3090万吨,投产50千瓦及以上发电机组943.92万千瓦,都是历史上投产最多的一年。石油工业新增原油生产能力1576.7万吨,天然气生产能力11.63亿立方米,分别完成年计划的131.4%和232.6%。在供求关系上,"首先是电的紧张,许多地方的企业'停三开四'或'停四开三'。煤炭也很紧张,最近东北、华东、华北等电网纷纷告急,上海的发电用煤几乎只有一天左右的库存,全国电煤库存1988年底不到400万吨,比往年同期降低200万吨,一些大机组被迫停运。石油的年增长量也远满足不了需求的增长"③。之所以出现能源生产形

---

① 陈云:《坚持按比例原则调整国民经济》,载《陈云文选》(第三卷),人民出版社1995年版,第250—251页。
② 邓小平:《目前的形势和任务》,载《邓小平文选》(第二卷),人民出版社1994年版,第260页。
③ 1988年的这组数据,参见郑公长《能源工业既要抓好当前 又要抓好长远——全国能源工作会议研究能源工业发展重大问题》,载《中国能源》1989年第1期,第7页。

势很好但供求关系十分紧张的局面,是因为我国能源事业的发展在推动四个现代化建设的同时,仍然难以满足四个现代化建设的需要。我国能源在生产领域取得的成就有目共睹,但是在能源推动下蓬勃发展的四个现代化建设对能源的供应提出了更多和更高的要求。四个现代化建设是一项全局性的伟大事业,涉及国家和社会生活的各个方面,它的开展全面引发了各个领域的建设活动,对能源的需求量必然迅猛增长。这一点也证明了党和国家领导人把能源事业作为发展国民经济的重点,优先发展能源,通过发展能源而带动其他产业发展这一决策的正确性和前瞻性。能源生产在连年超计划完成任务的情况下仍然难以满足四个现代化建设的需要,也从一个方面证明我国能源事业的发展切实保障了四个现代化建设的顺利进行,这正是改革开放前后至党的十三届四中全会期间我国能源事业发展的又一个重大历史贡献。

第三章
党的十三届四中全会至十六大期间我国能源事业的发展

党的十三届四中全会以来，以江泽民同志为主要代表的中国共产党人，在建设中国特色社会主义的实践中，加深了对什么是社会主义、怎样建设社会主义和建设什么样的党、怎样建设党的认识，积累了治党治国新的宝贵经验，形成了"三个代表"重要思想，把中国特色社会主义全面推向二十一世纪。党和国家对能源问题有了更加全面和深刻的认识，在推动能源发展方面的措施更加直接和得力，这里的原因可归纳为两点。一是在这一历史时期我国社会主义现代化建设取得了辉煌的成就，其中必然包含着中共领导人对如何开发能源和有效利用能源等问题的思考及其思想的付诸实践。二是这一时期党的领导人中，有多位本身就是能源领域的专家。比如，江泽民在上海市工作期间曾发表能源方面的学术论文，李鹏曾长期从事电力管理工作，朱镕基曾在国家经委燃动局工作等，这种经历对他们担任党和国家主要领导岗位后加强能源工作具有重要影响。从党和国家领导岗位上退下来若干年后，江泽民出版了关于能源问题的学术专著《中国能源问题研究》，李鹏出版了关于能源的日记和讲话集，这些都足以说明他们是真正的能源专家。研究党的十三届四中全会至党的十六大期间我国能源事业的发展，应当关注这一时期江泽民、李鹏、朱镕基等人的著作、讲话和对有关问题的批示。厘清他们对于能源问题的相关论述，有助于正确把握党中央在社会主义市场经济建设的大背景下，在跨越新世纪的历史征程中，为改善国家能源格局、推动国家能源发展而进行的探索与实践，加深对我国现代化建设的认识和理解。

一、能源事业发展的基本内容

1992年10月12日,在中国共产党第十四次全国代表大会的报告中,江泽民指出:"加快交通、通信、能源、重要原材料和水利等基础设施和基础工业的开发与建设。这是当前加快经济发展的迫切需要,也是增强经济发展后劲的重要条件。集中必要的力量,高质量、高效率地建设一批重点骨干工程,抓紧长江三峡水利枢纽、南水北调、西煤东运新铁路通道、千万吨级钢铁基地等跨世纪特大工程的兴建。加强地质勘探。振兴机械电子、石油化工、汽车制造和建筑业,使它们成为国民经济的支柱产业。不失时机地发展高新技术产业。轻工、纺织等一般加工工业主要通过联合、改组和技术改造,提高素质和水平。高度重视节约能源和原材料,提高资源利用效率。固定资产投资的重点应当放在加强基础设施、基础产业,以及现有企业的技术改造和改建扩建上,尤其要重视老工业基地和大型骨干企业的技术改造。"①这番话总体上是强调经济发展的,但核心内容与发展能源和有效利用能源密不可分。党的十三届四中全会至党的十六大期间我国能源事业发展的基本内容,大致可以归结为三个方面。

(一)稳定固有的煤炭和石油生产,加强对西部和海上能源的开发

煤炭是我国固有的能源,而且在我国能源结构比例中始终占据主导地位。石油从新中国成立之时,就已经成为我国能源领域非常重要的组成部分。经过数十年的努力,在进入二十世纪九十年代后,我国的现代化建设取得了显著成效,整个国家经济社会发展对煤炭和石油的需求量不断增加。因而,党中央非常重视煤炭和石油的生产,鼓励煤炭和石油生产企业在社会主义市场经济的大背景下,在改革开放的浪潮中转换经营机制和提高劳动生产率,既要解决富余人员的转产问题,更要保证能源生产的正常进行。

1994年4月13日,在黑龙江省考察时,朱镕基在大庆召开的座谈会上指出:"不久前,江泽民同志主持召开中央财经领导小组会议,讨论了石油工

---

① 江泽民:《加快改革开放和现代化建设步伐,夺取有中国特色社会主义事业的更大胜利》,载《江泽民文选》(第一卷),人民出版社2006年版,第231—232页。

业的发展问题。中央认为,石油工业关于'稳定东部、发展西部'的方针是正确的。……稳定不等于不发展,油田的多种经营、科研技术水平、经济效益还要不断发展。……发展西部是毫无问题的,希望在西部,可是目前还拿不出更多的石油来,所以'稳定东部'的方针,力度要够,要加强。"①在对大庆提出希望时,他进一步指出:"石油工业跟煤炭工业是同一个问题,就是'吃油人'太多。现在全国统配煤矿有360万人,我估算了一下,100多万人足够了。真正把煤矿搞好,就要把多余的200多万人从煤矿里转出来搞多种经营、综合利用,发展第三产业。这样,煤矿才活得下去,才能结束吃国家补贴的历史。石油工业也有这个问题,就是人多。大庆油过去成本低,一吨几十元钱,现在一吨280元,增长了10倍。过去你'吃油'还可以,现在不行了,还是要把多余的人赶快转出来。"②1995年4月14日,在听取国家计委、中国石油天然气总公司、中国海洋石油总公司汇报"九五"计划和二〇一〇年远景目标规划时,李鹏指出:"我国煤炭资源十分丰富,但石油的缺口不小,从战略上看,要在煤上做文章,这是一个大的能源政策,一定要有足够的认识。"③1997年5月29日,李鹏发文指出:"为了帮助煤矿企业摆脱困境,国家采取亏损补贴、转产贴息贷款、增值税返还和增加技术改造资金等一系列政策措施,为扭亏增盈创造了必要的外部条件。但煤矿企业的根本出路,在于深化改革。煤炭部实行了以经济效益为中心,以扭亏增盈为目标和以煤为本、多种经营、综合发展的方针,实行以产定人、减人增效、转产分流、优化结构、强化管理等措施。实践证明,这些方针和措施是行之有效的。"④朱镕基和李鹏的这些话,充分表明了中共高层对稳定煤炭和石油固有产量的政策要求。东北、华北等地是我国重要的能源生产基地,长期以来对我国经济建设和社会发展作出了重要贡献。进入二十世纪九十年代后,这些能源产地

---

① 朱镕基:《把大庆建设得更好》,载《朱镕基讲话实录》(第一卷),人民出版社2011年版,第486页。

② 朱镕基:《把大庆建设得更好》,载《朱镕基讲话实录》(第一卷),人民出版社2011年版,第488页。

③ 李鹏:《完善我国石油天然气开发格局》,载《李鹏论产业经济》(下册),中国电力出版社、中央文献出版社2013年版,第646—647页。

④ 李鹏:《中国的能源政策》,载《李鹏论产业经济》(下册),中国电力出版社、中央文献出版社2013年版,第735页。

很多矿区便于采掘的能源已经被充分开发,剩余的矿藏开采起来难度提高了,再加上全国由计划经济向市场经济过渡,不少能源生产企业面临着各种经营困难。中共领导人对这些能源生产基地非常重视,要求稳定它们的生产,使它们能够继续为国家建设贡献力量。

除了关注已经形成的煤炭、石油生产基地建设,稳定固有的煤炭和石油生产外,党和国家不断把目光投向新的地区,特别是我国前期能源开发中没有受到足够重视的西部和海上,积极在这些地域开建新的能源生产基地,加强对西部和海上能源的开发。1995年4月14日,在听取国家计委、中国石油天然气总公司、中国海洋石油总公司汇报"九五"计划和二〇一〇年远景目标规划时,李鹏说:"今后石油工业发展,东部是稳住产量,大庆油田依靠科技进步,再稳产十五年就是对国家的巨大贡献,西部是加快开发的问题,产量增加靠西部,主要是新疆三大盆地。天然气探明储量丰富、潜力大,可以争取多开发利用一些。发展天然气是海陆并举,特别是要重视海上资源的开发。东南沿海经济发达,群众收入高,价格承受力较强,可以多使用海上天然气。现在东南海域天然气勘探都有成绩。世界上的海湾地区,都有油气田,如中东海湾和墨西哥湾等。我国的渤海湾可能也有较大的油气田,要加紧勘探工作。"①1996年10月22日,在会见全国海洋石油系统先进集体和劳动模范代表时,李鹏说:"我国海洋石油工业前途远大,下一步要加强油气勘探开发,进行石油化工和石油制品的开发与生产,发展范围和潜力很大。希望海洋石油战线继续努力,依靠科技进步,依靠加强管理,为祖国找到、开发出更多的石油和天然气,为社会主义建设事业作出更大的贡献。"②

在稳定固有的煤炭和石油生产的同时,大力开发西部和海上的石油、天然气等能源,是我国能源事业发展的重要内容。东北、华北等固有的能源生产基地,对我国经济建设发挥着重要影响,稳定它们的煤炭、石油生产,不仅是在稳定国家的经济建设,更是在社会主义市场经济的大潮中稳定能源生产队伍,激发他们生产的积极性。与此同时,随着我国科学技术的进步和能

---

① 李鹏:《完善我国石油天然气开发格局》,载《李鹏论产业经济》(下册),中国电力出版社、中央文献出版社2013年版,第643页。

② 李鹏:《海洋石油工业前途远大》,载《李鹏论产业经济》(下册),中国电力出版社、中央文献出版社2013年版,第708页。

源开发力量的增强,西部、海上等地域的能源开发必然进入中共领导人的视野。开发西部和海上能源,不仅可以弥补我国因经济飞速发展而产生的巨大的能源需求,而且能够拉动西部地区经济的进步,有效开发我国领海的经济价值,其战略意义非常重大。

(二)大力发展火电和水电,适度发展核电,构建国家电网

除重视煤炭、石油、天然气等天然能源的生产外,我国对发展电力也高度重视。这是因为在我国现代化建设的进程中,电力作为清洁能源具有煤炭、石油、天然气所不具备的优势。在生活领域,电力可以比较便捷地走入千家万户,满足人民群众的日常生活需要,促使逐渐告别传统生活方式的中国广大地区特别是广大农村尽快接受和适应现代生活方式。在生产领域,无论是第一产业还是第二产业,电力都发挥着越来越重要的作用,它对第三产业的作用显得尤为突出。因此,经济社会发展对电力的需求量越来越大,发展电力是当务之急。中共领导人对此有明确的认识,并且提出了发展电力的基本方针。1995年5月31日,在听取国家计委和电力部汇报"九五"计划和二〇一〇年远景目标规划时,李鹏指出:"电力是国民经济的先行。根据中国能源资源的分布状况,电力工业的发展实行火电和水电并举,以核电为补充,积极发展电网,多家办电,多渠道筹资办电的方针。实践证明,这条方针是正确的。"[1]中共领导人在电力方面的思想,基本可以概括为大力发展火电和水电,适度发展核电,构建国家电网。

发展水电跟我国水资源丰富有密切的关系。水资源无污染,可再生,深受世界各国青睐,我国对建设水电站也很重视。1991年8月31日,在会见参加二滩水电站工程土建国际招标合同签字仪式的中外承包公司代表、世界银行代表,以及意大利、德国、法国和挪威的驻华使节时,李鹏说:"希望这个工程在技术、管理和效益方面都有所突破,从各个角度衡量都应该是世界第一流的,并通过这项工程的建设,促进中国水电事业的发展。中国政府对这项工程非常关心,并将继续给予积极支持,以确保工程的顺利进行和如期

---

[1] 李鹏:《国家办电网,大家办电厂》,载《李鹏论产业经济》(下册),中国电力出版社、中央文献出版社2013年版,第677页。

完工。中国的水力资源极其丰富,主要集中在西南地区。开发水力资源,促进经济发展,造福中国人民,是中国政府的一项长远的、重要的政策。"①李鹏的讲话,表达了国家发展水电的信心和决心。1994年12月,三峡工程开工,标志着我国对水电的开发进入一个新阶段。

在发展水电的同时,我国更注重发展火电,因为我国煤炭资源非常丰富,具有发展火电的物质基础,发展火电也有利于煤炭的综合利用。1995年5月31日,李鹏指出:"现在我国的电力结构是以火电为主,占百分之八十左右,水电占百分之二十左右,核电刚刚起步,还不到百分之一。'九五'期间,火电要加大坑口电站的比重,加大到占火电总量的百分之四十左右。建设坑口电站有许多好处,有利于减少煤炭运输,增加煤炭产地的经济效益,还可以减少大城市电厂过分集中,由于烧煤而带来的污染。内蒙古的电送到北京,山西的电送到华东,送电稍远一点不怕,只要电价合理。……其余百分之六十火电建在沿海港口、铁路口等交通方便的地方,以港口为主。煤炭资源不会有大问题。跨省煤的供应主要靠山西、内蒙古和陕西的神木。要建设西煤东运的第二通道,即从神木出发经山西、河北的通道,先接上京九线,解决华中、华东电厂的用煤问题。"②李鹏关于发展火电的这段论述,显示了党中央对火电事业的高度重视和科学谋划。总之,只有火电和水电并举,才能有效解决我国电力需求量不断增加的问题。

我国在二十世纪六十年代就自主掌握了核能技术,并宣布了和平利用核能的原则。发电是和平利用核能的主要方式,我国掌握核能技术后就开始筹建核电站。经过多年的不懈努力,我国在二十世纪八十年代开始动工建设秦山核电站和大亚湾核电站,它们在二十世纪九十年代即建成并投入运行。中共领导人对发展核电寄予厚望,把适度发展核电作为发展电力的重要补充。1994年2月5日,在深圳举行的庆祝广东大亚湾核电站一号机组投入商业运行招待会上,李鹏说:"我国电力需求量很大,在大力发展火电、水电的同时,还要因地制宜地适当发展核电。……当前,我国正在进一

---

① 李鹏:《开发水力资源是中国的一项长远政策》,载《李鹏论产业经济》(下册),中国电力出版社、中央文献出版社2013年版,第557页。

② 李鹏:《国家办电网,大家办电厂》,载《李鹏论产业经济》(下册),中国电力出版社、中央文献出版社2013年版,第679—680页。

步全面贯彻党的十四大和十四届三中全会的精神,深化改革,扩大开放。国外来华投资的势头也很好,投资环境不断改善,投资领域进一步拓宽,我们欢迎外资参与基础工业、基础设施的建设,热情欢迎各国朋友与我国进一步开展核电方面的经济技术合作。"①李鹏的讲话,进一步明确了我国在电力领域适度发展核电的思想。尽管核电在我国电力能源的总份额中所占的比重较低,但它的发展前景令人看好。继秦山、大亚湾核电站之后,我国又兴建了几个核电站,正是对中共领导人适度发展核电思想的落实。

电力发展起来后,要加强对电力的现代化管理,实现电力的统一调度,提高电力的经济效益,充分发挥电力在经济建设中的重要作用,就必须建立国家统一联合的大电网。1993年4月13日,李鹏在上海考察期间听取华东电力集团公司和华能集团公司工作汇报时说:"大电网是世界发展的趋势。天灾人祸总是有的,如水电来水少,电煤运不出来,或者六十万千瓦机组出事故,甚至一个工厂、一个省停电都可能发生。这时就显示出大电网的优越性了。这次浙江北仑电厂出事故,要不是华东电网全网的支援,浙江供电就很困难了,所以各个省市还要支援电网建设。"②1997年5月29日,李鹏发文指出:"大电网的形成和不断发展是电力工业现代化的必然趋势。现在我国已经形成六个跨地区电网和若干独立的省级电网。……以三峡水电站的建设为契机,将逐步形成建立全国统一联合电网的局面。大电网的建设有许多优越性,可以统一规划合理布局,避免电力建设'大而全'、'小而全'的局面。采用大容量高参数的机组,具有单位投资省、效率高、建设周期短的优势。大电网是电力工业规模经营的体现,合乎增长方式转变的要求。"③构建全国统一的大电网,加强电力的统一调度和管理,既是我国电力工业走向现代化的必由之路,也是电力能源与市场经济接轨的重要措施,对我国电力能源的发展具有至关重要的意义。

---

① 李鹏:《建设和管理好大亚湾核电站》,载《李鹏论产业经济》(下册),中国电力出版社、中央文献出版社2013年版,第623页。

② 李鹏:《多家办电,统一管网》,载《李鹏论产业经济》(下册),中国电力出版社、中央文献出版社2013年版,第605页。

③ 李鹏:《中国的能源政策》,载《李鹏论产业经济》(下册),中国电力出版社、中央文献出版社2013年版,第740—741页。

(三)加强能源领域的国际合作,提高我国能源技术和管理水平

1997年11月8日,在三峡工程大江截流仪式上,江泽民讲话说:"大江截流成功,标志着三峡水利枢纽一期工程顺利完成,并转入二期工程施工。参加建设的各个单位,要切实加强管理,保证工程质量,继续搞好科研攻关和实验,确保二〇〇三年实现首批机组发电。在三峡工程建设中,要坚持按社会主义市场经济规律办事,同时大力发扬社会主义团结协作精神;坚持独立自主、自力更生的方针,同时积极开展国际交流和合作。既要调动外国投资企业的积极性、利用它们的资金技术优势,更要充分发挥我国企业的各种优势和潜力,使它们为三峡工程作出更多贡献,并促使它们的发展水平得到新的提高。"①江泽民的这番话,充分表明了中共领导人在能源领域开展国际合作的鲜明态度,他们把发展能源的依靠力量放在国内的同时,非常注重加强与国外的合作。经过以邓小平为代表的中共领导人对外开放的成功探索,以江泽民为代表的中共领导人在对外开放方面步子走得更快,开放的程度不断加深,开放的范围进一步扩大。在能源领域,我国对外开放的姿态更加鲜明,通过加强能源领域的国际合作来提高我国能源技术和管理水平。

能源领域的国际合作在石油开发中表现得尤为明显,这种合作既包括与发达国家的合作,也包括与发展中国家的合作。加强与发达国家的合作,有利于我国吸收它们的先进技术和管理经验,提高我国的石油科技和管理水平。与国际石油巨头壳牌公司的合作就是出于这种目的。1993年3月13日,在会见壳牌公司董事长吉宁斯时,李鹏对双方的合作寄予希望。他说:"中外双方在南海石化项目上进行了卓有成效的合作,可行性研究进展顺利,对此我们感到高兴。中国政府对这一大型中外合资项目一向给予积极的支持,因为它符合中国的对外开放政策,项目建成后无疑将对中国的经济建设发挥重要作用。……我希望南海石化项目的化工产品种类多一些,如其中有些品种可以替代进口产品,企业就会立于不败之地。希望在双方共同努力下,将南海石化项目建设成为'技术一流、管理一流、效益最高、产品

---

① 江泽民:《把三峡工程建成世界一流工程》,载《江泽民文选》(第二卷),人民出版社2006年版,第68页。

最好'的合资企业,迎接国际上的竞争和挑战。"①1995年12月19日,在总理办公会议上,李鹏又强调:"南海石化项目必须要搞成。原因有三点:第一,为海洋重油找了出路;第二,引进了先进技术;第三,产成品是国家缺少的化工原料。"②在李鹏的亲自推动下,南海石化项目一度成为中国最大的中外合资项目。在与发达国家和地区开展石油国际合作的同时,我国也很注意与石油资源丰富的发展中国家合作。1995年4月14日,在听取国家计委、中国石油天然气总公司、中国海洋石油总公司汇报"九五"计划和二〇一〇年远景目标规划时,李鹏指出:"中国石油资源有待继续开发。如果没有发现大的油田,今后十五年可能要依靠国内、国外两种资源,才能满足经济建设和人民生活的需要。因此,要积极与石油资源丰富的国家,特别是与石油资源丰富的发展中国家合作,在平等互利的基础上,利用我国现有的石油技术和勘探开采力量,进行联合开发,以保证稳定的石油供应。"③与发展中国家的合作,对于缓解我国石油紧缺的状况,提高我国石油开发的国际竞争力,具有不可低估的意义。

能源领域的国际合作不仅限于石油领域,在电力领域也表现得非常明显。大亚湾核电站是我国第一座引进国外技术、设备和资金建设的核电站。1994年2月5日,在深圳举行的庆祝广东大亚湾核电站一号机组投入商业运行招待会上,李鹏对大亚湾核电站给予了高度评价。他说:"大亚湾核电站是我国较早建立的最大中外合资企业,按照国际惯例,建立了现代企业的管理体制,实行董事会领导下的总经理负责制,做到了政企分开、责任明确、管理科学。在核电站建设中,引入了竞争机制,采取招标、投标制度,选择中外优秀的供货商和施工企业参加设计、施工、调试和咨询。大亚湾核电站建设的可贵之处,不仅在于引进国外的先进设备和技术,而且吸收国外施工组织和管理的先进经验,从而较大幅度地提高了现代化施工水平。"④

---

① 李鹏:《南海石化项目一定要建成》,载《李鹏论产业经济》(下册),中国电力出版社、中央文献出版社2013年版,第545—546页。

② 李鹏:《南海石化项目一定要建成》,载《李鹏论产业经济》(下册),中国电力出版社、中央文献出版社2013年版,第546页。

③ 李鹏:《完善我国石油天然气开发格局》,载《李鹏论产业经济》(下册),中国电力出版社、中央文献出版社2013年版,第647页。

④ 李鹏:《建设和管理好大亚湾核电站》,载《李鹏论产业经济》(下册),中国电力出版社、中央文献出版社2013年版,第622页。

在二十世纪九十年代,能源领域的国际合作已经不完全是我国吸收国外资金和先进技术这种方式了,它还包含着国外的技术和设备在中国市场上的竞争。例如1996年8月22日,在会见德国西门子公司和美国福斯特惠勒能源公司代表时,李鹏说:"随着经济的发展和人民生活的提高,中国对电力的需求很大,中外在电力方面开展合作前景十分广阔。……经过几十年的建设,中国机电制造企业已拥有很大的规模和实力。现在,中国电力工业主要是靠国产设备装备的,造价低,质量也好。因此,外国机电制造企业在中国电力市场上面临激烈的竞争。希望中外机电制造厂家凭借各自的优势开展公平竞争。中方决定向国内机电制造厂商提供买方信贷,以支持中国机电制造企业积极参与竞争。外国机电制造商今后为了能够得到更多的参与机会,应更多采取同中方企业合作的方式,做到优势互补,降低成本,互惠互利,共同发展。"[①]国外一些合作者在中国的竞争,从一个角度说明了中国电力设备生产能力和水平的提高,这既是中国自己努力的结果,也是加强引进国外资金、技术和管理经验的结果。

当然,加强能源领域国际合作的目的之一是通过学习国外在能源领域的先进技术和管理经验来提高我国的技术和管理水平。因而,我国不能过度地依赖国外的人员,而必须自己掌握这些技术和管理方法。1995年5月23日,在听取国家计委、化工部、中国石油化工总公司汇报"九五"计划和二〇一〇年远景目标规划时,李鹏说:"中外合资目的之一就是学习技术和先进管理经验。但是,是否用大量外国技术和管理人员,是一个值得研究的问题。在初期也许需要多一点外国员工,但他们的人工费用太高,影响成本,同时也不利于中国人掌握技术和管理。从平朔的经验看,美国人退出去以后,中国人自己管得也很好,扭亏为盈了。因此合资企业在开始阶段用一些外国人,过一段时间中国人掌握了技术和管理经验,就要换成中国人。这也合乎投资双方的利益,一般能够得到外方的支持。"[②]不可否认,我国通过能源领域的国际合作确实掌握了先进的技术和管理水平,自身的能力不断增强。

---

① 李鹏:《中外电力合作前景十分广阔》,载《李鹏论产业经济》(下册),中国电力出版社、中央文献出版社2013年版,第627—628页。
② 李鹏:《"九五"期间石化工业发展的设想》,载《李鹏论产业经济》(下册),中国电力出版社、中央文献出版社2013年版,第669页。

二、发展能源事业的重要举措

这一时期我国各项事业的发展有两个非常重要的标志。一是在党的第十四次全国代表大会上,作出建设社会主义市场经济的决断。改革开放初期,我国在实行计划经济体制还是实行市场经济体制上存在争论。经过一系列的探索与实践,特别是受到邓小平南方谈话的启迪,党中央明确提出了建设社会主义市场经济体制的要求。尽管这只是经济体制的转变,但这种转变必然会深刻影响到国家的政治、经济、文化等诸多领域,因为马克思主义基本原理早已阐明,经济领域的改变必然引起其他领域的改变。二是在党的第十五次全国代表大会上,吹响依法治国、建设社会主义法治国家的号角。从历史的向度看,经过总结数十年社会主义民主和法治建设的经验和教训,特别是改革开放以来我国法治建设逐渐步入正确轨道,中共领导人认识到我国实行依法治国是一种必然趋势。从经济与政治的关系看,市场经济本身就是法治经济,社会主义市场经济的发展当然地会要求建设社会主义法治国家。建设法治国家既是社会主义市场经济的重要保障,又是社会主义市场经济迈向新阶段的政治起点。以江泽民为代表的中共领导人在继承前人的基础上提出的发展社会主义市场经济、建设社会主义法治国家的主张,对国家各个领域的发展都产生了决定性的推动作用。这一时期我国能源事业的发展也深受影响,并形成了三个鲜明的特征。

(一)强调改变能源管理体制,转换能源企业经营机制

对于能源生产部门来说,社会主义市场经济体制的建立既为它们进一步的发展提供了新的契机,也在一定程度上增加了它们发展的风险和阻力。我国的能源生产单位总体上是国有企业,它们当中大部分是计划经济时代的产物,已经习惯于依赖国家计划开展生产经营活动。市场经济所强调的自主经营、自负盈亏,有利于调动能源生产单位的积极性,充分发挥它们生产和经营的潜力。同时,市场经济讲究优胜劣汰,那些设备陈旧落后、生产能力不强、管理经营不善、习惯于吃"大锅饭"的能源生产单位,就面临着巨大的发展风险,如果不改革只能是死路一条。当然,与其他领域相比,能源领域的"国家垄断"色彩更加明显,抵抗市场经济冲击的能力更强一些。尽

管如此,市场经济对能源生产经营企业的影响仍然很大。根据市场经济的要求理顺能源生产和经营活动,重点需要解决两个问题,一个是国家的能源管理体制,一个是能源生产企业的经营机制。在党的十三届四中全会至党的十六大期间我国能源事业的发展中,这两个问题都受到了重视。

  长期以来,我国的能源管理体制是按照计划经济的模式运行的,不同的能源由不同的政府机关来管理,导致能源领域"政出多门"的情况时有发生。根据市场经济的要求发展能源,首先需要理顺能源管理体制,为能源生产企业建立现代企业制度提供便利。国家已经认识到这一问题的重要性,提出了关于能源管理的一些主张。1995年4月14日,在听取国家计委、中国石油天然气总公司、中国海洋石油总公司汇报"九五"计划和二○一○年远景目标规划时,李鹏指出:"发展石油工业一定要有一个好的机制。现在海上石油、天然气开发的机制就比较好,符合现代企业制度,大体走出了一条路子,已初步形成良性循环。石油部体制改革时,我主张建立两个公司,一个管陆上,一个管海上,比较一下,现在看效果是好的。在政策上一定要打破行业界限,允许石油开发公司搞后加工,比如把天然气开发和下游的化肥、发电联系在一起,就能提高企业的效益,就有能力还本付息。我国石油开发大的格局是,陆上由石油天然气总公司负责,海上由海洋石油总公司负责,同时在大集中下有小自由,也可以给地矿部切一块,一些独立构造的小油田,也可以给地方切一块,让它们搞一点,作为大油田的补充。"[①]1995年5月12日,在听取水利部汇报"九五"计划和二○一○年远景目标规划时,李鹏指出:"新中国成立以来,水利部和电力部合合分分,反复多次,对下面工作影响很大。其实这个问题并不难解决。水利和电力虽然都是国民经济的基础产业,但两个行业的性质并不相同,只是在水电站建设和管理上有交叉,没有硬拴在一起的必要。这种交叉,在计划经济体制下不好解决,实行社会主义市场经济体制后并不难解决。以水利为主兼顾发电的项目由水利部门建设和管理;以发电为主,特别是肩负电网调峰任务的水电项目由电力行业建设和管理,问题就解决了。当然,为满足防汛抗旱的要求,不论谁管理的水

---

① 李鹏:《完善我国石油天然气开发格局》,载《李鹏论产业经济》(下册),中国电力出版社、中央文献出版社2013年版,第643—644页。

电站,都要服从国家防总的统一调度。"①能源管理体制的改革不仅限于中央层面,还涉及中央与地方的关系问题,这在煤炭领域表现得更为明显。1995年7月12日,在听取国家计委和煤炭部汇报"九五"计划和二〇一〇年远景目标规划时,李鹏说:"为了更好地调动中央和地方两个积极性,煤炭经营管理体制要改革。……要通过改革,逐步做到煤炭部只管产品供省外的煤矿,至于主要供省内自用的煤矿,应交给省里去管,煤炭供应的责任也放下去,发挥地方的积极性。煤矿下放的时候,要帮助它们卸掉包袱,包括债务包袱,原来国家的补贴也跟着放下去,为地方管理煤矿创造一定条件。……抓好骨干矿的建设,在总量上要保持国有骨干矿占一定的比例,保持国家掌握的外运煤占一定的比例。这样,国家对煤的市场宏观调控就不会出大问题。"②在电力领域同样存在管理体制改革的问题,电力的同网同价正是市场经济体制的要求。1998年12月19日,朱镕基在海南考察工作时指出:"海南把电网建设与电力管理体制改革相结合,这很好。电网建设一定要与电力管理体制改革相结合。电网改造一定要抓好,做到同网同价。这是振兴海南的大事。农业的发展要靠电,贫困地区脱贫也要靠电,要让更多的农民能够用上电,能够用上便宜的电。"③中共领导人对能源管理体制的这些论述,既充分考虑了能源生产部门的"国家垄断"色彩,凸显了政府特别是中央政府在能源管理中的主导地位,又充分考虑了市场经济的要求,强调理顺能源管理中的各种关系,调动各个能源生产单位的积极性,使能源更好地为经济建设和社会发展服务。

在关注能源管理体制的同时,党和国家对能源生产单位的经营机制也很关心。要实现能源生产企业转换经营体制,首先得打破价格垄断,保证能源生产企业能够公平参与竞争,由市场自主形成能源价格。1995年5月12日,在听取水利部汇报"九五"计划和二〇一〇年远景目标规划时,李鹏指出:"水电可以新电新价。以前水电电价的计算方法也不对头。计划经济时

---

① 李鹏:《在水利建设方面要集中力量解决几个突出问题》,载《李鹏论产业经济》(下册),中国电力出版社、中央文献出版社2013年版,第658页。

② 李鹏:《煤炭工业要更好地调动中央和地方两个积极性》,载《李鹏论产业经济》(下册),中国电力出版社、中央文献出版社2013年版,第690页。

③ 朱镕基:《海南要保持青山绿水》,载《朱镕基讲话实录》(第三卷),人民出版社2011年版,第191页。

期,水电都是国家投资,算电价只考虑大坝和设备的折旧和运行费,折旧年限又特别长,所以水电价格定得很低。以后水电的上网电价要和火电价格相同。价格理顺了,水电就可以以电养电,滚动发展,完全具备自我发展能力。作为基础产业,要讲究投入产出,提高经济效益,发展水电经济,逐步实现产业化。"①其次,能源生产企业要采用新技术,提高劳动生产率,这是推动能源生产企业在市场经济中胜出的基本措施。1995年7月12日,在听取国家计委和煤炭部汇报"九五"计划和二〇一〇年远景目标规划时,李鹏说:"国有大型煤矿建设要有新思路。……要建立新的机制,力争实现高劳动生产率、高效益,走出一条煤矿自我发展、良性循环的道路来。煤炭价格可以实行新矿新价。新建煤矿从建设到经营管理不要和老矿捆在一起,新矿实行新价新机制,老矿如果一下子还不能调整过来,先给新矿创造一些条件。新矿建设以及现有矿的技术改造,都要采用新技术、新的采掘方式和比较完善的安全装置,以提高资源利用效率。"②此外,能源生产单位还必须减少成本,安全管理,时刻关注市场动向。1997年3月20日,在会见全国煤炭工业扭亏增盈工作会议代表时,李鹏指出:"就煤矿来讲,一方面要抓减人增效、多种经营;另一方面还要不断地提高技术水平。再有就是要加强安全措施,减少煤矿事故,提高安全管理水平。过去,我们以煤定产。现在情况变了,你们要树立社会主义市场经济观念,坚持以销定产,市场需要多少煤就生产多少煤。"③中共领导人对能源生产单位经营机制的相关论述,正是市场经济体制下能源生产企业转换经营机制的正确方向。

(二)主张因地制宜发展能源,加强能源综合利用

我国幅员辽阔,各个地区的自然资源特别是能源的种类和储量差别很大。如煤炭主要分布在华北地区特别是山西省,其次是西北地区,东南地区

---

① 李鹏:《在水利建设方面要集中力量解决几个突出问题》,载《李鹏论产业经济》(下册),中国电力出版社、中央文献出版社2013年版,第657页。

② 李鹏:《煤炭工业要更好地调动中央和地方两个积极性》,载《李鹏论产业经济》(下册),中国电力出版社、中央文献出版社2013年版,第690—691页。

③ 李鹏:《煤炭工业为困难行业扭亏解困提供了宝贵经验》,载《李鹏论产业经济》(下册),中国电力出版社、中央文献出版社2013年版,第726页。

的储量较少;石油、天然气主要分布在东北、华北、西北地区和东部、南部沿海大陆架;水能资源主要分布在西南地区。当然,有些地区的能源储量虽然很大,但是由于地质条件较差,开采所要求的技术条件和经济成本很高,有些地区的能源暂时还难以开采,如西南地区高山深谷中的水能。另一方面,我国各个地区的经济发展状况差别较大,总体上说东部、南部地区经济较为发达,中西部地区相对落后。一般来说,经济发展状况和能源消耗成正比,因而我国的能源消耗主要集中在东南沿海地区。能源的储量、产量和能源的消耗量在地域上的这种不对称,直接影响了我国经济的总体发展。为了解决这种矛盾,实现不同地区的全面发展,中央强调因地制宜发展能源,加强能源综合利用,西煤东运、西气东输、西电东送等工程就是这一时期发展能源事业的重要举措。

1992年10月22日,在党的第十四次全国代表大会上,江泽民说:"我国地域广阔,各地条件差异很大,经济发展不平衡。应当在国家统一规划指导下,按照因地制宜、合理分工、各展所长、优势互补、共同发展的原则,促进地区经济合理布局和健康发展。东部沿海地区要大力发展外向型经济,重点发展附加值高、创汇高、技术含量高、能源和原材料消耗低的产业和产品,多利用一些国外资金、资源,求得经济发展的更高速度和更好效益。中部和西部地区资源丰富,沿边地区还有对外开放的地缘优势,发展潜力很大,国家要在统筹规划下给予支持。这些地方应当根据市场经济的要求,加快对内对外开放的步伐,加强基础设施建设,促进资源的开发和利用,努力发展优势产业和产品,有条件的也要积极发展外向型经济,以带动整个经济发展。各地都要从国家整体利益出发,树立全局观念,不应追求自成体系,竭力避免不合理的重复建设和重复引进。积极促进合理交换和联合协作,形成地区之间互惠互利的经济循环新格局。要根据自然地理特点和经济的内在联系,充分发挥中心城市作用,努力发展各具特色的区域经济。"①江泽民的这番讲话,可以看作是对我国因地制宜发展能源的综合概括。因地制宜发展能源,首先提倡各地根据自己的能源存储状况进行开发,一些能源储量大、

---

① 江泽民:《加快改革开放和现代化建设步伐,夺取有中国特色社会主义事业的更大胜利》,载《江泽民文选》(第一卷),人民出版社2006年版,第234—235页。

便于开发的地区要充分发挥自己在能源方面的优势。其次,它要求各个地区实现优势互补,达到全国共同发展的局面。能源生产地区通过生产和输出能源来实现自己的经济发展,能源消耗量较大的地区通过输入能源来推动经济发展和带动能源生产地区的经济发展。最后,它强调国家的统一规划和维护国家的整体利益,即因地制宜不能搞成经济独立和自我封闭,而应当在国家统一规划的指导下实现共同发展,维护的是国家的整体利益。

除了强调因地制宜发展能源外,我国还非常关注能源的综合利用,尽可能地提高能源的利用率,最大限度地减少和避免能源的浪费。1995年4月14日,在听取国家计委、中国石油天然气总公司、中国海洋石油总公司汇报"九五"计划和二〇一〇年远景目标规划时,李鹏指出:"要扩大天然气的利用,主要方向是生产化肥、发电和供应城市民用气,现在最重要的是生产化肥。要用天然气在海南岛生产化肥。东方气田的年开采能力是二十亿立方米,足够四套三十万吨合成氨的用气。用天然气发电是当今世界能源的一个发展方向,因为采用燃气—蒸汽联合循环发电,热效率可以达百分之五十以上,污染又小。由于设备价格低,建设周期短,所以发电成本不算太高。即使比火电价格高一点,但在发达地区可以承受。再就是供应城市民用气,价格也可以承受。陕北天然气进北京和天津,两个城市都有积极性,解决民用燃料,也把污染问题解决了,价格每立方米一元钱,可以接受。新疆油田的伴生气运不出来,应该就地消化,搞化肥、乙烯是主要方向,另一部分气发展民用。"①1995年7月12日,在听取国家计委和煤炭部汇报"九五"计划和二〇一〇年远景目标规划时,李鹏说:"今后,我国要增加天然气在能源中的比重,特别是用天然气发电,加之燃气—蒸汽联合循环,是有效益的,在有天然气资源的地区,也是有前途的。此外还要搞煤炭的气化,发展热电联营,这都是现代化的标志。"②在谈到国有大型煤矿存在的问题和下一步的发展方向时,李鹏指出:"出路是一业为主,多种经营。首先要搞煤的综合利用,比如,提高洗煤率,多出块煤,增加煤的价值,

---

① 李鹏:《完善我国石油天然气开发格局》,载《李鹏论产业经济》(下册),中国电力出版社、中央文献出版社2013年版,第645—646页。

② 李鹏:《煤炭工业要更好地调动中央和地方两个积极性》,载《李鹏论产业经济》(下册),中国电力出版社、中央文献出版社2013年版,第689页。

粉煤灰也利用起来,还可以发展煤化工,建坑口电站,搞煤炭联营。……电力系统要支持煤矿办电上网,电价可以实行还本付息电价,实行同电同价。要大力发展服务业。要利用矿区优势生产建材,因地制宜利用其他资源。"①党和国家希望把能源作为一种综合性的资源,而不仅是单纯的动力燃料。只有因地制宜发展能源,并且根据不同能源的属性,结合各地对不同能源和不同工农业生产原料的需求状况,就近有效实现一种能源向另一种能源和工农业生产原料的转化,才能避免和减少能源的浪费,实现能源经济价值的最大化。

(三)形成比较明确的能源政策,注重通过法律调整能源活动

二十世纪九十年代的中国经济社会发展状况,比起改革开放前和改革开放最初十年,已经有了非常大的进步。这一时期我国各个领域的生产和人民群众的生活都发生了翻天覆地的变化,能源的生产量和整个社会对能源的需要量也显著增加。在这种情况下,中共领导人必须对国家的能源问题进行通盘考虑和全面部署,形成关于能源问题的系列政策措施。同时,社会主义市场经济体制的建立和依法治国方略的实施,越来越要求经济建设必须通过法律来规范和引导,作为经济建设重要内容的能源领域也必须遵循一定的法律来开展工作。因而,这一时期党和国家通过对能源问题的思考和探索,不但形成了比较全面的能源政策,而且注重通过法律调整能源活动。

这一时期,党和国家立足经济社会发展实际,结合我国各类能源生产状况和发展前景,形成了比较明确的能源政策。其中的标志性理论成果是李鹏于1997年在《求是》杂志上发表的《中国的能源政策》。文章简要介绍了我国当前的能源发展状况后指出:"纵观国内和国际条件,我国经济将会保持长期稳定发展的势头。其中一个重要因素,是能源工业能否适应国民经济发展的需要。回答是肯定的,因为我国有丰富的能源资源,已经建立起开发各种能源资源的完整体系,有一支经验丰富,素质较高的从科研、勘探、设

---

① 李鹏:《煤炭工业要更好地调动中央和地方两个积极性》,载《李鹏论产业经济》(下册),中国电力出版社、中央文献出版社2013年版,第692页。

计、建设到生产经营的能源大军,已经摸索出一套合乎中国国情的能源政策。在前进的道路上虽然还会遇到困难,但我们对中国的能源发展前景充满信心。"①在这篇文章中,李鹏详细论述了"煤炭工业要坚持大中小并举的方针""石油工业要坚持稳定东部、发展西部的方针""多家办电,多渠道筹资办电""核电是一种安全可靠清洁的能源""能源开发与节约并重,把节约放在优先地位""能源开发与可持续发展战略"六个问题。文章运用翔实的数据剖析了我国能源发展状况,总结了我国对煤炭、石油、电力等主要能源的发展方针,强调了对能源的节约,展望了能源的发展前景。文章表达了党中央对我国能源事业的深刻、系统和全面的思考,其重要意义不言而喻,同时也标志着这一时期我国形成了比较明确的能源政策。

与此同时,随着社会主义法治建设的不断开展,党和国家越来越注重法律对国家政治、经济、文化领域各种活动的规范作用,越来越强调发挥法律在经济领域中的调整功能。例如1992年6月4日,为贯彻落实邓小平视察首钢时的重要讲话精神,朱镕基到首钢调研。他指出:"国务院贯彻邓小平同志的指示,最重要的一条,就是深化企业改革,加快转换企业的经营机制。中央4号文件已把它列为第一条。转换企业的经营机制不只是转换企业内部的机制,最重要的是政府机关的职能要相应转变。如果我们的政府机关还是那么死死地把企业管住,不管宏观,而是管微观,什么事情都要干预,企业的生产经营管理自己不能做主,职工也就不能当家,企业的效益一定搞不上去。所以,我们把制定《全民所有制工业企业转换经营机制条例》,作为贯彻实施《全民所有制工业企业法》的一个补充,就是要创造条件,使企业能够自主经营、自负盈亏、自我约束、自我发展,不能再由政府各个部门用行政干预来代替企业作生产经营决策。"②我国大中型能源生产企业基本上是国营企业,《全民所有制工业企业法》和《全民所有制工业企业转换经营机制条例》自然会规范和约束我国广大能源生产企业的生产经营活动。不仅如此,我国还在能源发展中运用法律来保障外国投资者的利益。如1993年2月

---

① 李鹏:《中国的能源政策》,载《李鹏论产业经济》(下册),中国电力出版社、中央文献出版社2013年版,第732页。
② 朱镕基:《关于首钢改革发展的意见》,载《朱镕基讲话实录》(第一卷),人民出版社2011年版,第177页。

17日,在会见十五国驻华使节和三十家外国石油公司代表时,李鹏说:"中国扩大陆上石油对外合作,将按照国际惯例开发、经营,采用国际通行的方式。在老油区,将与外方合作提高石油采收率;在新油区包括新疆塔里木盆地,将进行风险勘探,探明储量后进行合作开发。中国经过十四年的改革开放,投资的'软环境'和'硬环境'都有很大改善,保护国外投资者权益已用法律形式确定下来。根据平等互利的原则,我们欢迎各国石油界来华开展合作。我们已经确定了社会主义市场经济的目标,改革将不断深化,开放将进一步扩大,中国经济与世界经济的联系越来越密切。同以往相比,我国这次陆上石油合作的地区和领域有了新的拓展,合作前景是好的。我们对老的和新的合作伙伴都持欢迎的态度。"①在整顿能源价格中,中共领导人也注重发挥法律的作用。如1995年5月31日,在听取国家计委和电力部汇报"九五"计划和二〇一〇年远景目标规划时,李鹏指出:"现在全国电价比较混乱,要加以整顿,用法律形式加以规范。"②由此可以看出,以江泽民为代表的中共领导人在能源问题上注重发挥法律的作用,把法律作为规范能源活动的重要依据。

三、能源事业发展的历史贡献

我国2001年发布的国民经济和社会发展第十个五年计划之《我国"十五"能源发展重点专项规划》指出:"经过五十年,特别是改革开放以来的快速发展,我国能源建设取得了巨大成就,长期困扰国民经济和社会发展的能源'瓶颈'制约大大缓解,实现了历史性的跨越,基本适应了当前国民经济和社会发展的需要。"这些成就具体表现为六方面③:

(1)能源产量迅速增加。2000年全国一次能源生产量预计为10.89亿吨标准煤,居世界第三位。原煤产量1996年曾达到13.97亿吨,国家对小煤

---

① 李鹏:《扩大陆上石油对外合作的地区和领域》,载《李鹏论产业经济》(下册),中国电力出版社、中央文献出版社2013年版,第594页。
② 李鹏:《国家办电网,大家办电厂》,载《李鹏论产业经济》(下册),中国电力出版社、中央文献出版社2013年版,第681页。
③ 资料摘自人民网,http://www.people.com.cn/GB/jinji/31/179/20010813/533877.html,2011年8月13日发布,2015年1月5日访问。

窑进行压产后，2000年的产量为9.98亿吨；原油、天然气产量分别由1990年的1.38亿吨和153亿立方米增加到2000年的1.63亿吨和270亿立方米；发电量由1990年的6212亿千瓦时上升到2000年的13 500亿千瓦时，其中水电由1990年的1267亿千瓦时上升到2000年的2400亿千瓦时。核电从无到有，2000年核电发电量164亿千瓦时；太阳能、风能、地热等新能源的生产能力也有不同程度的提高。能源产量的迅速增长，使我国能源供需矛盾总体上趋于缓和。

（2）能源结构不断优化。在一次能源消费总量中，煤炭消费量所占比重由1990年的76.2%降为2000年的61.03%；石油、天然气和水电等的比重逐步提高，由1990年的23.8%上升为2000年的38.97%。在一次能源生产总量中，石油、天然气和水电生产量所占比重由1990年的19.0%、2.0%、4.8%上升为2000年的20.94%、3.3%和9.64%，新能源和可再生能源发展迅速，优质能源生产比重有所提高。能源结构的调整，为提高我国能源质量和能源利用效率以及改善大气环境等作出了一定的贡献。

（3）能源工业重大项目建设进展顺利。"九五"时期我国煤炭工业基本建设速度虽然较"八五"时期放缓，但仍然开工建设了山西平朔安家岭1500万吨大型露天煤矿等一批矿井；天然气建设步伐加快，投产了南海崖城13-1气田及至香港管线，陕甘宁气田及至北京、西安、银川管线等项目；电力建设继续保持较快增长，长江三峡水电站建设进展顺利，四川二滩水电站投产，城乡电网建设和改造大规模展开；以国产化率不断提高的大型风力发电机组为依托的"乘风计划"和为解决偏远地区无电人口用电问题的"光明工程"都取得了初步进展。

（4）现代化程度进一步提高，技术水平不断迈上新台阶。煤炭工业已具备设计、施工、装备及管理千万吨级露天煤矿和大中型矿区的能力。综合机械化采煤和运输设备以及强力胶带输送机等现代化成套设备大量使用，并拥有世界先进水平的年产500万吨以上的工作面。石油工业已形成从科学研究、勘探开发、地面工程建设到装备制造的完整体系。复杂断块油气勘探、油田早期注水分层开采、高含水油田稳油控水开发、聚合物驱提高采收率、复杂断块油田滚动勘探开发等技术达到国际领先水平。原油加工技术水平也在不断提高。电力工业已基本掌握60万千瓦亚临界火电机组和500

千伏交直流输变电工程的设计、施工、调试及运行技术;具备了修筑240米双曲拱坝、180米级各类大坝及施工大型抽水蓄能电站的能力;电网运行初步实现了自动化、现代化管理。我国电力工业发展进入了以大机组、大电厂、大电网、超高压和自动化为主要特征的新阶段。能源工业现代化水平的提高,不仅为社会经济发展提供了能源保证,而且有力地带动了国内机械制造、电子工业等相关产业的发展,为民族工业进步作出了贡献。

（5）能源工业管理体制改革取得不同程度的进展。煤炭工业将94个原国有重点煤矿以及企事业单位全部下放地方政府管理。煤价基本放开,煤炭生产、运输和销售全面进入了市场。煤炭工业企业改革取得进展,国有重点煤矿以建立现代企业制度为目标的公司制改革已经全面展开,一批企业完成了公司制改造。国有煤炭企业关闭破产工作开始实施。石油天然气工业重组了石油、石化两大公司,实行勘探开发、加工利用、内外贸一体化,两大公司核心业务和非核心业务进行分离,并成功地在海外上市。原油、成品油价格实现了与国际市场的接轨。电力工业初步实现了政企分开,确立了"厂网分开、竞价上网、国家监管"的改革目标,并在部分省市进行改革试点。通过改革,中国能源行业市场化程度进一步提高,市场机制的作用越来越明显,管理体制和价格体制逐步与国际接轨,为今后发展创造了条件。

（6）节能工作成绩显著。在"开发与节约并举,把节约放在首位"方针指导下,我国节能工作取得了巨大成就。"九五"时期,万元国内生产总值能耗下降了30%,预计由1995年的3.97吨标准煤下降到2000年的2.77吨标准煤;年节能率达到7.2%,节能率居世界前列,节约和少用能源4.1亿吨标准煤左右。

这些数据所展示的很多成绩,从一个方面显示了我国能源事业发展的强大生命力。尤其是这组数据把2000年与1990年的能源状况进行对比,与江泽民担任党和国家最高领导人的主要时间跨度大致重合,更能展示党的十三届四中全会至十六大期间我国能源事业发展的历史贡献。这一历史贡献宏观上大致可以概括为实现了常规能源的全面化发展、开启了能源领域的市场化改革和推动了能源发展的法制化进程三个方面。

（一）实现了常规能源的全面化发展

二十世纪九十年代是我国能源迅猛发展的时代,尤其是常规能源获得了全面发展。当年分别在毛泽东、邓小平的领导下,有些能源项目就已经作为一个重要议题被提出来,如毛泽东曾提出"高峡出平湖"的伟大设想;有些能源项目已经作出决策并开始建设,如大亚湾核电站就是在邓小平的关心下投入建设的。因此,以江泽民为代表的中共领导人既继承了毛泽东、邓小平等领导人在能源领域的成就,又在此基础上进一步发展和创新,使我国的常规能源获得了全面发展。这种全面发展可以从四个方面表现出来。

一是常规能源的结构不断健全。我国常规能源的发展有一个曲折艰难的过程。新中国成立初期,我国的能源结构单一,能源生产和消耗几乎全部依赖煤炭,只有零星的石油和少量的电力。直到二十世纪中后期大庆油田的成功开发,才结束我国靠"洋油"过日子的时代,石油在能源结构中开始占有一定的地位。当时我国虽然也开发了核能,但核能主要用于国防目的,与民用能源的关系不大。在改革开放之初,电力和煤炭获得了很大的发展,作为清洁能源的电力在国家能源结构中的比例不断攀升。进入二十世纪九十年代后,常规能源中不但煤炭、石油获得了长足发展,而且核能和天然气发展迅速。我国的秦山、大亚湾核电站在二十世纪八十年代开始兴建,在九十年代它们都投入商业运营,使核能开始服务于国家的经济社会发展。同时,我国在九十年代大力开发天然气,天然气逐渐走入千家万户,成为人们日常生活中的主要燃料之一。因此,各种常规能源在当时都成为非常重要的能源,在国家能源结构比例中占有一席之地。

二是常规能源开发遍及陆地和水域。我国各地能源分布不均匀,在开发能源时最初重点开发的是那些地质条件好、便于开发的能源,因而全国有不少地方的能源处于未开发的状态。以江泽民为代表的中共领导人一方面大力开发海上石油和天然气,另一方面实施了西部大开发战略。西煤东运、西气东输、西电东送等工程的实施,不仅是西部大开发的战果,更显示了我国能源事业发展的辉煌成就。1992年全国人民代表大会批准建设、1994年动工兴建的三峡工程,既是世界上规模最大的水电站,也是我国充分利用水能发展电力的杰出成就。正是遍及陆地和水域的常规能源开发,弥补了我国能源生产的不足,推动了我国经济社会的高速发展。

三是常规能源国际合作成就斐然。改革开放之初开创的中外合作开发能源的做法,在二十世纪九十年代发展得如火如荼。在煤炭、石油、天然气、电力等领域,我国都和国外投资者有成功的合作,都有中外合作开发的经典实例和标志性成果。例如1994年投入商业运营的大亚湾核电站,是我国引进国外资金、技术和设备兴建的第一座大型商用核电站,被称为中国二十世纪最大的中外合资项目,既代表了我国引进外资领域的成就,又代表了我国能源发展领域的成就。

四是常规能源科学技术和人才队伍日益强大。常规能源的全面发展,必然与我国常规能源领域的科学技术和人才队伍分不开。这里面既有我国自行研发的能源科学技术和培养的人才队伍,如秦山核电站是我国建设的第一座核电站,也是我国自行设计、建造和运营管理的核电站,它代表着我国自力更生的科学成就和人才培养水平;也有通过引进国外资金、技术、设备和管理经验而最终掌握的常规能源科学技术和培养的人才队伍,如大亚湾核电站所代表的科学技术和人才培养水平。不管怎样,我国常规能源全面发展的同时也意味着我国常规能源科学技术和人才队伍日益强大。

(二) 开启了能源领域的市场化改革

鉴于能源对整个国民经济和社会发展所具有的决定性意义,我国长期以来对能源控制得非常严格,能源事业的计划经济色彩非常浓厚。党的第十四次全国代表大会提出建立社会主义市场经济体制后,能源领域的计划经济体制也开始松动。在以江泽民为代表的中共领导人的直接推动下,我国能源领域的市场化改革逐步开启。1999年8月12日,江泽民在大连主持召开东北和华北地区国有企业改革和发展座谈会时指出:"建立社会主义市场经济体制,使公有制与市场经济有机结合起来,必须抓住国有企业改革这个经济体制改革的中心环节。建立和完善社会主义市场经济体制,基础在于企业,最重要的是使国有企业形成适应发展社会主义市场经济要求的管理体制和经营机制。我们一定要以'三个有利于'为根本标准,努力探索能够极大促进生产力发展的公有制实现形式,大胆利用反映社会化生产规律、符合市场经济要求的各种经营方式和组织形式,建立现代企业制度,不断增强企业的科技开发能力、市场竞争能力和抗御风险能力。"[①]江泽民的讲话强

---

① 江泽民:《关于国有企业改革和发展》,载《江泽民文选》(第二卷),人民出版社2006年版,第379—380页。

调通过抓住国有企业改革来带动市场经济的发展,而我国主要的能源生产企业基本上是国有大中型企业,所以能源领域的大中型企业按照市场经济的要求所进行的改革,是我国能源领域市场化的先河。这一时期开启的能源领域的市场化改革,除了表现为理顺能源管理体制、转换能源生产企业经营机制这种最基本的市场化改革外,还表现在三个方面。

一是广泛发动社会力量开发能源。能源领域的市场化意味着国家应当适度开放能源市场,让不同的主体参与能源生产和市场竞争,调动所有市场参与者的积极性。我国对开放能源市场持积极态度,这在煤炭领域表现得更为明显。如1995年7月12日,在听取国家计委和煤炭部汇报"九五"计划和二〇一〇年远景目标规划时,李鹏说:"'九五'时期和下世纪头十年,发展煤炭工业还要继续坚持中央和地方并举、大中小并举的方针。必须重视和大力加强中小煤矿的技术改造和科学管理。中小煤矿投资省、投产快、成本低、投入产出比高,还可以吸收大量农村富余劳动力,提供就业机会,有利于农村致富。现在山西就吸收了很多外地民工来挖煤。但是,要加强对中小煤矿的改造,使它们逐步达到适度经济规模。"①在这种政策的激励下,诸多中小煤矿迅速发展起来,成为我国煤炭生产的重要力量。不同的能源生产主体同时参与市场竞争,是能源领域市场化的重要表现。

二是促使能源价格与国际市场接轨。计划经济体制下的能源价格由国家确定,这种价格体制虽然有利于国家掌控国民经济的发展状况,但是不利于遵循价值规律和维护市场公平竞争。1995年5月23日,在听取国家计委、化工部、中国石油化工总公司汇报"九五"计划和二〇一〇年远景目标规划时,李鹏说:"现在中国成品油价格已经和国际市场价格差不多,原油平均价格还相差不少,炼油厂主要赚的是原油差价。今后原油还要提价,逐步向国际市场价格看齐,增加成本能不能消化,要慎重考虑。只有在依靠技术进步,加强科学管理的前提下,降低成品油价格,才能提高折旧。"②能源价格与国际市场价格看齐,在一定程度上促使能源价格与国际市场接轨,使能源领

---

① 李鹏:《煤炭工业要更好地调动中央和地方两个积极性》,载《李鹏论产业经济》(下册),中国电力出版社、中央文献出版社2013年版,第691页。

② 李鹏:《"九五"期间石化工业发展的设想》,载《李鹏论产业经济》(下册),中国电力出版社、中央文献出版社2013年版,第666页。

域的市场竞争从国内扩大到国外,不仅推动了能源的市场化,而且也增强了我国能源的国际化程度。

三是推动能源生产企业建立现代企业制度。我国把能源领域的发展和市场经济有机统一起来的一个重要举措是推动能源生产企业建立现代企业制度。现代企业制度是适应现代化大生产和市场经济要求而产生的企业制度,我国对现代企业制度非常重视,并且在一些大型能源项目上力推建立现代企业制度。2004年7月31日,已经退出领导岗位的李鹏在回顾自己先后参加的秦山、大亚湾和田湾三个核电站的决策和建设过程时,谈了自己的体会。他说:"为了达到'安全第一,质量第一'的目标,核电站必须按现代企业制度进行建设和管理。在建设过程中,必须严格实行业主负责制、招投标制、施工监理制和财务审计制。作为业主的核电公司应该多元持股,实行董事会为主的现代企业制度。"①对现代企业制度的高度重视和大力推动,使我国能源领域的市场化改革迈出了坚实的步伐。

(三)推动了能源发展的法制化进程

我国早在改革开放之初就关注能源的法制化问题,也制定了一些规范性法律文件来调整能源开发活动,如国务院1982年发布《对外合作开采海洋石油资源条例》,1983年发布《海洋石油勘探开发环境保护管理条例》等。当时的制度性规定多是以国务院、国务院有关部门和地方政府的政令、意见等形式发布的,层次和效力低,规范的内容零星散乱,体现的是计划经济下的行政管理权威。建立社会主义市场经济体制,建设社会主义法治国家,是建设中国特色社会主义事业进程中的重大创举,对我国经济和政治生活产生了重大影响。能源作为国家经济社会发展的重要推动力和维护国家政治稳定的重要物质力量,在这一时期也逐渐走向法制化的道路。特别是社会主义市场经济体制的建立,对经济立法提出了更多的要求,能源领域的立法也应运而生。这一时期我国在推动能源立法方面的基本做法,主要体现在两个方面。

---

① 李鹏:《中国核电的发展历程》,载《李鹏论产业经济》(下册),中国电力出版社、中央文献出版社2013年版,第818页。

一是制定专门的能源法,提高规范性法律文件的层级。开展能源领域的立法,最基本的要求就是把关于能源的规范性文件上升到国家法律的层次。这一时期我国制定的法律层次的能源法有三部,分别为全国人民代表大会常务委员会1995年制定的《中华人民共和国电力法》,1996年制定的《中华人民共和国煤炭法》,1997年制定的《中华人民共和国节约能源法》。它们的出台,体现出党和国家对电力和煤炭的高度重视,也和我国多次强调的提高能源利用率、节约能源有很大关联。把电力、煤炭和节约能源的要求上升到国家法律层面,也是由它们对国计民生的极端重要性决定的。电力、煤炭的开发成本和技术要求相对较低,参与开发和经营的市场主体很多,加之它们早已经成为人们日常生活必不可少的便捷能源,因而不通过法律的形式对电力和煤炭进行规范将难以有效地约束与电力、煤炭相关的能源活动,进而导致电力、煤炭市场的混乱。这一时期颁布《中华人民共和国节约能源法》很必要,也很及时。因为我国经济的发展和对能源的消耗长期以来都是粗放式的,科技含量不够高,能源资源浪费严重。《中华人民共和国节约能源法》的制定和实施,提高了全社会对节约能源的认识,为遏制能源浪费提供了法律保障,可以使能源更有效地服务于经济社会发展和人民生活。除这三部法律外,我国在这一时期还制定了与法律相配套的一些行政法规,如国务院1996年发布《电力供应与使用条例》,1998年第一次修订《电力设施保护条例》,2000年发布《煤矿安全监察条例》等,使能源领域的立法不断完善。

二是在其他法律中规范能源,促使能源法配套协调。能源和国民经济发展的其他领域有着千丝万缕的联系,国家对经济社会领域的许多事项进行规范时,都有可能涉及能源问题。因此,我国除对某些能源领域开展专门的立法外,也注重在其他领域的立法中对能源问题进行规范。由此形成的法律虽然不是专门的能源法,但也成为能源法的重要补充。如全国人民代表大会常务委员会1995年制定的《中华人民共和国固体废物污染环境防治法》,1997年制定的《中华人民共和国建筑法》和《中华人民共和国价格法》等。这些法律对规范我国能源的交换和消费活动,促使能源价格遵循市场经济规律,尽可能地发挥能源的使用价值,减少能源对环境的污染和破坏,具有重要作用。

在二十世纪九十年代，我国能源领域的立法总体上还比较单薄，而且对石油、天然气等重要能源领域的立法尚处于空白状态，仅靠一些政策和效力较低的规范性法律文件来调整。但是，通过法律来规范国家对能源的管理活动和能源领域的生产经营活动，推动能源发展的法制化进程，本身就是我国能源发展史上的一项突出贡献。

第四章
党的十六大至十八大期间我国能源事业的发展

党的十六大至十八大期间,以胡锦涛同志为主要代表的中国共产党人,坚持以邓小平理论和"三个代表"重要思想为指导,根据新的发展要求,深刻认识和回答了新形势下实现什么样的发展、怎样发展等重大问题,形成了以人为本、全面协调可持续发展的科学发展观,在新形势下坚持和发展了中国特色社会主义。在这一过程中,我国能源事业获得了进一步的发展。由于在改革开放之初打下了坚实的基础,经过改革开放二十余年的不懈努力,我国的能源事业获得了长足的发展,我国常规能源的发展基本呈现出比较全面的特征。比如,在能源结构中,煤炭、石油、天然气、电力等能源的发展都非常迅速,核能也有一定的发展。在能源发展的地域上,全国各地的常规能源都获得了不同程度的开发。进入二十一世纪之初,能源事业这种发展状况出现一些新的问题,如能源事业总体上走的是粗放的发展模式,对环境和自然资源造成一定的破坏;能源利用率不高,造成比较严重的浪费;常规能源发展迅速而新能源发展相对不足,相应的能源技术需要进一步提高等。中共领导人清醒地认识到,要促进经济社会健康发展,在新的发展阶段继续全面建设小康社会,就必须走以人为本、全面协调可持续的科学发展之路。能源是经济社会发展的动力之源,能源事业的发展是经济社会发展的重要组成部分,它们当然地成为党和国家领导人关注和思考的重要内容。通过胡锦涛、温家宝的相关讲话和论述,可以窥探党的十六大至十八大期间我国能源事业的发展。

2007年10月15日,在中国共产党第十七次全国代表大会上,胡锦涛在论及促进国民经济又好又快发展时指出:"加强能源资源节约和生态环境保护,增强可持续发展能力。坚持节约资源和保护环境的基本国策,关系人民群众切身利益和中华民族生存发展。必须把建设资源节约型、环境友好型社会放在工业化、现代化发展战略的突出位置,落实到每个单位、每个家庭。要完善有利于节约能源资源和保护生态环境的法律和政策,加快形成可持续发展体制机制。落实节能减排工作责任制。开发和推广节约、替代、循环利用和治理污染的先进适用技术,发展清洁能源和可再生能源,保护土地和水资源,建设科学合理的能源资源利用体系,提高能源资源利用效率。发展环保产业。加大节能环保投入,重点加强水、大气、土壤等污染防治,改善城乡人居环境。加强水利、林业、草原建设,加强荒漠化石漠化治理,促进生态修复。加强应对气候变化能力建设,为保护全球气候作出新贡献。"①胡锦涛站在科学发展的高度对我国能源资源发展和生态环境建设的这段论述,基本涵盖了他主政时期中共领导人发展能源事业的主导思想,是我们认识这一时期我国能源事业发展的一条主线。

一、能源事业发展的基本内容

这一时期我国能源事业在对以往继承的基础上又有了长足的发展。继承表现在非常重视发展化石、电力等常规能源,非常重视通过对外开放来推动我国能源事业的发展。发展表现在根据国际形势和我国经济社会发展的实际状况,突出强调了节约能源和发展新能源的问题,大幅度地开展了能源领域的国际合作,着力应对气候变化问题。2010 年 11 月 13 日,在日本横滨召开的亚太经合组织工商领导人峰会上,胡锦涛指出,中国将坚定不移走和平发展道路,坚持把自身发展与各国共同繁荣紧密结合起来,努力推动共同发展,并将着重在继续坚持开放的发展、继续坚持共同发展、继续坚持内外平衡发展、继续坚持可持续发展等方面作出努力。他说:"中国将坚持实施节约资源和保护环境的基本国策,通过完善法规和标准,加强自然资源节约和管理,推动形成节约能源资源和保护生态环境的产业结构、增长方式、消费模式。中国将通过经济结构调整,大力发展循环经济和绿色经济,实现经济和生态协调发展。中国将通过科技创新,发展低碳技术、新能源和可再生能源技术,全面增强应对气候变化能力。中国将坚持共同但有区别的责任

---

① 胡锦涛:《高举中国特色社会主义伟大旗帜,为夺取全面建设小康社会新胜利而奋斗》,载《胡锦涛文选》(第二卷),人民出版社 2016 年版,第 631 页。

原则,同国际社会合作应对气候变化。"①基于以上分析与认识,可以看到,党的十六大至十八大期间我国能源事业发展的基本内容大致包括三个方面。

(一)坚持能源开发和节约并重,突出节约能源的优先地位

党和国家非常重视能源的开发,把煤炭、石油、天然气、电力等常规能源的开发放在经济建设的重要位置,确保这些工作有条不紊地开展和取得实效。与此同时,更加注重对能源的节约,突出节约能源在能源发展中处于优先地位。2005年12月15日,在青海考察工作时,胡锦涛强调要把节约能源资源作为转变经济增长方式的有效办法,并明确指出:"要坚持开发节约并重、节约优先的原则,在生产、建设、流通、消费各个环节厉行节约,逐步形成节约型的生产方式和消费方式,加快建设资源节约型、环境友好型社会。要积极开发和推广新技术、新工艺、新设备,加快高耗能行业和企业的技术改造,依法强制淘汰消耗高、污染重、水平低的落后生产能力,促进能源资源的合理开发、节约使用。要按照减量化、再利用、资源化的原则,加快发展循环经济,提高能源资源利用效率。要建立健全法律法规体系,加强规划和政策引导,综合运用法律手段和财税、价格等经济杠杆,形成全社会自觉节约能源资源的体制机制。"②

在国务活动中,能源开发和节约并重、节约优先的原则受到高度重视并且得到了具体贯彻。2004年6月22日,在青岛召开的亚洲合作对话第三次外长会议开幕式上,温家宝说:"中国是人口大国、经济持续快速增长,能源的生产和消费不断扩大。我们将立足开发国内资源,进一步加快煤炭、石油、天然气、核能和各种新能源的开发利用。我们还要把节约能源,建设节约型社会作为一项重要国策,通过调整经济结构,促进技术进步和引导合理消费。"③2005年3月5日,温家宝在第十届全国人民代表大会第三次会议上所作的《政府工作报告》中指出:"缓解我国能源资源与经济社会发展的矛

---

① 胡锦涛:《共同发展 共享繁荣——在亚太经合组织工商领导人峰会上的演讲》,载2010年11月14日《人民日报》,第2版。
② 胡锦涛:《全面贯彻落实科学发展观 推动经济社会又快又好发展》,载《求是》2006年第1期,第4—5页。
③ 温家宝:《共同推进新世纪的亚洲合作——在亚洲合作对话第三次外长会议开幕式上的讲话》,载《中华人民共和国国务院公报》2004年第22号,第6页。

盾,必须立足国内,显著提高能源资源利用效率。一要坚决实行开发和节约并举、把节约放在首位的方针。鼓励开发和应用节能降耗的新技术,对高能耗、高物耗设备和产品实行强制淘汰制度。二要抓紧制定专项规划,明确各行业节能降耗的标准、目标和政策措施。抓好重点行业的节能节水节材工作。鼓励发展节能环保型汽车、节能省地型住宅和公共建筑。三要大力发展循环经济。从资源开采、生产消耗、废弃物利用和社会消费等环节,加快推进资源综合利用和循环利用。积极开发新能源和可再生能源。四要加强矿产资源开发管理。整顿和规范矿产资源开发秩序。完善资源开发利用补偿机制和生态环境恢复补偿机制。五要大力倡导节约能源资源的生产方式和消费方式,在全社会形成节约意识和风气,加快建设节约型社会。"①坚持开发和节约并重,突出节约能源的优先地位这一要求,温家宝多次在其一年一度的政府工作报告中强调,甚至会向全国人民代表大会报告上一年度我国节约能源的具体数量,足见党和国家对节约能源的重视。

为了进一步推动节约能源工作,2007年4月27日,国务院召开全国节能减排工作电视电话会议。温家宝在会上指出:"我们要把节能减排作为当前加强宏观调控的重点,作为调整经济结构、转变增长方式的突破口和重要抓手,作为贯彻科学发展观和构建和谐社会的重要举措,进一步增强紧迫感和责任感,下大力气、下真功夫,实现'十一五'规划确定的节能减排目标,履行政府向人民的庄严承诺。"②他提出了十项重点工作和主要措施,并强调加强对节能减排工作的领导,狠抓落实。自2007年以来,国务院几乎每年都会召开关于节能减排、控制能源消费总量方面的会议,也突出了节约能源在我国能源发展中所处的优先地位。

坚持能源开发和节约并重,突出节约能源的优先地位,具有鲜明的时代特征,这表现在两个方面:

(1)这一内容体现了开发能源和节约能源的辩证关系。它并不是片面

---

① 温家宝:《政府工作报告——2005年3月5日在第十届全国人民代表大会第三次会议上》,载《中华人民共和国全国人民代表大会常务委员会公报》2005年第3号,第182页。

② 温家宝:《高度重视 狠抓落实 进一步加强节能减排工作》,载《中华人民共和国国务院公报》2007年第15号,第9页。

地强调节约能源,而是坚持开发和节约并重。也就是说,开发能源始终处于不容忽视的地位,能源开发是节约的前提和基础。与此同时,它在开发能源的基础上突出了节约能源的重要性,即我国的能源消费不能再沿用过去的方式方法,必须通过先进的科学技术和可行的政策法律制度设计来节约能源,提高能源利用率,降低经济发展的能源成本,削减能源消耗对环境和资源的负面作用。综合看待开发和节约并重、节约优先这种能源观,可以发现它表达出了能源开发与节约的辩证统一关系,这种辩证统一的关系对促进我国经济社会发展摒弃粗放型模式具有非常重要的作用,显示了中共领导人用发展的眼光对我国能源格局和形势的正确把握和科学谋划。

(2)这一内容代表了我国勤俭节约思想的创新性发展。勤俭节约是中华民族的传统美德,自古以来受到人们的尊崇和坚守,也成为我们在建设中国特色社会主义事业中身体力行的重要原则。党和国家对节约能源的高度重视固然是对传统美德的继承和发扬,但它已经远远超出传统美德和私人道德的层次,从推动经济发展方式转变的高度来认识和强调对能源的开发和节约。能源的开发和节约不仅是降低发展成本的问题,更是改变我国粗放型发展模式,促进经济社会可持续发展,实现人与自然和谐相处的必由之路。因此,中央一再强调把能源节约放到首位,专门部署全国节能减排工作,凸显能源节约的极端重要性。这种观念不仅把能源节约思想从个人修养领域带入公共道德领域,而且把它从道德领域提高到国家的发展方式领域,是对我国勤俭节约思想的创新性发展。

(二)积极发展可再生能源和清洁能源,形成可持续的能源体系

长期以来,我国经济的高速发展始终伴随着对能源的巨大开发和消耗。与此同时,我国能源结构比例明显不合理。比如,煤炭一直是我国最主要的能源,在整个能源结构中所占的比重长期超过70%,远远高于世界平均水平;天然气所占的比重不足4%,远远低于世界平均水平;石油所占的比重大约是发达国家和世界平均水平的一半;而核能、水电等可再生能源所占的比重不超过10%。这种能源结构至少直接带来两方面的严重问题。一是造成严重的环境问题特别是空气污染。发达国家的发展历程表明,经济社会的发展往往伴随着严重的资源破坏和环境污染。我国改革开放以来,资源破

坏和环境污染问题越来越明显，特别是进入21世纪后其严重性日益凸显，空气质量也逐渐成为衡量环境状况的一个非常重要的指标。这种环境问题特别是空气污染，在很大程度上是我国能源结构不合理导致的。2009年4月22日，环境保护部部长周生贤受国务院委托向全国人民代表大会常务委员会报告当前大气污染防治工作的进展情况时确认，长期以来以煤为主的能源结构是影响我国大气环境质量的主要因素。二是对不可再生能源造成破坏性开采。尽管我国能源储量丰富，已经探明的煤炭资源、水资源、石油资源、天然气资源总量居世界前列，但各类主要自然资源的人均占有量大都低于世界平均水平。长期以来，由于受科学技术水平的限制，我国对不可再生能源的开采和利用水平较低，能源的破坏和浪费问题比较严重，如果任其持续下去，将导致经济社会发展难以为继，并危及子孙后代的利益。

能源结构不合理会导致严重的问题，面对长期以来形成的能源格局，努力避免以牺牲环境和后代人的利益为代价来实现经济社会发展的模式，党和国家审时度势地提出积极发展可再生能源和清洁能源，形成可持续的能源体系。2005年11月17日，在韩国釜山举行的亚太经合组织工商领导人峰会上，胡锦涛说："中国是一个能源消费大国，更是一个能源生产大国。上个世纪90年代以来，中国的能源总自给率始终保持在90%以上。作为一个能源需求结构以煤炭为主的国家，中国国内的能源供应仍有巨大的潜力。中国煤炭资源丰富，2/3的水电资源尚未开发，核电、风力发电、生物质发电刚刚起步，还有很大发展的余地。中国能源战略的基本内容是：要强化节约和高效利用的政策导向，坚持节约优先、立足国内、煤为基础、多元发展，构筑稳定、经济、清洁的能源供应体系。"①这番讲话表明党和国家在现有能源结构格局的基础上，对发展可再生能源和清洁能源寄予厚望，希望通过能源的多元化发展改变对化石能源的过度依赖状态，形成符合可持续发展要求的能源供应体系。2010年6月7日，在中国科学院第十五次院士大会、中国工程院第十次院士大会上，胡锦涛进一步阐述了这一思想，提出大力发展能源资源开发利用科学技术。他说："要坚持系统谋划、节能优先、创新替代、

---

① 胡锦涛：《树立开放思维 实现合作共赢——在亚太经合组织工商领导人峰会上的演讲》，载2005年11月20日《人民日报》，第1版。

循环利用、绿色低碳、安全持续,加强对我国能源资源问题的研究,制定我国可持续发展路线图。要发展资源勘探开发和高效利用技术,积极发展大陆架和地球深部能源资源勘查和开发,积极发展可再生能源和新型、安全、清洁替代能源,形成可持续的能源资源体系,切实保障我国能源资源有效供给和高效利用,使我国能源资源产业具有国际竞争力。要发展节能建筑、轨道交通、电动汽车技术,加强煤的清洁高效综合利用、煤转天然气、煤制重要化学品技术研发,构建覆盖城乡的智能、高效、可靠的电网体系。"① 显然,党和国家希望通过科学技术的发展来推动可再生能源和清洁能源的发展,促进可持续能源体系的建立。

我国希望构建的能源体系,也带有减少化石能源污染和应对气候变化的目的。2009 年 9 月 22 日,胡锦涛在联合国气候变化峰会开幕式上发表讲话时指出:"中国已经制定和实施了应对气候变化国家方案,明确提出二〇〇五年到二〇一〇年降低单位国内生产总值能耗和主要污染物排放、提高森林覆盖率和可再生能源比重等有约束力的国家指标。仅通过降低能耗一项,中国五年内可以节省能源六亿二千万吨标准煤,相当于少排放十五亿吨二氧化碳。今后,中国将进一步把应对气候变化纳入经济社会发展规划,并继续采取强有力的措施。一是加强节能、提高能效工作,争取到二〇二〇年单位国内生产总值二氧化碳排放比二〇〇五年有显著下降。二是大力发展可再生能源和核能,争取到二〇二〇年非化石能源占一次能源消费比重达到百分之十五左右。三是大力增加森林碳汇,争取到二〇二〇年森林面积比二〇〇五年增加四千万公顷,森林蓄积量比二〇〇五年增加十三亿立方米。四是大力发展绿色经济,积极发展低碳经济和循环经济,研发和推广气候友好技术。"② 发展可再生能源和清洁能源,降低能源消耗,减少化石能源污染物的排放,不仅是推动我国经济发展方式转变的重要途径,更是保护环境和应对气候变化的重要举措。

---

① 胡锦涛:《靠科技力量赢得发展先机和主动权》,载《胡锦涛文选》(第三卷),人民出版社 2016 年版,第 403—404 页。
② 胡锦涛:《携手应对气候变化挑战》,载《胡锦涛文选》(第三卷),人民出版社 2016 年版,第 267—268 页。

(三)大力开展能源领域的国际合作,合力应对气候变化

在致力于国内开发和节约能源,改善能源结构的同时,我国把发展能源的目光投向全世界,希望通过各个国家的通力合作来解决能源问题。特别是在一些重要国际会议上,胡锦涛、温家宝多次强调加强能源领域的国际合作,通过世界各国政府和人民的努力,共同维护世界能源安全,有效破解能源发展中的重大问题。如 2004 年 6 月 22 日,在青岛召开的亚洲合作对话第三次外长会议开幕式上,温家宝说:"加强能源合作是保障亚洲能源安全和促进各国经济发展的需要。为此,中国政府积极推动发表《青岛倡议》。在能源开发与合作上,中国政府主张顾全大局,既要维护本国权益,也要照顾他国利益,通过协商合作实现共同发展。我们愿本着平等互利的原则,开展同亚洲及世界各国的能源对话与合作。"[1] 2006 年 9 月 10 日,在芬兰赫尔辛基召开的第六届亚欧首脑会议上,温家宝提议扩大对话与合作,保障能源安全。他说:"当前能源安全问题日益突出,直接影响到世界经济的稳定与繁荣。各成员应密切对话与合作,推动国际能源市场机制的完善,合理开发传统能源,积极开发可再生能源,实现能源供应全球化和多元化,维护国际能源市场稳定;加大先进能源技术的研发和推广力度,节约能源,提高使用效率。建立合理的技术转让体制,帮助发展中国家更好利用能源;维护能源安全稳定的良好政治环境,避免地缘政治纷争干扰全球能源供应,避免能源问题政治化。中国呼吁亚欧会议就能源安全问题开展对话。"[2] 2011 年 11 月 13 日,在美国夏威夷召开的亚太经合组织第十九次领导人非正式会议上,胡锦涛说:"维护全球能源安全,对推动世界经济全面复苏和长远发展具有重要意义。我们应该共同稳定能源等大宗商品价格、防止过度投机和炒作,保障各国能源需求,维护能源市场正常秩序。我们应该改善能源结构,加强先进能源技术研发和推广,大力发展清洁和可再生能源,在相关领域积极开展国际合作。我们应该积极推进低碳城镇示范项目合作,加强新能源和可再

---

[1] 温家宝:《共同推进新世纪的亚洲合作——在亚洲合作对话第三次外长会议开幕式上的讲话》,载《中华人民共和国国务院公报》2004 年第 22 号,第 6 页。
[2] 温家宝:《加深亚欧合作 共同应对挑战——在第六届亚欧首脑会议上的讲话》,载《中华人民共和国国务院公报》2006 年第 31 号,第 27 页。

生能源、节能减排、循环经济、提高能效等领域国际合作。"①

由于能源同环境、气候之间有着密切的联系,保护环境、应对气候变化已经远远超出一个国家的范围而更具有全球性,开展能源领域的国际合作当然会和应对全球气候变化统一起来。所以,我国提倡的国际合作不仅限于能源领域,而是扩大到与能源相关的很多领域特别是气候变化领域。2009年9月23日,在美国纽约出席第六十四届联大一般性辩论时,胡锦涛说:"用更开放的态度开展合作,推动互利共赢。在气候变化、粮食安全、能源资源安全、公共卫生安全等全球性挑战面前,任何国家都不可能独善其身。加强国际合作,是应对挑战、确保和睦安宁的必由之路。我们应该树立共赢理念,把本国人民利益同世界人民共同利益结合起来,扩大各方利益汇合点。"②在一些国际会议上,胡锦涛还专门就世界各国开展应对气候变化方面的合作进行阐述。如2009年11月15日,在亚太经合组织第十七次领导人非正式会议上,胡锦涛提出通力合作,携手应对气候变化挑战。他说:"气候变化是全人类面临的重大挑战,需要国际社会合力应对。《联合国气候变化框架公约》及其《京都议定书》是国际社会共同应对气候变化的主渠道,相关国际合作应该坚持共同但有区别的责任原则。发达国家应该按照《联合国气候变化框架公约》确定的原则和'巴厘路线图'提出的要求,在2012年后继续率先减排,同时为发展中国家应对气候变化提供资金、转让技术,提高发展中国家应对气候变化能力。发展中国家也应该通过实施可持续发展战略为应对气候变化作出自己的努力。在不久前召开的联合国气候变化峰会上,我代表中国政府明确表示,中国将继续在节能减排、发展可再生能源和核能、增加森林碳汇、发展绿色经济等方面采取强有力措施,为国际社会共同应对气候变化作出力所能及的贡献。哥本哈根大会是国际社会合作应对气候变化的一次重要会议。中方愿以积极和建设性的态度参与谈判,同各方一道推动哥本哈根大会取得积极成果。"③在这里,胡锦涛既肯定了各个

---

① 胡锦涛:《转变发展方式 实现经济增长——在亚太经合组织第十九次领导人非正式会议上的讲话》,载2011年11月15日《人民日报》,第1版。
② 胡锦涛:《同舟共济 共创未来——在第六十四届联大一般性辩论时的讲话》,载2009年9月25日《人民日报》,第2版。
③ 胡锦涛:《合力应对挑战 推动持续发展——在亚太经合组织第十七次领导人非正式会议上的讲话》,载2009年11月16日《人民日报》,第2版。

国家在遵循相关国际条约的基础上通过国际合作应对气候变化的重要性，又强调了发达国家和发展中国家在应对气候变化方面的不同国际责任，并且表明了中国在这一问题上的姿态和应对措施。这些论述，充分展示了我国倡导的开展能源领域的国际合作,合力应对气候变化的重要主张。

以前的中共领导人在发展能源方面都非常重视国际合作，特别是党的十一届三中全会以来，对外开放已经成为鲜明的时代特色。与他们比起来，以胡锦涛为代表的中共领导人在发展能源方面所提出的国际合作在合作目的、合作对象、合作方式等方面，都具有明显的创新。在合作目的上，除了一如继往高度重视本国的国家利益、充分发展本国的能源事业外，以胡锦涛为代表的中共领导人还非常关注世界能源局势和国际能源安全，希望同世界各国共同维护国际能源市场秩序，遏制能源投机和价格炒作行为，实现能源供应全球化和多元化，应对世界性的环境污染和气候变化问题。在合作对象上，我国不仅立足于本国与其他国家之间的合作，还对世界上其他国家之间、不同国家和地区之间的相互合作寄予厚望，并特别希望发达国家和发展中国家之间开展合作，促进各国共同进步。在合作方式上，我国更愿意把能源问题作为一种世界性的问题来对待，不仅注重对第三世界国家的能源发展提供援助，注重吸收发达国家的资金和技术发展我国的能源事业，更注重以对话的方式解决能源领域的问题和纠纷，使不同国家之间的合作有机地交织在一起，体现出更明显的平等互利。

二、发展能源事业的重要举措

2004年3月10日，在中央人口资源环境工作座谈会上，胡锦涛指出，坚持用科学发展观来指导人口资源环境工作，要注意把握好四点。一是要牢固树立以人为本的观念。人口资源环境工作，都是涉及人民群众切身利益的工作，一定要把最广大人民根本利益作为出发点和落脚点。二是要牢固树立节约资源的观念。要在全社会树立节约资源的观念，培育人人节约资源的社会风尚。要在资源开采、加工、运输、消费等环节建立全过程和全面节约的管理制度，建立资源节约型国民经济体系和资源节约型社会，逐步形成有利于节约资源和保护环境的产业结构和消费方式，依靠科技进步推进资源利用方式根本转变，不断提高资源利用的经济、社会、生态效益，坚决遏制浪费资源、破坏资源的现象,实现资源的永续利用。三是要牢固树立保护环境的观念。良好生态环境是社会生产力持续发展和人们生存质量不断提高的重要基础。要彻底改变以牺牲环境、破坏资源为代价的粗放型增长方式,不能以牺牲环境为代价去换取一时的经济增长,不能以眼前发展损害长远利益,不能用局部发展损害全局利益。四是要牢固树立人与自然相和谐的观念。发展经济要充分考虑自然的承载能力和承受能力,坚决禁止过度性放牧、掠夺性采矿、毁灭性砍伐等掠夺自然、破坏自然的做法。① 讲话包含了科学发展观中的智慧和在科学发展观指导下做好我国人口资源环境工作的科学要求,代表了党和国家在人口资源环境问题上的基本主张和重要观点。立足胡锦涛担任党的总书记期间我国坚持走科学发展道路的整体背景,结合这一时期我国能源发展的核心内容,可以把这一时期我国发展能源事业的重要举措概括为三个方面。

(一) 从发展的视角审视能源、环境和气候变化问题

二十一世纪前十年是我国经济社会发展的转型期,我国在这一时期能源发展所面临的主要问题和存在的主要矛盾已经明显不同于前代。经过前代的大力发展,如何扩大我国能源量的增长已经不是最主要的问题,如何节约能源和提高能源利用率,如何开发清洁能源和可再生能源,如何在经济发展中保护环境和自然资源,进而实现经济社会可持续发展等,才是需要着力解决的问题。这一切说到底都是如何使经济社会发展摒弃落后的方式,迈上新台阶和进入新层次的问题。党和国家把这些问题归结为发展问题,对它们从发展的视角进行剖析,用发展的眼光提出解决方案,并希望在发展的进程中圆满解决。

在谈到能源和环境问题时,无论是国内问题还是国际问题,中共领导人都把它们置于经济社会的发展中来审视,认为它们是发展中出现的问题,应当与经济社会的发展统一起来逐步解决。国内方面,2005 年 12 月 15 日,在青海考察工作时,胡锦涛指出:"经济增长方式粗放,已经成为制约我国经济

---

① 胡锦涛:《建设自然就是造福人类》,载《胡锦涛文选》(第二卷),人民出版社 2016 年版,第 170—171 页。

社会发展的一个突出问题。粗放型经济增长方式不转变,能源资源的瓶颈制约就难以打破,经济运行就不可能进入良性循环,经济社会发展的良好势头也难以长期保持。必须把转变经济增长方式作为经济工作的一项重点任务来抓,真正使经济增长建立在提高人口素质、高效利用资源、减少环境污染、注重质量效益的基础之上。"①从根本上说,推动能源事业获得新的发展,最终要靠经济增长方式的转变。这种转变不是简单的数量增加,而是发展方式的变革。反过来说,节约能源和提高能源利用率,大力发展清洁能源和可再生能源,本身也是转变经济增长方式的重要内容之一。因此,没有发展方式的变革,没有经济社会的可持续发展,能源、环境等问题就不可能得到实质性的解决。即使国际上的能源问题,也必须通过发展来解决。

2005年11月17日,在韩国釜山举行的亚太经合组织工商领导人峰会上,胡锦涛说:"能源问题一直是全球性问题,与世界经济增长密切相关。纵观人类社会发展的历史,人类文明的每一次重大进步都伴随着能源的改进和更替。要实现世界经济平衡有序发展,国际社会必须处理好能源问题。2004年以来,国际油价快速攀升,给世界经济增长特别是发展中国家发展带来了一些不利影响。但是,我们也要看到,国际能源市场供求总体上还是平衡的,不存在供应危机。目前,最关键的是世界各国必须共同努力,保持世界能源市场稳定,为世界经济持续发展营造充足、安全、经济、清洁的能源环境,同时应该从长计议,加大能源开发力度,深化能源合作,提高能源利用效率,促进开发利用新能源。中国愿加强同世界各国的能源对话和合作,共同维护世界能源的安全和稳定。"②

气候变化问题是能源和环境问题的延伸,我国同样把这一问题置于发展中来审视,并提出在发展中来解决。由于气候变化具有世界性,需要国际社会共同努力,我国在阐述气候变化问题时更加重视国际合作和强调遵守国际公约。2007年6月8日,在德国海利根达姆举行的八国集团同发展中国家领导人对话会议上,胡锦涛指出:"气候变化是环境问题,但归根到底是

---

① 胡锦涛:《全面贯彻落实科学发展观 推动经济社会又快又好发展》,载《求是》2006年第1期,第4页。
② 胡锦涛:《树立开放思维 实现合作共赢——在亚太经合组织工商领导人峰会上的演讲》,载2005年11月20日《人民日报》,第1版。

发展问题。这个问题是在发展进程中出现的,应该在可持续发展框架下解决。只有各方在促进自身发展过程中不断提高技术水平,积极建立适应可持续发展要求的生产和消费模式,才能从根本上应对气候变化的挑战。……我们要坚持《联合国气候变化框架公约》所确立的共同但有区别的责任原则。这一原则既反映了不同国家经济发展水平、历史责任、当前人均排放水平上的差异,又是未来国际合作得以维系并取得进展的基础。"①

2007年11月21日,在新加坡举行的第三届东亚峰会上,温家宝说:"中国坚持走低消耗、低排放、高效益、高产出的新型工业化道路,是国际社会加强环境保护、应对气候变化、实现可持续发展努力的重要组成部分。我们期待得到包括东亚国家在内的国际社会的大力支持。中国将根据公约和议定书,本着'共同但有区别的责任'原则,承担应有的国际责任和义务。中方赞同本次会议发表的《气候变化、能源和环境新加坡宣言》,愿与各方一道,将宣言的精神和倡议落到实处,共同促进东亚地区应对气候变化的努力,推动建设一个和谐发展、清洁发展、可持续发展的东亚。"②2009年9月22日,在美国纽约召开的联合国气候变化峰会开幕式上,胡锦涛进一步指出,气候变化既是环境问题,更是发展问题,应对气候变化问题应该也只能在发展过程中推进,应该也只能靠共同发展来解决。在共同应对气候变化方面应该坚持四点:履行各自责任是核心;实现互利共赢是目标;促进共同发展是基础;确保资金技术是关键。③ 从这些论述可以看出,我国始终从发展的视角看待环境和气候变化问题,强调只有通过发展才能解决这些问题。

总之,从发展的视角审视能源、环境和气候变化问题,是党的十六大至十八大期间我国发展能源事业的一个重要举措。这些问题是由于发展而产生的,也必须在发展中得到解决。当然,推动经济社会的发展转型并不是一蹴而就的,它有一个比较长的过程,需要若干年的艰辛努力。2012年4月22

---

① 胡锦涛:《在八国集团同发展中国家领导人对话会议上的讲话》,载2007年6月9日《人民日报》,第1版。

② 温家宝:《携手合作 共同创造可持续发展的未来——在第三届东亚峰会上的讲话》,载2007年11月22日《人民日报》,第3版。

③ 胡锦涛:《携手应对气候变化挑战》,载《胡锦涛文选》(第三卷),人民出版社2016年版,第264—266页。

日,在汉诺威工业博览会开幕式上,温家宝说:"中国的工业化没有完成,'中国制造'总体上还处在国际产业链的中低端,与国际先进水平差距很大。中国工业化面临的突出矛盾和问题,主要是:产业发展模式粗放,市场竞争力不强,科技创新能力不足,资源利用效率不高。实现工业化仍然是中国现代化进程中艰巨的历史任务。对此,我们的认识是清醒的。我们将坚持推进创新型国家建设,加快转变经济发展方式和调整经济结构,大力推动'中国制造'向'中国创造'转变。坚持以信息化带动工业化,以工业化促进信息化,努力走出一条科技含量高、经济效益好、资源消耗低、环境污染少、人力资源优势得到充分发挥的新型工业化路子。"①温家宝的这段话,既表明了我国推动经济社会发展转型的艰难和决心,也意味着在发展中解决能源、环境和气候变化问题需要长期的艰苦奋斗。

(二) 凸显科学技术在发展能源和转变经济发展方式中的作用

能源事业的发展始终与科学技术的进步密切相关。在能源事业已经取得重大成就的基础上大力节约能源,提高能源利用率,发展清洁能源和可再生能源,更离不开科学技术的发展和推动。以胡锦涛为代表的中共领导人不仅在发展能源事业中高度重视科学技术的作用,而且把科学技术的进步视为推动经济社会发展方式转变的主要依靠力量,这在他们领导制定和部署实施《国家中长期科学和技术发展规划纲要(2006—2020年)》的工作中表现得非常明显。2006年1月9日至11日,中共中央、国务院召开全国科学技术大会,部署实施《国家中长期科学和技术发展规划纲要(2006—2020年)》。胡锦涛在会上指出:"我国科技事业发展的状况,与完成调整经济结构、转变经济增长方式的迫切要求还不相适应,与把经济社会发展切实转入以人为本、全面协调可持续的轨道的迫切要求还不相适应,与实现全面建设小康社会、不断提高人民生活水平的迫切要求还不相适应。我们必须下更大的气力、做更大的努力,进一步深化科技改革,大力推进科技进步和创新,带动生产力质的飞跃,推动我国经济增长从资源依赖型转向创新驱动型,推

---

① 温家宝:《坚持改革开放 推动创新发展——在汉诺威工业博览会开幕式上的演讲》,载2012年4月23日《人民日报》,第2版。

动经济社会发展切实转入科学发展的轨道。这是摆在我们面前的一项刻不容缓的重大使命。"①温家宝专门强调了《国家中长期科学和技术发展规划纲要（2006—2020年）》把发展能源资源和环境保护技术放在优先位置的总体部署。他说："我国能源资源人均占有量低，生态环境脆弱，资源浪费和环境污染严重，对经济社会发展的承载能力不足。现在，我国在发展过程中面临两大基本矛盾：一个是社会生产力发展与人民日益增长的物质文化需求之间的矛盾，这个矛盾还将长期存在；另一个是经济社会快速发展和人口增长与资源环境约束的矛盾，这个矛盾随着工业化和城镇化的推进，还会更加突出。那种依靠高投入、高消耗、高污染的老路是不可持续的，绝不能再走下去了。我们必须通过科技进步和创新，转变增长方式，解决资源环境等制约经济社会发展的瓶颈问题，建设资源节约型、环境友好型社会。"②胡锦涛和温家宝的讲话，既突出了科学技术对发展能源事业的关键作用，又强调了由科学技术进步所带动的能源资源发展和环境保护工作对经济发展方式转变的主要推进作用。

在发展清洁能源和可再生能源中，科学技术的作用更为显著，中共领导人专门强调大力发展这一领域的科学技术，以此取得能源事业的突破。2009年11月3日，在首都科技界大会上，温家宝指出："世界各国都高度重视新能源产业发展，正在加快推进以绿色和低碳技术为标志的能源革命。中国在调整能源结构、提高能源资源利用效率、应对气候变化方面，已经并将继续作出积极努力。新能源发展要突出清洁能源和可再生能源，包括水电、核电、风力发电、太阳能发电、沼气发电，以及地热利用、煤的洁净利用等。要加强宏观规划和配套设施建设，推动清洁能源和可再生能源有序发展。同时，要采取更强有力的措施，突破关键技术，提高能源利用效率和优化能源消费结构。新能源汽车已成为全球汽车工业发展方向。世界主要国家为保障能源安全，都在加快新能源汽车研发和市场开拓的步伐。中国经过近10年的自

---

① 胡锦涛：《坚持走中国特色自主创新道路 为建设创新型国家而努力奋斗——在全国科学技术大会上的讲话》，载《求是》2006年第2期，第4页。

② 温家宝：《认真实施科技发展规划纲要 开创我国科技发展的新局面——在全国科学技术大会上的讲话（摘要）》，载《中华人民共和国国务院公报》2006年第7号，第7—8页。

主研发和示范运行,在这个领域与世界先进水平的差距大大缩小。当前紧迫的任务是,通过技术经济、市场需求和经济效益三个方面的充分论证,尽快确定技术路线和市场推进措施,推动新能源汽车工业的跨越发展。"①

我国不仅在发展本国的能源事业中重视科学技术的作用,而且主张充分发挥科学技术对开展国际能源合作、解决世界能源问题的积极作用。2012年1月16日,在阿拉伯联合酋长国的阿布扎比举行的第五届世界未来能源峰会上,温家宝提议积极推动能源科技革命。他说:"科技决定能源的未来,科技创造未来的能源。从长远看,最终解决未来能源问题,并不取决于对能源资源的拥有,而是取决于对能源高科技的拥有,取决于能源科技革命的突破性进展。能源更新换代周期长,往往需要十年、几十年乃至更长时间,需要庞大的资金投入。能源消费大国和能源生产大国在推动能源科技革命上负有重要责任。政府应当加大投入,推进能源科技创新的工程示范和产业化。未来能源作为重要的战略性产业,一旦取得重大突破,必将成为经济发展的强大引擎。发达国家掌握着能源先进技术,应当在保护知识产权的前提下,向发展中国家和不发达国家提供、转移技术。"②

发挥科学技术在能源事业发展中的作用,离不开科学技术工作者的辛勤劳动。党和国家对广大科学技术工作者寄予了殷切的希望,提出了更高的要求。2008年12月15日,在纪念中国科协成立五十周年大会上,胡锦涛指出:"科技工作者具有科学文化水平较高、逻辑思维严谨、专业知识深厚的优势,应该也完全能够为推进党和国家决策科学化、民主化发挥积极作用。广大科技工作者要紧紧抓住那些对我国经济社会发展和国防安全具有战略性、基础性、前瞻性、关键性作用的重大科技课题,紧紧抓住农业生产、能源资源、水资源、环境保护、气候变化、节能减排等领域关系我国可持续发展的重大课题,紧紧抓住关系人民群众切身利益的食品药品质量安全、生产安全、公共卫生、公共健康的重大科技课题,及时发现科技发展和应用中出现的苗头性和倾向性问题,加强科研攻关,加强调查研究,积极建言献策,提出

---

① 温家宝:《让科技引领中国可持续发展》,载2009年11月24日《新华每日电讯》,第2版。

② 温家宝:《中国坚定走绿色和可持续发展道路——在世界未来能源峰会上的讲话》,载2012年1月17日《人民日报》,第3版。

有针对性、可操作的对策建议,把科技工作者的个体智慧凝聚上升为有组织的集体智慧,为社会发展提供启迪,为治国理政提供良策。"①

总之,在能源事业发展中,科学技术不仅被放到发展能源事业至关重要的位置上,而且被视为经济发展方式转变的主要依靠力量,受到非同寻常的重视。凸显科学技术在发展能源和转变经济发展方式中的作用,成为这一时期我国发展能源事业的又一个重要举措。

(三)通过加强政策制定和法律建设推动能源事业的发展

在发展能源方面,党和国家更加重视政策和法律的作用。除了制定与能源相关的各种政策或者发展规划外,在与能源、资源、环境相关的重要会议上一再强调通过制定能源政策和法律来解决能源发展中出现的若干问题,把政策和法律作为能源事业发展的重要制度保障。

在加强能源、资源和环境保护方面,党和国家始终把政策制定和法律建设摆在重要位置。在2004年3月10日召开的中央人口资源环境工作座谈会上,胡锦涛从立法、执法、司法三个环节强调了发挥法律在做好资源环境工作中的重要作用。他说:"坚持依法办事,把人口资源环境工作纳入法制轨道。继续加强人口资源环境方面的立法以及有关法律法规的修改工作,真正做到有法可依。严格执行已经颁布的有关法律法规。研究解决违法成本低、守法成本高的问题,依法严肃查处破坏资源和环境的行为。各级人大要加强对人口资源环境工作的执法监督检查,司法部门要加大对人口资源环境犯罪案件的查处力度。"②2006年4月17日,在第六次全国环境保护大会上,温家宝指出:"做好新形势下的环保工作,关键是要加快实现三个转变:一是从重经济增长轻环境保护转变为保护环境与经济增长并重,把加强环境保护作为调整经济结构、转变经济增长方式的重要手段,在保护环境中求发展。二是从环境保护滞后于经济发展转变为环境保护和经济发展同步,做到不欠新账,多还旧账,改变先污染后治理、边治理边破坏的状况。三

---

① 胡锦涛:《在纪念中国科协成立50周年大会上的讲话》,载2008年12月16日《人民日报》,第2版。

② 胡锦涛:《在中央人口资源环境工作座谈会上的讲话》,载2004年4月5日《人民日报》,第2版。

是从主要用行政办法保护环境转变为综合运用法律、经济、技术和必要的行政办法解决环境问题,自觉遵循经济规律和自然规律,提高环境保护工作水平。"①在温家宝所提出的这三个转变中,第三个转变是前两个转变的制度保障,即只有综合运用法律等手段,才能使调整经济结构、转变经济增长方式和保护环境的各项措施落到实处。在应对气候变化这一世界性的环境问题上,政策制定和法律建设也是中共领导人强调的重要举措。2008年7月9日,在日本北海道洞爷湖举行的经济大国能源安全和气候变化领导人会议上,胡锦涛宣布:"中国政府一向本着对中国人民和各国人民负责的态度,高度重视气候变化问题。我们已经把建设生态文明确定为一项战略任务,强调要坚持节约资源和保护环境的基本国策,努力形成节约能源资源和保护生态环境的产业结构、增长方式、消费模式。我们结合经济社会发展规划和可持续发展战略,制定了《中国应对气候变化国家方案》,成立了国家应对气候变化领导小组,颁布了一系列法律法规,并采取一系列措施应对气候变化。我们把积极开展节能减排作为应对气候变化的切入点,采取了节约能源、优化能源结构、提高能源效率、开展植树造林等一系列措施,取得了显著成效。"②胡锦涛在这里所强调的正是中国政府在应对气候变化方面对政策制定和法律建设的重视。

在节约能源方面,中共领导人更加重视政策和法律的作用。2005年6月30日,在全国做好建设节约型社会近期重点工作电视电话会议上,温家宝提出加强法制建设,完善节约资源的法律法规体系。他说:"抓紧制定和修订促进资源节约使用和有效利用的法律法规。制定更加严格的节能、节材、节水、节地等各项国家标准。建立高耗能、高耗材、高耗水的落后工艺、技术和设备强制淘汰制度,完善重点耗能产品和新建建筑的市场准入制度,建立新上建设项目的资源评价体系。特别要加大资源保护和节约的执法力度,严肃查处各种破坏和浪费资源的违法违规行为。"③2007年4月27日,在全

---

① 温家宝:《全面落实科学发展观 加快建设环境友好型社会》,载《中华人民共和国国务院公报》2006年第16号,第7页。
② 胡锦涛:《在经济大国能源安全和气候变化领导人会议上的讲话》,载2008年7月11日《人民日报》,第1版。
③ 温家宝:《高度重视 加强领导 加快建设节约型社会》,载《中华人民共和国国务院公报》2005年第21号,第7页。

国节能减排工作电视电话会议上,温家宝在他所提出的十项重点工作和主要措施中,专门强调了政策和法律的作用。在政策方面,温家宝强调完善体制和政策体系。他说:"要深化改革,消除制约节能减排工作的体制性机制性障碍,建立有效的激励约束机制。充分发挥市场机制作用,有效运用价格、收费、税收、财政、金融等经济杠杆,促进能源节约和环境保护。适时推进天然气、水、热力等资源性产品价格改革方案。按照补偿治理成本的原则,提高排污收费标准。健全矿产资源有偿使用制度,建立生态环境补偿机制,制定和完善鼓励节能减排的税收政策。"①在法律方面,温家宝提出切实加强节能减排法制建设。他说:"加快完善节能减排法律法规体系,提高处罚标准,切实解决'违法成本低、守法成本高'的问题。要制定和执行主要高耗能产品能耗环保限额强制性国家标准。要加大节能减排执法力度。中央和地方政府每年都要开展节能环保专项执法检查,坚持有法必依、执法必严、违法必究,严厉查处各类违法行为。"②

此外,我国还十分重视与能源相关的其他领域的政策制定和法律建设。比如,面对日益复杂的能源形势,为了进一步发展能源事业,推动能源政策法律建设,强化国家对能源行业的管理,中共领导人提出了国家能源机构改革的主张。2008年2月25日,在中国共产党第十七届中央委员会第二次全体会议上,温家宝根据中央政治局决定,就《关于深化行政管理体制改革的意见》和《国务院机构改革方案(草案)》作了说明。他提出:为加强能源战略决策和统筹协调,设立高层次的议事协调机构国家能源委员会,负责研究拟订国家能源发展战略,审议能源安全和能源发展中的重大问题。为加强能源行业管理,促进能源管理与经济社会发展规划和宏观调控的有机结合,组建国家能源局,由发展改革委管理。国家能源局的主要职责是,拟订并组织实施能源行业规划、产业政策和标准,发展新能源,促进能源节约等。同时,承担国家能源委员会办公室的工作。③ 为了有效遏制煤炭等领域的安全

---

① 温家宝:《高度重视 狠抓落实 进一步加强节能减排工作》,载《中华人民共和国国务院公报》2007年第15号,第10页。
② 温家宝:《高度重视 狠抓落实 进一步加强节能减排工作》,载《中华人民共和国国务院公报》2007年第15号,第11页。
③ 温家宝:《关于深化行政管理体制改革意见和国务院机构改革方案草案的说明》,载《行政管理改革》2009年第1期,第9—10页。

生产事故,中共领导人主张运用政策和法律加大安全生产工作。如2006年1月23日,在全国安全生产工作会议上,温家宝提出了要重点抓好的十个方面的工作。第二项是实行有利于安全生产的经济政策,适度提高煤炭资源、环保、安全、科技和劳动保险成本。第九项是加强安全生产法制建设,抓紧修改完善有关安全生产的法律法规,加强安全执法工作,提高执法能力和水平。①

三、能源事业发展的历史贡献

2009年12月18日,在丹麦的哥本哈根举行的气候变化会议领导人会议上,温家宝介绍了中国为应对气候变化作出的不懈努力和积极贡献②:一是中国是最早制定实施《应对气候变化国家方案》的发展中国家。我国先后制定和修订了节约能源法、可再生能源法、循环经济促进法、清洁生产促进法、森林法、草原法和民用建筑节能条例等一系列法律法规,把法律法规作为应对气候变化的重要手段。二是中国是近年来节能减排力度最大的国家。我们不断完善税收制度,积极推进资源性产品价格改革,加快建立能够充分反映市场供求关系、资源稀缺程度、环境损害成本的价格形成机制。全面实施十大重点节能工程和千家企业节能计划,在工业、交通、建筑等重点领域开展节能行动。深入推进循环经济试点,大力推广节能环保汽车,实施节能产品惠民工程。推动淘汰高耗能、高污染的落后产能,2006年至2008年共淘汰低能效的炼铁产能6059万吨、炼钢产能4347万吨、水泥产能1.4亿吨、焦炭产能6445万吨。截至2009年上半年,中国单位国内生产总值能耗比2005年降低13%,相当于少排放8亿吨二氧化碳。三是中国是新能源和可再生能源增长速度最快的国家。我们在保护生态基础上,有序发展水电,积极发展核电,鼓励支持农村、边远地区和条件适宜地区大力发展生物质能、太阳能、地热、风能等新型可再生能源。2005年至2008年,可再生能源增长51%,年均增长14.7%。2008年可再生能源利用量达到2.5亿吨标准煤。农村有3050万户用上沼气,相当于少排放二氧化碳4900多万吨。水

---

① 温家宝:《扎实推进安全生产工作》,载《劳动保护》2006年第3期,第27—28页。
② 温家宝:《凝聚共识 加强合作 推进应对气候变化历史进程——在哥本哈根气候变化会议领导人会议上的讲话》,载2009年12月19日《人民日报》,第2版。

电装机容量、核电在建规模、太阳能热水器集热面积和光伏发电容量均居世界第一位。四是中国是世界人工造林面积最大的国家。我们持续大规模开展退耕还林和植树造林,大力增加森林碳汇。2003年至2008年,森林面积净增2054万公顷,森林蓄积量净增11.23亿立方米。截至2009年底,全国人工造林面积达5400万公顷,居世界第一。

2012年1月16日,在阿拉伯联合酋长国的阿布扎比举行的第五届世界未来能源峰会上,温家宝介绍了中国在能源方面作出的不懈努力[①]:一是积极调整经济结构,加大节能减排力度。我们推进了工业、交通、建筑、居民生活等领域的节能减排。在电力、钢铁、水泥、电解铝等高耗能行业中,淘汰大批落后生产能力,新上一批先进生产能力。五年内电力行业共关闭了落后小火电机组8000万千瓦,相当于欧洲一个中等国家的装机容量。政府对这些企业给予必要补偿,并相应安排了60多万职工再就业。这是我们在应对国际金融危机非常困难的情况下完成的。仅此一项,一年就少烧原煤9200万吨,减排二氧化碳1.84亿吨。据统计,2005年至2010年,中国单位国内生产总值能耗下降近20%,相当于减排二氧化碳14.6亿吨,为减缓全球气候变化作出了贡献。二是加大政策扶持,加快清洁能源发展。截至2011年,中国水电装机突破2亿千瓦,居世界第一;风电装机达4700万千瓦,太阳能装机达300万千瓦,成为全球发展最快的地区;核电装机容量1000多万千瓦,有27台机组正在建设,在建规模居世界首位。中国发展清洁能源,投入之大、建设之快、成效之显著,为世界所公认。三是加快传统产业改造,提高能源利用效率。我们以信息化带动工业化,积极采用先进适用技术改造传统产业,大幅度提高企业的能效水平。在全国实施了锅炉改造、电机节能、建筑节能、绿色照明等一系列节能改造工程,成效显著。其中,每千瓦时火力发电煤耗降低了37克,降幅达10%;吨钢综合能耗降低了13%;新建设的有色、建材、石化等重化工项目,其能源利用效率达到或接近世界先进水平。四是倡导低碳生活方式,推行绿色消费。虽然中国人均能耗水平比OECD(经济合作与发展组织)国家少很多,但我们仍在全社会倡导节俭、文明、适

---

① 温家宝:《中国坚定走绿色和可持续发展道路——在世界未来能源峰会上的讲话》,载《人民日报》2012年1月17日,第3版。

度、合理的消费理念。我们在大中城市、工业园区和企业广泛开展循环经济试点和低碳经济试点,大力推行清洁生产和资源综合利用。我们在国家机关及公共建筑实行严格的节能措施,夏季室内不低于26摄氏度,冬季不高于20摄氏度。由于政府带头,崇尚节约、绿色消费越来越成为公民的自觉行动。

温家宝在这两次重要国际会议上所介绍的中国在能源发展和应对气候变化方面采取的主要措施、取得的主要成效和所列举的关键数字,是党的十六大至十八大期间我国能源事业发展的历史贡献的重要表现。通过上述内容可以看到,这一时期,我国能源发展政策在实践中得到了有效贯彻并且结出了丰硕的果实。正确认识党的十六大至十八大期间我国能源事业发展的历史贡献,不宜拘泥于某些具体的数字和方面,而应当放在经济社会发展转型的历史进程中进行宏观把握。基于这种宏观视野,可以把这一时期我国能源事业发展的历史贡献归结为三个方面。

(一) 通过节能减排和发展新能源,开启了经济增长方式的转变

这一时期,我国在开发能源的同时把节约能源放在首位,大力发展清洁能源和可再生能源等新能源。为了落实这一思想,全国还召开了节约能源方面的会议,专门推进节能减排和开发新能源的工作;在一些科学技术会议上,也多次强调要加大能源领域科学技术的研究,依靠科技提高能源利用率和发展新能源。这种能源思想的直接结果当然是全面增强了人们的节能意识,大幅度地压缩了单位国内生产总值的能源消耗,显著提高了能源利用率,并在清洁能源和可再生能源的开发方面取得骄人的成就。但是,从更深层次上看,我国在能源领域所取得的这些成就,最终目的是推动经济增长方式的转变,节能减排和发展新能源正是实现这一目的的有效手段。

通过节能减排和发展新能源来推动经济增长方式的转变,是以胡锦涛为代表的中共领导人确定的经济社会发展战略目标。2004年2月21日,在省部级主要领导干部"树立和落实科学发展观"专题研究班结业式上,温家宝指出:"我国经济建设存在的突出问题是结构不合理,经营方式粗放,经济增长主要靠增加投入、扩大投资规模,资源环境的代价太大。为此,必须坚持走科技含量高、经济效益好、资源消耗低、环境污染少、人力资源优势得到充分发挥的新型工业化道路。必须加快转变经济增长方式,坚持以改革开放为动力,充分发挥科学技术作为第一生产力的重要作用,注重依靠科技进步和提高劳动者素质,加快推进经济结构战略性调整,显著提高经济增长的质量和效益。"①2009年12月5日,在中央经济工作会议上,胡锦涛分析了新中国成立六十年来特别是改革开放三十年来我国经济发展呈现出的新的阶段性特征和出现的一些新情况,提出加快经济发展方式转变的问题。他说:"我们要把加快经济发展方式转变作为深入贯彻落实科学发展观的重要目标和战略举措,坚持走中国特色新型工业化道路,坚定不移调结构,脚踏实地促转变,不断在经济发展方式转变上取得实质性进展。要突出战略重点,明确主攻方向,兼顾当前和长远,处理好速度和效益的关系、局部和整体的关系,既要调动各方面推动发展的积极性,又要树立全国一盘棋思想,形成加快经济发展方式转变的强大合力,真正把保持经济平稳较快发展和加快经济发展方式转变有机统一起来,在发展中促转变,在转变中谋发展。"②

由于在能源发展中坚持了把节约能源放在首位、大力发展清洁能源和可再生能源的科学思想,这一目标在一定程度上得到了实现。比如,由于中央对节能减排工作高度重视,并把它作为重要的考核指标,全国各个地方和许多部门都根据全国节能减排工作会议的精神,专门召开相关工作会议,安排部署本地方、本部门的节能工作,提高了清洁能源和可再生能源在能源结构中的比重,淘汰了一大批耗能高、污染重的生产设备。这样做的结果是,许多地方和领域借助于国家的政策法律和先进的科学技术,逐渐摒弃了粗放型的发展方式,开始转向循环经济的发展模式。这种转变正是在胡锦涛担任党和国家最高领导人时期全面启动和开展的,它对我国经济社会的发展转型具有不可低估的意义。

我国不仅通过节能减排和发展新能源来推动经济增长方式转变,而且把这种思想和有效做法通过一些国际会议在全世界倡导。比如,2005年7月7日,在苏格兰的鹰谷举行的八国集团与中国、印度、巴西、南非、墨西哥五

---

① 温家宝:《提高认识 统一思想 牢固树立和认真落实科学发展观——在省部级主要领导干部"树立和落实科学发展观"专题研究班结业式上的讲话》,载《中华人民共和国国务院公报》2004年第12号,第8页。
② 胡锦涛:《关于加快经济发展方式转变》,载《党的文献》2011年第4期,第4页。

国领导人对话会上,胡锦涛在书面讲话中强调说:"包括中国在内的广大发展中国家,经济发展水平都还不高,人民生活都还不富裕,发展经济、提高人民生活水平是他们最紧迫的任务。支持发展中国家加快发展,也是保持世界经济持续发展的重要条件。目前,发展中国家人均能耗还很低。随着经济社会不断发展,发展中国家的能耗不可避免地会有所上升。但我们认识到,高能耗、高污染、高排放的经济发展模式是不可持续的,必须采取坚决有力的措施抓紧加以改变。加强在气候变化上的国际合作,一是要坚持发挥《联合国气候变化框架公约》及其《京都议定书》的指导作用,遵循公约确定的'共同但有区别的责任'等原则,发达国家应该继续率先采取减排行动,并帮助发展中国家提高应对气候变化的能力。二是要牢固树立在可持续发展框架内应对气候变化的观念,改变不可持续的生产方式和消费方式,节约资源,减少污染,改善生态环境,走经济发展与人口、资源、环境相协调的发展道路。三是要重视科学技术的作用,加强务实合作,加快有关科技尤其是能源技术的进步和推广,实现经济发展和环境保护相互促进。"①

2011年5月22日,在日本东京举行的第三届中日韩工商峰会午餐会上,温家宝提议进一步发展绿色经济和循环经济。他说:"中日韩三国人均资源占有水平较低,大力发展绿色经济、循环经济,实现可持续发展,是我们的共同目标。中方愿意与日韩加强在风能、太阳能等可再生能源领域的合作。中方倡议成立三国'可再生能源产学研创新联盟',使三国在技术、生产和市场等方面的优势实现互补。今年中方将以新能源合作为主题举办国际论坛和展会,邀请三国政府、企业、大学和科研机构代表共商合作事宜。建立中日韩循环经济示范基地是三国领导人两年前达成的共识,中国政府愿意采取有效措施,争取年内在中国启动循环经济示范基地建设,我们也支持在日韩建立示范基地。"②胡锦涛、温家宝在国际社会上提出的这些主张,既是他们把节约能源放在首位、大力发展清洁能源和可再生能源的思想在国际合作和世界经济发展方面的延续,也是他们立足于这一能源思想在开启

---

① 胡锦涛:《携手开创未来 推动合作共赢——在八国集团与中国、印度、巴西、南非、墨西哥五国领导人对话会上的书面讲话》,载2005年7月8日《人民日报》,第1版。
② 温家宝:《中日韩三国互利合作前景广阔——在第三届中日韩工商峰会午餐会上的讲话》,载2011年5月23日《人民日报》,第3版。

我国经济增长方式转变方面取得成就而在国际社会上的自信表达。

（二）深入开展能源领域的国际合作，维护了我国的能源安全

开展能源领域的国际合作一直受到党和国家的高度重视。其中一个非常重要的原因是，我国经济社会的发展越来越离不开其他国家和地区能源的支持。"从1993年开始，我国成为石油净进口国，2010年进口2.4亿吨，进口依存度达55%。2010年原煤产量32.4亿吨，消费量接近34亿吨，煤炭净进口1.4亿吨，已由煤炭净出口国变成净进口国。"[1]胡锦涛、温家宝多次在一些重要的国际会议上阐述能源问题，提出开展能源领域国际合作的主张和建议，合作的领域除了能源之外，还涉及与能源相关的环境、科技、气候变化等问题，主要目的是维护国际能源市场的安全和稳定，促进国际社会共同发展能源科技和节约能源，保障能源运输畅通，开展环境保护和应对气候变化。在我国开展现代化建设和全面建设小康社会的历史发展时期，大力推进经济增长方式转变和构建资源节约型、环境友好型社会的发展转型时期，这一切的最终目的是维护我国的能源安全，使能源更好地为我国经济社会发展服务。

2007年1月15日，在菲律宾宿务举行的第二届东亚峰会上，温家宝提出更新能源观念，保障能源安全。他说："在经济全球化深入发展的今天，能源问题日益突出。解决好这一问题，需要国际社会的共同努力，需要树立和落实互利合作、多元发展、协同保障的新能源安全观。为此，我们要重点做好以下三方面的工作：一是在能源安全领域，加强能源消费国之间以及消费国与生产国之间的对话和政策协调，共同维护本地区能源市场的稳定。二是提高能效和节约能源，加强对清洁能源、替代能源和新能源技术的研发和推广，构建清洁、安全、经济、可靠的地区未来能源供应体系。三是通过双边和多边国际合作，共同维护能源运输安全。"[2]2007年9月6日，在澳大利亚悉尼召开的亚太经合组织商业峰会上，胡锦涛指出："提供稳定的能源供给，是共创可持续未来的重要因素。保持世界经济持续稳定发展，必须实现充

---

[1] 温家宝：《关于科技工作的几个问题》，载《求是》2011年第14期，第5页。
[2] 温家宝：《合作共赢 携手并进——在第二届东亚峰会上的讲话》，载2007年1月16日《人民日报》，第3版。

足、安全、经济、清洁、可预期的能源供给。国际社会应该树立互利合作、多元发展、协同保障的新能源安全观,共同稳定和完善国际能源市场,遏制投机行为,加强科技研发和交流,提高能源利用效率,推动使用新能源,建立合理的技术转让体制,帮助各国特别是发展中国家更有效、更经济、更便捷地利用能源。"①2007年11月20日,在新加坡举行的第十一次中国与东盟领导人会议上,温家宝提出:"加强双方在能源、环境保护、气候变化等领域的长期合作。我们支持双方本着互利共赢的原则,加强在可再生能源、清洁能源等领域的合作,共同探讨解决能源供应问题的其他途径。我们愿同东盟探讨制订'中国与东盟环保合作战略'。中方将于明年建立'中国-东盟环保合作中心',建议适时建立中国-东盟环境部长会议机制,为建设资源节约型和环境友好型的东亚共同努力。"②

2011年6月28日,在德国柏林举行的第六届中德经济技术合作论坛上,温家宝希望中德双方拓展新能源和节能环保合作。他说:"两国在可再生能源发展和提高能效等领域合作大有可为。去年两国已签署共同建立生态园合作协议,拟在中国青岛建立首个中德生态园,欢迎德方企业积极参与规划和建设。我们愿意充分发挥双边财政合作的示范作用,重点支持双方在节能减排、绿色信贷及气候变化等领域的合作。我们还期待双方企业在新能源交通、建筑节能和低碳生态城市建设等方面合作迈出实质性步伐。"③从胡锦涛、温家宝在上述国际会议上的这些讲话中,可以看到我国开展能源领域国际合作的态度十分鲜明,合作的内容非常丰富,合作的领域相当广泛,合作的地域遍布世界,合作的对象既有发达国家也有发展中国家。中国与其他国家和地区开展能源合作,在推动国际社会能源发展的同时,有效地维护了我国的能源安全,促进了经济社会的健康发展。

此类国际合作中,中国与俄罗斯的合作取得了辉煌的成果,广为世界关

---

① 胡锦涛:《推进全面合作 实现持续发展——在亚太经合组织商业峰会上的演讲》,载2007年9月7日《人民日报》,第2版。
② 温家宝:《扩大合作 互利共赢——在第十一次中国与东盟领导人会议上的讲话》,载2007年11月21日《人民日报》,第3版。
③ 温家宝:《做共同发展的好伙伴——在第六届中德经济技术合作论坛上的演讲》,载2011年6月29日《人民日报》,第2版。

注。中国非常重视与能源大国俄罗斯的合作,两国早在二十世纪九十年代就签署了《中华人民共和国政府和俄罗斯联邦政府关于共同开展能源领域合作的协定》。进入二十一世纪后,两国合作得到进一步深化和推进。2006年3月22日,在北京举行的中俄经济工商界高峰论坛开幕式上,胡锦涛提议深化能源资源开发合作。他说:"加强中俄能源资源开发领域的合作,潜力巨大,前景广阔。双方应该立足长远、互利互惠,注重协调各自的利益关切,既促进两国经济发展,又维护国际市场稳定。同时,要加快能源资源合作的多元化,积极开展油气和森林资源的联合开发和生产加工,推动合作方式由资源贸易型向生产加工型转变。"[①]2008年起,中俄双方建立副总理级别的能源谈判机制(后更名为中俄能源合作委员会),有力地推动了两国的能源合作。应国家主席胡锦涛邀请,俄罗斯总统梅德韦杰夫2010年9月26日至28日对中国进行了国事访问。两国元首发表的《中俄关于全面深化战略协作伙伴关系的联合声明》宣称:"双方肯定中俄能源谈判机制的重要作用和效率,高度评价两国在能源领域签署的各项合作协议落实情况。双方指出,中俄原油管道竣工是两国能源合作的重大成果,有利于促进中俄两国的经济发展。双方决定继续积极开展石油、天然气、煤炭、电力、核能、能效及可再生能源等领域合作,尽快就开工修建中俄天然气管道达成一致,促进煤矿综合开发,包括铁路、港口建设,进一步开展在电力贸易及电网改造等领域的合作。"[②]此外,中共领导人还非常注重与发展中国家开展能源合作。例如,应国务院总理温家宝邀请,蒙古国总理苏赫巴特尔·巴特包勒德于2011年6月15日至17日对中国进行正式访问,两国总理在北京发表关于建立战略伙伴关系的联合声明。联合声明宣告:"双方重申把资源开发和基础设施建设作为经贸合作首要方向,并表示特别重视矿能资源、农牧业合作。双方认为应按照矿能资源开发、基础设施建设、金融合作'三位一体、统筹推进'的原则深化合作。蒙方表示,支持中国企业参与蒙古煤炭、铜、铁、石油、铀矿等矿能项目以及住宅等基础设施建设合作。愿在建设连接两国的铁路、

---

① 胡锦涛:《互利双赢 共创未来——在中俄经济工商界高峰论坛开幕式上的演讲》,载2006年3月23日《人民日报》,第4版。
② 胡锦涛,梅德韦杰夫:《中俄关于全面深化战略协作伙伴关系的联合声明》,载2010年9月29日《人民日报》,第3版。

公路等方面同中方加强合作。中方表示，愿同蒙方在成品油供应、炼油厂建设、电力贸易、原材料深加工、过境运输、出海口等方面继续开展互利合作，并提供支持和便利。双方还就经蒙境内铺设天然气管道和高压电线路问题交换了意见。"① 诸如此类的能源国际合作，充实了我国的能源供给，维护了我国的能源安全和市场稳定，对我国经济社会发展具有非常重要的意义。

（三）形成了全面的能源政策体系，推进了能源法律制度建设

2008年11月7日至8日，中国与联合国共同举办的"应对气候变化技术开发与转让高级别研讨会"在北京举行。温家宝在会上说："中国政府始终以负责任的态度高度重视气候变化问题，坚持把资源节约和环境保护作为基本国策，把实现可持续发展作为国家战略，为应对全球气候变化作出了积极努力。一是制定了《中国应对气候变化国家方案》，明确了到2010年应对气候变化的具体目标、基本原则、重点领域及政策措施。二是在国民经济和社会发展'十一五'规划中把单位GDP能耗作为约束性指标，并建立地方、企业节能减排责任制，逐级进行考核。三是更加注重推进经济发展方式转变和经济结构调整，鼓励采用节约能源资源的生产方式和消费模式。四是通过加大政策引导和资金投入，大力发展水能、核能、风能及农村沼气等清洁能源和可再生能源。五是深化能源资源领域的价格、财税体制改革，既注重发挥政府的引导作用，又充分运用市场调节机制，促进全社会节约能源资源。六是积极实施天然林保护、退耕还林还草等生态建设，进一步增强了森林作为温室气体吸收汇的能力。七是制定了一系列应对气候变化的法律法规，广泛开展节约资源、保护环境教育，加快建设资源节约型、环境友好型社会。八是成立了国家应对气候变化工作领导小组，指导各部门和地方政府开展这项工作。这些措施正在收到明显成效。2000年到2008年，中国风电装机容量由34万千瓦提高到1000万千瓦，水电装机容量由7935万千瓦提高到16 300万千瓦，核电装机容量由210万千瓦提高到885万千瓦。森

---

① 温家宝，苏赫巴特尔·巴特包勒德：《中华人民共和国和蒙古国关于建立战略伙伴关系的联合声明》，载2011年6月18日《人民日报》，第3版。

林覆盖率由上世纪90年代初期的13.92%增加到2005年的18.21%。去年一年内关停小火电机组1438万千瓦,关闭小煤矿1万多处,淘汰落后炼铁产能4659万吨、炼钢产能3747万吨、水泥产能5200万吨。单位国内生产总值能耗连年下降,降幅逐年提高。我们有信心经过不懈努力实现'十一五'规划确定的节能减排各项指标。"①温家宝的这段话,在阐明中国政府应对气候变化、节约资源能源和保护环境方面的鲜明态度、采取的基本措施和取得的主要成效的同时,也充分表露了以胡锦涛为代表的中共领导人在开展能源节约、加强保护环境和应对气候变化方面对政策和法律的高度重视,将政策和法律作为我国发展能源事业的重要推动力量。我国逐渐形成全面的能源政策体系,推进了能源法律制度建设。

我国在二十世纪九十年代就已经形成了比较明确的能源政策,李鹏1997年在《求是》发表的长篇理论文章《中国的能源政策》是其中的标志性成果。在既有的能源政策的基础上,以胡锦涛为代表的中共领导人根据我国能源事业状况和经济社会发展转型的要求,对我国的能源政策作了进一步完善,形成了全面的能源政策体系。这一能源政策体系大致由三类政策组成:

(1)国家级综合性全局性的能源政策,这种政策形成的标志是国务院新闻办公室发表的能源白皮书。在这一时期,我国发表了两份能源白皮书。第一份是2007年12月26日发表的《中国的能源状况与政策》白皮书,它详细介绍了我国能源发展现状、能源发展战略和目标、全面推进能源节约、提高能源供给能力、加快推进能源技术进步、促进能源产业与环境协调发展、深化能源体制改革以及加强能源领域的国际合作八个方面的内容。第二份是2012年10月24日发表的《中国的能源政策(2012)》白皮书,它的正文包括能源发展现状、能源发展政策和目标、全面推进能源节约、大力发展新能源和可再生能源、推动化石能源清洁发展、提高能源普遍服务水平、加快推进能源科技进步、深化能源体制改革、加强能源国际合作九个部分。白皮书既是我国能源事业发展的工作总结,又对能源事业进一步的发展进行了总

---

① 温家宝:《加强国际技术合作 积极应对气候变化》,载2008年11月19日《人民日报》,第2版。

体规划,在我国能源政策体系中居于最高地位。

(2)国家在某一时期的能源发展规划,或者针对某些能源领域发布的政策,它们是我国能源政策体系的重要支柱。如国家发展和改革委员会 2004 年 11 月发布的《节能中长期专项规划》、2007 年 4 月发布的《能源发展"十一五"规划》、2007 年 9 月发布的《可再生能源中长期发展规划》、2012 年 3 月发布的《煤炭工业发展"十二五"规划》等。

(3)国家在某些政策中涉及能源问题而作的规定,它们是我国能源政策的重要补充。如国务院 2006 年 2 月发布的《国家中长期科学和技术发展规划纲要(2006—2020 年)》、2007 年 6 月发布的《中国应对气候变化国家方案》等,对相关的能源问题作了政策上的要求。

总体上说,这一时期我国的能源政策比较全面并且日趋完善,形成了相对完整的政策体系,对能源事业发展的推动作用非常明显。

这一时期,我国的能源法制建设也进入快速发展阶段,一些重要的能源法律相继出台或者重新修改。在国家法律层面,新制定的专门性能源法或者与能源关系密切的法律,主要有全国人民代表大会常务委员会 2005 年制定的《中华人民共和国可再生能源法》、2008 年制定的《中华人民共和国循环经济促进法》、2010 年制定的《中华人民共和国石油天然气管道保护法》。在法律的修改方面,全国人民代表大会常务委员会 2007 年修订了 1997 年制定的《中华人民共和国节约能源法》,2012 年修正了 2002 年制定的《中华人民共和国清洁生产促进法》,2009 年和 2011 年修正了 1996 年制定的《中华人民共和国煤炭法》,2009 年修正了 1995 年制定的《中华人民共和国电力法》,2009 年修正了 2002 年制定的《中华人民共和国安全生产法》等。在行政法规层面,国务院 2005 年发布《电力监管条例》,2006 年修订了 1997 年发布的《核出口管制条例》,2007 年修订了 1998 年发布的《核两用品及相关技术出口管制条例》,2008 年发布《民用建筑节能条例》和《公共机构节能条例》等。这些法律法规带有明显的节约能源、发展清洁能源和可再生能源的色彩,注重发展循环经济和促进经济增长方式转变,使我国的能源法律制度得到充实。

第五章
党的十八大以来我国能源事业的发展

党的十八大以来,以习近平同志为主要代表的中国共产党人,顺应时代发展,从理论和实践结合上系统回答了新时代坚持和发展什么样的中国特色社会主义、怎样坚持和发展中国特色社会主义这个重大时代课题,从新的实际出发,创立了习近平新时代中国特色社会主义思想。在这一思想体系中,能源问题受到高度关注。经过前期我国经济社会的高速发展和能源事业的全面繁荣,特别是充分认识到资源能源这一制约我国经济社会发展的"瓶颈"并着力通过科学发展进行破解后,我国对经济社会发展和能源事业形成了新的认识和把握。在中国特色社会主义新时代,绿色发展、生态文明等理念深入人心,成为引导我国经济社会发展转型的基本理念。

2014年6月13日,在中央财经领导小组第六次会议上,习近平指出:"经过长期发展,我国已成为世界上最大的能源生产国和消费国,形成了煤炭、电力、石油、天然气、新能源、可再生能源全面发展的能源供给体系,技术装备水平明显提高,生产生活用能条件显著改善。尽管我国能源发展取得了巨大成绩,但也面临着能源需求压力巨大、能源供给制约较多、能源生产和消费对生态环境损害严重、能源技术水平总体落后等挑战。我们必须从国家发展和安全的战略高度,审时度势,借势而为,找到顺应能源大势之道。第一,推动能源消费革命,抑制不合理能源消费。坚决控制能源消费总量,有效落实节能优先方针,把节能贯穿于经济社会发展全过程和各领域,坚定调整产业结构,高度重视城镇化节能,树立勤俭节约的消费观,加快形成能源节约型社会。第二,推动能源供给革命,建立多元供应体系。立足国内多元供应保安全,大力推进煤炭清洁高效利用,着力发展非煤能源,形成煤、油、气、核、新能源、可再生能源多轮驱动的能源供应体系,同步加强能源输配网络和储备设施建设。第三,推动能源技术革命,带动产业升级。立足我国国情,紧跟国际能源技术革命新趋势,以绿色低碳为方向,分类推动技术创新、产业创新、商业模式创新,并同其他领域高新技术紧密结合,把能源技术及其关联产业培育成带动我国产业升级的新增长点。第四,推动能源体制革命,打通能源发展快车道。坚定不移推进改革,还原能源商品属性,构建有效竞争的市场结构和市场体系,形成主要由市场决定能源价格的机制,转变政府对能源的监管方式,建立健全能源法治体系。第五,全方位加强国际合作,实现开放条件下的能源安全。在主要立足国内的前提条件下,在能源生产和消费革命所涉及的各个方面加强国际合作,有效利用国际资源。"① 这番话立足我国能源发展现状,找准了当前存在的主要问题,指明了解决我国能源问题的正确出路。通过对习近平、李克强等党和国家领导人在国际、国内会议上的相关讲话、报告的梳理,可以大致勾画出党的十八大以来我国能源事业发展的基本内容,总结其重要举措,进而认识其历史贡献。

一、能源事业发展的基本内容

2015年10月26日,在《关于〈中共中央关于制定国民经济和社会发展第十三个五年规划的建议〉的说明》中,习近平提出:"推进生态文明建设,解决资源约束趋紧、环境污染严重、生态系统退化的问题,必须采取一些硬措施,真抓实干才能见效。实行能源和水资源消耗、建设用地等总量和强度双控行动,就是一项硬措施。这就是说,既要控制总量,也要控制单位国内生产总值能源消耗、水资源消耗、建设用地的强度。这项工作做好了,既能节约能源和水土资源,从源头上减少污染物排放,也能倒逼经济发展方式转变,提高我国经济发展绿色水平。'十一五'规划首次把单位国内生产总值能源消耗强度作为约束性指标,'十二五'规划提出合理控制能源消费总量。现在看,这样做既是必要的,也是有效的。根据当前资源环境面临的严峻形势,在继续实行能源消费总量和消耗强度双控的基础上,水资源和建设用地也要实施总量和强度双控,作为约束性指标,建立目标责任制,合理分解落实。要研究建立双控的市场化机制,建立预算管理制度、有偿使用和交易制

---

① 习近平:《积极推动我国能源生产和消费革命》,载《习近平谈治国理政》(第一卷),外文出版社2018年版,第130—131页。

度,更多用市场手段实现双控目标。"①从这段论述可以看出,以习近平为代表的中共领导人的能源思想是对以胡锦涛为代表的中共领导人能源思想的延续,这种延续是我国在这两个时期的能源形势和经济社会发展状况具有承接关系而决定的。进入二十一世纪后,党和国家已经认识到环境、资源和能源对我国经济社会发展的制约作用,中国特色社会主义进入新时代后,这种制约更加明显。因而,以习近平为代表的中共领导人在发展能源事业上延续了以胡锦涛为代表的中共领导人的基本思想,并结合中国经济发展的新常态而进行了创新。党的十八大以来我国能源事业发展的基本内容,基本可以概括为三个方面:一是推动能源生产和消费方式变革;二是面向世界深化包括能源在内的经济合作;三是成立能源俱乐部加强上海合作组织的能源合作。

(一)推动能源生产和消费方式变革

在党的十六大至十八大期间我国能源事业发展中,节能减排是非常重要的内容。这是因为,我国长期采用的粗放型发展方式,进入二十一世纪后面临着资源短缺和环境恶化的严峻挑战,只有加大节能减排,推动发展方式转变,才能成功应对挑战和推动经济社会持续发展。在二十一世纪,节约能源、保护环境的观念成为普遍共识并且深入人心,中央也采取了一系列的措施推动节能减排工作。但是,节能减排并不是一蹴而就的事情,需要长期坚持和循序渐进。中国特色社会主义进入新时代后,节能减排仍然是我国必须坚持的重要工作,在发展能源事业方面的第一要务就是狠抓节能减排工作。特别是在一年一度的政府工作报告中,节能减排始终是一再强调的话题,国务院总理不但要向全国人民代表大会报告上一年度的节能状况,还要报告本年度的节能安排情况。更重要的是,这一时期党和国家在强调节能减排的基础上,进一步提出推动能源生产和消费方式变革的思想。

例如2014年3月5日,在第十二届全国人民代表大会第二次会议上,谈到努力建设生态文明的美好家园时,李克强提出:"推动能源生产和消费方式变革。加大节能减排力度,控制能源消费总量,今年能源消耗强度要降低3.9%以上,二氧化硫、化学需氧量排放量都要减少2%。要提高非化石能源

---

① 习近平:《关于〈中共中央关于制定国民经济和社会发展第十三个五年规划的建议〉的说明》,载2015年11月4日《人民日报》,第2版。

发电比重,发展智能电网和分布式能源,鼓励发展风能、太阳能、生物质能,开工一批水电、核电项目。加强天然气、煤层气、页岩气勘探开采与应用。推进资源性产品价格改革,建立健全居民用水、用气阶梯价格制度。实施建筑能效提升、节能产品惠民工程,发展清洁生产、绿色低碳技术和循环经济,提高应对气候变化能力。强化节水、节材和资源综合利用。加快开发应用节能环保技术和产品,把节能环保产业打造成生机勃勃的朝阳产业。"①2015年3月5日,在第十二届全国人民代表大会第三次会议上,李克强报告2015年工作部署时提出,打好节能减排和环境治理攻坚战。他介绍了2015年节能减排的具体目标,要求加强煤炭清洁高效利用,推动燃煤电厂超低排放改造,促进重点区域煤炭消费零增长;推广新能源汽车,治理机动车尾气,提高油品标准和质量,在重点区域内重点城市全面供应国五标准车用汽柴油。他强调说:"能源生产和消费革命,关乎发展与民生。要大力发展风电、光伏发电、生物质能,积极发展水电,安全发展核电,开发利用页岩气、煤层气。控制能源消费总量,加强工业、交通、建筑等重点领域节能。积极发展循环经济,大力推进工业废物和生活垃圾资源化利用。我国节能环保市场潜力巨大,要把节能环保产业打造成新兴的支柱产业。"②

  2016年3月5日,在第十二届全国人民代表大会第四次会议上,李克强介绍了2016年节能减排和治理污染的重点工作,并提出:"大力发展节能环保产业。扩大绿色环保标准覆盖面。完善扶持政策,支持推广节能环保先进技术装备,广泛开展合同能源管理和环境污染第三方治理,加大建筑节能改造力度,加快传统制造业绿色改造。开展全民节能、节水行动,推进垃圾分类处理,健全再生资源回收利用网络,把节能环保产业培育成我国发展的一大支柱产业。"③李克强的这些论述,都是从推动能源生产和消费方式变革的角度展开的。这种能源生产和消费方式变革,已经超越了简单的节能减

---

① 李克强:《政府工作报告——2014年3月5日在第十二届全国人民代表大会第二次会议上》,载《中华人民共和国全国人民代表大会常务委员会公报》2014年第2号,第202页。

② 李克强:《政府工作报告——2015年3月5日在第十二届全国人民代表大会第三次会议上》,载2015年3月17日《人民日报》,第1版。

③ 李克强:《政府工作报告——2016年3月5日在第十二届全国人民代表大会第四次会议上》,载2016年3月18日《人民日报》,第1版。

排,更加注重依靠科技开发清洁能源,提高非化石能源在国家能源结构中的比重,并强调充分发挥第三方在能源开发、消费和环境保护中的作用,促进清洁生产和资源能源的循环利用,把节能环保作为一项产业来发展。这种思路改变了过去单纯地依靠政府推动节能减排的做法,淡化了节能减排的行政管理色彩,通过引入市场机制把节能减排工作搞活,使参与节能减排的每一方主体都能获得实惠。同时,通过发展清洁能源产业,引导人们改变固有的能源消费观念和消费方式,降低生产生活对环境和生态造成的破坏,也是我国生态文明建设的重要方面。

推动能源生产和消费方式变革的一个重要方面是发展清洁能源。只有把清洁能源发展起来,改变我国长期形成的以化石能源特别是煤炭为主的能源结构,才能从根本上推动环境保护工作,并有效应对能源枯竭引发的问题。党和国家领导人对这一问题非常重视,在不同场合提出要大力发展清洁能源。在诸多清洁能源的发展中,又对核能非常关注,多次谈到发展核能。例如2015年11月3日,在北京举行的中法气候与绿色经济论坛闭幕式上,李克强致辞说:"早在上世纪80年代,中法两国就已经开始在清洁能源领域的合作。当前中国正在推进新型工业化和城镇化。新型工业化要求降耗、节能,更多依靠智能。中国城镇化率刚刚超过50%,城镇化仍然是中国最大的内需所在。我们要走新型城镇化道路,在建筑等领域需要使用节能环保材料,广大人民群众也需要更多节能环保的消费品。如果中法企业开展合作,根据中国消费者需求开拓市场,打造节能环保新产业,会产生难以估量的效益。30年前,大亚湾核电站第一台机组用的就是法国技术,装机容量不到百万千瓦。而现在中国已投入运行和在建核电装机容量都已超过2500万千瓦,未来还会有更大的发展空间。"①核能的能量巨大,对于解决我国能源不足的问题非常有效。但是它所要求的技术水平很高,稍有不慎会引发巨大风险甚至灾难。因此,发展核能必须确保安全,既要防止因技术问题引发的核泄漏等安全事故,也要防止核能被用于不正当目的。2014年3月24日,在荷兰海牙核安全峰会上,习近平提出"发展和安全并重,以确保

---

① 李克强:《在中法气候与绿色经济论坛闭幕式上的致辞》,载2015年11月4日《人民日报》,第4版。

安全为前提发展核能事业"。他说:"作为保障能源安全和应对气候变化的重要途径,和平利用核能事业,如同普罗米修斯带到人间的火种,为人类发展点燃了希望之火,拓展了美好前景。同时,如果不能有效保障核能安全,不能妥善应对核材料和核设施的潜在安全风险,就会给这一美好前景蒙上阴影,甚至带来灾难。要使核能事业发展的希望之火永不熄灭,就必须牢牢坚持安全第一原则。我们要秉持为发展求安全、以安全促发展的理念,让发展和安全两个目标有机融合,使各国政府和核能企业认识到,任何以牺牲安全为代价的核能发展都难以持续,都不是真正的发展。只有采取切实举措,才能真正管控风险;只有实现安全保障,核能才能持续发展。"①2016年4月1日,在华盛顿核安全峰会上,习近平说:"作为最大的发展中国家,中国始终在确保安全的前提下,致力于开发利用核能,弥补能源需求缺口,应对气候变化挑战。中国是核电发展最快的国家,同时保持着良好核安全纪录。海牙峰会以来,中国在核安全领域又取得了新进展。"②他强调说:"中国将继续加强本国核安全,同时将积极推进核安全国际合作,分享技术和经验,贡献资源和平台。"③

推动能源生产和消费方式变革的思想,在经济发展新常态的形势下显得尤为重要。能源是经济发展的重要推动力,能源的生产方式和消费方式在一定程度上代表了国家的经济发展水平。确保经济保持中高速增长,迈向中高端水平,固然需要从多方面入手,推动能源生产和消费方式变革则是关键环节之一,因而其重要性不言而喻。

(二)面向世界深化包括能源在内的经济合作

2015年3月28日,在博鳌亚洲论坛2015年年会上的主旨演讲中,习近平提出,迈向命运共同体必须坚持合作共赢、共同发展。他说:"要摒弃零和

---

① 习近平:《坚持理性、协调、并进的核安全观》,载《论坚持推动构建人类命运共同体》,中央文献出版社2018年版,第70页。
② 习近平:《加强国际核安全体系,推进全球核安全治理》,载《论坚持推动构建人类命运共同体》,中央文献出版社2018年版,第328页。
③ 习近平:《加强国际核安全体系,推进全球核安全治理》,载《论坚持推动构建人类命运共同体》,中央文献出版社2018年版,第329页。

游戏、你输我赢的旧思维,树立双赢、共赢的新理念,在追求自身利益时兼顾他方利益,在寻求自身发展时促进共同发展。合作共赢的理念不仅适用于经济领域,也适用于政治、安全、文化等广泛领域;不仅适用于地区国家之间,也适用于同域外国家开展合作。要加强宏观经济政策协调,防范不同经济体经济政策变动可能带来的负面外溢效应,积极推动全球经济治理变革,维护开放型世界经济体制,共同应对世界经济中的风险和挑战。"①在这次论坛上,习近平提议加强亚洲金融合作,建设地区金融安全网,并强调推动建设亚洲能源资源合作机制,保障能源资源安全。习近平的这种合作共赢、共同发展的思想,是中共领导人在国际合作特别是经济领域国际合作方面思想的升华,是"改革不停顿、开放不止步"思想的重要理论展示,对推动中国进一步扩大对外开放具有重要指导意义。经过改革开放近四十年的发展,我国在政治、经济、文化、社会等领域都发生了深刻变化,人们亲身感受到了改革开放带来的巨大实惠。但是,开放国门也在诸多领域引发了一些问题,引起了人们的担忧。即使在经济领域,对外开放也始终伴随着利益的争夺和观念的冲突,合作各方难免会产生各种各样的矛盾和纠纷,进而影响到合作的效益。习近平提出的合作共赢、共同发展,不仅对合作各方更新合作理念、改进合作姿态、增加合作领域、深化合作机制具有积极意义,而且对我国进一步加强能源领域的国际合作,扩大合作的对象和范围,完善合作的途径和方式,具有重要指导作用。

以习近平为代表的中共领导人所推动的能源领域的国际合作,是面向世界开展的。无论是发达国家还是发展中国家,无论是能源储量充足的国家还是能源储量少的国家,都可以成为中国的合作对象。在合作的途径和方式上,更加注重因地制宜、多种多样,总的目标只有一个,就是合作共赢,共同发展。正如2017年1月18日,习近平在联合国日内瓦总部的演讲中指出的那样,中国打造伙伴关系的决心不会改变。他说:"中国将努力构建总体稳定、均衡发展的大国关系框架,积极同美国发展新型大国关系,同俄罗斯发展全面战略协作伙伴关系,同欧洲发展和平、增长、改革、文明伙伴关系,同金砖国家发展团结合作的伙伴关系。中国将继续坚持正确义利观,深

---

① 习近平:《迈向命运共同体,开创亚洲新未来》,载《论坚持推动构建人类命运共同体》,中央文献出版社2018年版,第207页。

化同发展中国家务实合作,实现同呼吸、共命运、齐发展。中国将按照亲诚惠容理念同周边国家深化互利合作,秉持真实亲诚对非政策理念同非洲国家共谋发展,推动中拉全面合作伙伴关系实现新发展。"①

在国际合作中,中共领导人非常重视同广大发展中国家的合作,并帮助他们实现经济的快速发展和生态的良好保护。例如2014年5月8日,在尼日利亚的阿布贾举行的第二十四届世界经济论坛非洲峰会上,李克强说:"非洲振兴的关键在发展工业。我们支持合适的中国劳动密集型产业优先向非洲转移,支持中资企业本土化,增加非洲国家非农就业岗位,特别是适合年轻人的就业岗位。几天前,我在埃塞俄比亚参观了中国企业投资的项目,当地员工人数占到90%,这正是中国政府乐见和鼓励的。同时,我们支持非洲提高粮食产量,发展高效农业加工业,中方愿无保留地提供种业等技术。中国还愿推动非洲能源资源产业进一步向上下游环节延伸,提高资源就地加工比例,把资源优势转化为经济优势,切实增强非洲自我发展能力。"②2014年12月20日,在泰国曼谷举行的大湄公河次区域经济合作第五次领导人会议开幕式上,李克强建议创新产业合作模式。他说:"中国已成为次区域国家最重要的贸易伙伴,与5国的相互投资持续扩大,利益融合不断加深。中国与湄公河流域国家都面临产业转型升级的紧迫任务,完全可通过优势互补,推动产业深度合作,实现共同发展。中南半岛国家区位优势明显,自然资源和劳动力丰富,基础设施大项目需要设备、技术和资金支持。中国高铁、电力、电信等装备制造业水平先进,钢铁、水泥等建材产能富余,建设经验成熟,外汇储备充裕,双方可充分利用地理毗邻的有利条件,兴建跨境经济合作区,在5国特别是新建铁路沿线设立工业、技术和产业园区。中方鼓励企业带着先进产能在当地建厂生产,这样可以直接帮助邻国增加就业、提高工业化水平,也可以使中国装备走出去接受国际市场检验,实现中国装备升级。"③2018年9月3日,在中非合作论坛北京峰会开幕式上,习

---

① 习近平:《共同构建人类命运共同体》,载《习近平谈治国理政》(第二卷),外文出版社2017年版,第546—547页。

② 李克强:《共同推动非洲发展迈上新台阶——在第二十四届世界经济论坛非洲峰会上的致辞》,载2014年5月9日《人民日报》,第2版。

③ 李克强:《携手开创睦邻友好包容发展新局面——在大湄公河次区域经济合作第五次领导人会议开幕式上的讲话》,载2014年12月21日《人民日报》,第4版。

近平说:"中非双方基于相似遭遇和共同使命,在过去的岁月里同心同向、守望相助,走出了一条特色鲜明的合作共赢之路。在这条道路上,中国始终秉持真实亲诚理念和正确义利观,同非洲各国团结一心、同舟共济、携手前进。……中国愿同非洲一道,倡导绿色、低碳、循环、可持续的发展方式,共同保护青山绿水和万物生灵。中国愿同非洲加强在应对气候变化、应用清洁能源、防控荒漠化和水土流失、保护野生动植物等生态环保领域交流合作,让中国和非洲都成为人与自然和睦相处的美好家园。"①由此可以看到,在同一些发展中国家的合作中,我国主张运用中国先进的能源生产、转换技术帮助合作对象进行能源开发和加工,并注重加强当地的环境保护。同时,这种合作并不是单纯的能源合作,而是包括能源在内的一切经济领域的合作,合作的领域跨越不同产业,能够从整体上推进中国的产能输出,带动合作方增强经济实力,实现双方的互利共赢。在习近平的关心支持下,中国非洲研究院于2019年4月9日在北京成立,习近平致信表示祝贺,这是我国加强与广大发展中国家特别是非洲国家合作的重要体现。

在与发达国家的合作中,我国看重的是其先进的科学技术,以及处理相关问题的经验。例如,2015年6月29日,在比利时的布鲁塞尔举行的2015中欧城镇化伙伴关系论坛上,李克强提出加强节能环保合作。他说:"地球的空间有限,发展的资源有限,绿色低碳城市寄托着人类可持续发展的希望。中国提出,2030年左右二氧化碳排放达到峰值并争取尽早达峰,非化石能源占一次能源消费的比重达到20%左右,这对城镇化发展提出了更高要求。欧洲在低碳技术应用、建筑近零排放、污水垃圾处理等方面具有世界领先水平。现在中国不少城市的自来水运营和污水处理设施建设由欧洲公司承担。我们欢迎欧方积极参与中国低碳城市、低碳工业园区、低碳社区的建设,参与节能建筑改造、污水垃圾处理项目建设、清洁能源发展。中方还愿与欧方一道,在节能环保装备领域共同开发第三方市场。"②我国当前正处在城镇化的迅猛发展时期,快速城镇化引发的能源消耗、环境污染等问题比较

---

① 习近平:《携手共命运 同心促发展——在2018年中非合作论坛北京峰会开幕式上的主旨讲话》,载2018年9月4日《人民日报》,第2版。

② 李克强:《在2015中欧城镇化伙伴关系论坛上的致辞》,载2015年7月1日《人民日报》,第2版。

突出。欧洲国家城镇化起步早,处理相关问题的科学技术先进,经验丰富。在这种情况下,加强与欧洲国家的合作,对推动我国城镇化的健康快速发展具有重要意义。从李克强的这番讲话中也能看出,这一时期我国所主导的与其他国家的能源合作,往往融合于经济、社会发展领域的其他合作中,而不是仅仅限于能源领域或者仅仅解决能源问题。这是顺应经济社会发展趋势而进行的整体性的合作,合作的广度和深度都得到拓展,合作的效益也必然更加显著。

(三)成立能源俱乐部加强上海合作组织的能源合作

俄罗斯作为能源大国和中国近邻,一直是中国重要的能源合作伙伴,从二十世纪晚期开始,历代中共领导人都非常重视与俄罗斯加强能源领域的合作。中国特色社会主义进入新时代后,我国坚持合作共赢、共同发展的理念,进一步推动了中俄两国的能源合作。例如2013年3月23日,在莫斯科国际关系学院的演讲中,习近平提出,中俄应坚定不移发展合作共赢的关系。他说:"中俄国情不同、条件各异,彼此密切合作、取长补短可以起到一加一大于二的效果。去年,中俄贸易额达到882亿美元,人员交流达到330万人次,这些数字充分反映出中俄关系的巨大发展潜力和广阔发展前景。中俄两国的能源合作不断深化。继17世纪的'万里茶道'之后,中俄油气管道成为联通两国新的'世纪动脉'。当前,我们两国正积极推动各自国家和地区发展战略相互对接,不断创造出更多利益契合点和合作增长点。我们要推动两国合作从能源资源向投资、基础设施建设、高技术、金融等领域拓展,从商品进出口向联合研发、联合生产转变,不断提高两国务实合作层次和水平。"①习近平的这番话,充分表达了我国希望中俄两国的能源合作继续深入并开拓新的合作领域的意愿。与以俄罗斯为代表的周边国家加强能源合作,是我国能源事业合作发展的一个重要方面。如果把与俄罗斯的这种深度能源合作扩大到周边其他国家,那么加强上海合作组织内部的能源合作就显得非常必要。

---

① 习近平:《顺应时代前进潮流,促进世界和平发展》,载《习近平谈治国理政》(第一卷),外文出版社2018年版,第276页。

上海合作组织的成立提高了成员国在国际舞台上的实力和影响,在一定程度上改变了以美国为首的西方发达国家长期扮演主要角色的局面。中国作为上海合作组织的主要发起国,不仅要加强与俄罗斯的能源合作,还需要加强上海合作组织内部的能源合作,因为上海合作组织的不同国家之间在能源领域可以互补。在上海合作组织的成员国中,俄罗斯、乌兹别克斯坦和哈萨克斯坦是能源储量大国,而中国是能源消耗大国,成员国毗邻接壤,能源输送便捷,在上海合作组织的框架下加强能源合作有利于实现各方共赢和共同发展。正是在这种情况下,2013年9月13日,在吉尔吉斯斯坦的比什凯克举行的上海合作组织成员国元首理事会第十三次会议上,习近平提议成立能源俱乐部,其宗旨是"协调本组织框架内能源合作,建立稳定供求关系,确保能源安全,同时在提高能效和开发新能源等领域开展广泛合作"①。2013年11月29日,在乌兹别克斯坦的塔什干举行的上海合作组织成员国总理第十二次会议上,李克强在提议推进生态和能源合作时,又强调了能源俱乐部的组建工作。他说:"各方应共同制定上合组织环境保护合作战略,依托中国—上合组织环境保护中心,建立信息共享平台。完善能源合作机制,做好组建上合组织能源俱乐部的研究和推进工作。在充分关照各方利益的基础上,深化能源领域生产、运输、加工等合作。同时进行核电等新能源方面合作,中方愿为此提供技术、装备和资金等支持。"②2014年9月12日,在塔吉克斯坦的杜尚别举行的上海合作组织成员国元首理事会第十四次会议上,习近平提出,坚持以实现共同发展繁荣为目标,在互利共赢基础上,深挖区域合作潜力,共创合作机遇,增强成员国经济发展内生动力和抗风险能力,推进区域经济一体化进程,构筑本地区统一经贸、投资、物流空间。他说:"建立上海合作组织金融机构对促进本地区发展意义重大。各国应该进一步凝聚共识,尽早达成一致,为本组织多方受惠的大型项目提供资金支持。我们应该充分发挥能源俱乐部作用,加强成员国能源政策协调和供需合作,加强跨国油气管道安保合作,确保能源安全。我们要加强粮食政

---

① 习近平:《弘扬"上海精神",促进共同发展》,载《习近平谈治国理政》(第一卷),外文出版社2018年版,第341页。

② 李克强:《在上海合作组织成员国总理第十二次会议上的讲话》,载2013年11月30日《人民日报》,第2版。

策协调,扩大成员国农产品贸易,提高粮食综合生产能力。中方建议举办上海合作组织粮食安全论坛,制订'上海合作组织科技伙伴计划',借助中国—上海合作组织环保合作中心,加快环保信息共享平台建设。"①为巩固和加强上海合作组织区域经济合作,习近平代表中方宣布向上海合作组织成员国提供50亿美元贷款,用于合作项目融资,希望通过这一途径为成员国、观察员国、对话伙伴经济发展提供助力。2015年7月10日,在俄罗斯的乌法举行的上海合作组织成员国元首理事会第十五次会议上,习近平说:"我们应该加强各国能源政策沟通,制定跨国油气管道安保合作具体措施。"②

2018年9月12日,在俄罗斯的符拉迪沃斯托克举行的第四届东方经济论坛全会上的致辞中,习近平简单介绍了中俄在远东地区经济贸易领域合作取得的巨大成就,而后高兴地说:"随着中俄原油管道、东线天然气管道、同江铁路桥、黑河公路桥等一批大项目顺利推进,中俄远东合作将迎来丰收季。今明两年是我和普京总统确定的中俄地方合作交流年,为双方远东合作开辟了更加广阔的空间。中方愿同俄方一道努力,拓展基础设施建设、能源、农业、旅游等重点领域合作,广泛调动中小企业积极性,努力提高双方合作技术含量和产品附加值,实现优势互补,互利共赢,推动中俄远东合作取得更多成果。"③

早在2006年,俄罗斯就率先提出上海合作组织成立能源俱乐部,但由于各国分歧比较明显,虽经磋商却无实质性进展。在前期努力的基础上,基于上海合作组织内部不同成员国之间的共同利益所需和合作共赢理念的推动,习近平顺应国际能源发展形势和上海合作组织成员国的意愿,适时提出成立能源俱乐部的主张,并代表中国向一些成员国提供切实的帮助,使上海合作组织能源俱乐部的成立和运行步入实质性阶段。通过能源俱乐部加强上海合作组织的能源合作,无论是对世界能源格局的走向还是对包括中国

---

① 习近平:《凝心聚力 精诚协作 推动上海合作组织再上新台阶——在上海合作组织成员国元首理事会第十四次会议上的讲话》,载2014年9月13日《人民日报》,第3版。
② 习近平:《团结互助 共迎挑战 推动上海合作组织实现新跨越——在上海合作组织成员国元首理事会第十五次会议上的讲话》,载2015年7月11日《人民日报》,第2版。
③ 习近平:《共享远东发展新机遇 开创东北亚美好新未来——在第四届东方经济论坛全会上的致辞》,载2018年9月13日《人民日报》,第2版。

在内的各成员国的能源事业,都具有极为重要的影响。正如一些学者所评论的那样:"能源俱乐部的建设能为成员国带来重大战略利益。与国际能源机构(IEA)全部由能源消费国组成、欧佩克全部由能源生产国组成相比较,上海合作组织能源俱乐部成员国既有能源资源国,又有能源消费国和能源过境国,因而具有更强的合作潜力。能源俱乐部的建立不仅更有利于保障俄罗斯和中亚能源出口多元化战略的实施,而且也可能为中国企业进入中亚能源上游开发领域、发展自里海至中国境内的油气输送管网创造新的条件,并且有可能使中国的油气过境潜力得到有效发挥。同时,这一机制完全可以成为中国展示和推行新能源安全观的平台。在国际能源领域,不同类型、不同利益取向的国家加强平等合作、寻求互利共赢,正是中国以'能源共同安全'为核心的新能源安全观最本质的要求。这样一个具有新型理念的国际能源中心的出现,也必将极大地改变全球能源格局,从而推动新的国际能源秩序的形成;而推动新的国际能源秩序的形成是中国能源战略的重要组成部分,也是中国多极化战略的重要一环。"①

二、发展能源事业的重要举措

2015年11月3日,在北京举行的中法气候与绿色经济论坛闭幕式上,李克强致辞说:"当前世界经济复苏依然乏力,下行压力持续加大。受外部环境影响,中国经济增速也有所放缓。需要看到,中国长期过度依赖消耗自然资源的增长方式是不可持续的。我们的目标是要在本世纪中叶达到中等发达国家水平,这就需要中国经济长期保持中高速增长,迈向中高端水平。中国经济增速短期出现放缓,其中也有加大结构调整、严格实施环保标准等因素,这是一个结构转换、动能转变的艰苦过程。但是我们必须沿着这条路走下去,把发展方式从过度依赖消耗自然资源转到更多发挥人力资源上来,培育新的经济增长点。只有坚持绿色发展,才能实现可持续发展。在这方面,绿色环保产业有很大发展空间。"②这番话既概括了我国当前经济发展的

---

① 李葆珍:《上海合作组织的能源合作与中国的能源安全》,载《郑州大学学报》(哲学社会科学版)2010年第4期,第114页。
② 李克强:《在中法气候与绿色经济论坛闭幕式上的致辞》,载2015年11月4日《人民日报》,第4版。

基本形势和特征,也提出了推动我国经济社会发展的基本方式和举措。能源是推动经济社会发展的基本动力,经济社会发展状况的改变必然意味着能源生产和消费方式发生改变,并具有与经济社会发展相一致的特征。党的十八大以来我国发展能源事业的基本策略,正是立足于这种经济社会发展的形势和特征,适应这种推动经济社会发展的基本方式和举措而形成的。从我国经济社会发展状况出发,可以把党的十八大以来我国发展能源事业的重要举措概括为三个方面。

(一)通过产能合作,推动能源与经济发展的转型升级

产能合作是我国在推动经济发展中提出的一个新思路,我国的能源事业在一定程度上借助于产能合作的方式获得了新的发展动力,取得了新的成效。产能合作既可以通过产品输出的方式进行,也可以通过产业输出的方式进行。我国在新常态经济形势下采用的产能合作方式是产业输出。2015年5月16日发布的《国务院关于推进国际产能和装备制造合作的指导意见》提出,将我国产业优势和资金优势与国外需求相结合,以企业为主体,以市场为导向,加强政府统筹协调,创新对外合作机制,加大政策支持力度,健全服务保障体系,大力推进国际产能和装备制造合作,有力促进国内经济发展、产业转型升级,拓展产业发展新空间,打造经济增长新动力,开创对外开放新局面。其总体任务是:"将与我装备和产能契合度高、合作愿望强烈、合作条件和基础好的发展中国家作为重点国别,并积极开拓发达国家市场,以点带面,逐步扩展。将钢铁、有色、建材、铁路、电力、化工、轻纺、汽车、通信、工程机械、航空航天、船舶和海洋工程等作为重点行业,分类实施,有序推进。"其中包含的主要任务之一是:"大力开发和实施境外电力项目,提升国际市场竞争力。加大电力'走出去'力度,积极开拓有关国家火电和水电市场,鼓励以多种方式参与重大电力项目合作,扩大国产火电、水电装备和技术出口规模。积极与有关国家开展核电领域交流与磋商,推进重点项目合作,带动核电成套装备和技术出口。积极参与有关国家风电、太阳能光伏项目的投资和建设,带动风电、光伏发电国际产能和装备制造合作。积极开展境外电网项目投资、建设和运营,带动输变电设备出口。"由此可以看到,我国能源事业发展的一个显著特征是,通过产能合作推动能源与经济发展

的转型升级。

我国不仅通过政策促进国内相关部门和市场主体开展国际产能合作,而且在一些重要的国际会议上不失时机地"推销"中国的产能,让更多国家认可和接受国际产能合作,在中国和一些有合作需求的国家之间搭建起产能合作的桥梁。例如2015年9月10日,在大连举行的第九届夏季达沃斯论坛上,李克强指出:"目前世界各国处在不同发展阶段,通过国际产能合作,不仅可以有效对接各方供给与需求,而且可以用供给创新带动需求扩大。发展中国家工业化、城镇化正在加快发展,对适用技术装备和基础设施建设需求强劲;不少中等收入国家和发达国家的装备与基础设施也需要更新改造。由于受制于资金短缺,有些需求被抑制。从各自的比较优势看,发达国家关键技术装备先进,但成套装备和产品因价格较高销路受限;许多发展中国家自然资源丰富、劳动力成本低,但产业、产品多数在低端;中国拥有中端装备产能,性价比高,综合配套和工程建设能力强,外汇储备充裕,但产业需要转型升级。开展三方合作,把各自优势结合起来,可以较低价格提供较高质量的装备和产品,降低建设成本,更好满足不同国家需要;也有利于各国破解产业发展难题、提升产业层次,推动全球产业链高中低端深度融合;不仅可以开拓国际市场,也可以拓展中国市场。这就好比凸透镜聚光,把各方供给与需求聚焦,让各方利益交汇,从而凝聚起全球经济稳定增长的新动能。"①2018年10月12日,在塔吉克斯坦的杜尚别举行的上海合作组织成员国政府首脑(总理)理事会第十七次会议上,李克强建议推进国际产能合作,拓展共同发展的有效路径。他说:"产能合作有利于各国发挥资源禀赋和比较优势,加快产业转型升级,推动工业化城市化进程。目前,中国在上合组织成员国已建有7个境外国家级经贸合作区,一批区域产能合作项目已取得早期收获,拉动当地经济增长、促进就业的作用日益显现。中方将继续支持中国的先进装备和优质产能走出去,鼓励本国有实力的企业赴上合组织国家投资兴业,拓展基础设施、加工制造、能源开发、农业等领域互利合作。"②

---

① 李克强:《共绘世界经济增长新蓝图——在第九届夏季达沃斯论坛上的特别致辞》,载2015年9月11日《人民日报》,第2版。

② 李克强:《在上海合作组织成员国政府首脑(总理)理事会第十七次会议上的讲话》,载2018年10月13日《人民日报》,第2版。

这些讲话从不同国家的立场出发介绍了国际产能合作对合作各方经济社会发展所带来的巨大利益,增强了与会各方对国际产能合作的认识,并宣传了中国在开展国际产能合作方面所具备的优势,为广泛开展国际产能合作创造了好的氛围。

中国所开展的国际产能合作,主要面向广大发展中国家和地区,合作模式也是多种多样的。例如2015年5月19日,在巴西的巴西利亚举行的中巴工商界峰会闭幕式上,李克强提出中拉产能合作的"3×3"新模式,并希望中巴企业在核电、水电、光伏等清洁能源领域进行开发合作,推进可持续发展。2015年5月25日,在智利的圣地亚哥举行的联合国拉丁美洲和加勒比经济委员会的演讲中,李克强提议中国和拉美各国推动经贸合作提质升级,共同建设物流、能源、信息三大通道。2015年11月21日,在马来西亚的吉隆坡举行的第十八次东盟与中日韩领导人会议上,李克强提议中日韩与东盟国家开展国际产能合作。对广大发展中国家来说,中国的资金、技术和设备非常有吸引力,深受它们的青睐。而它们比较丰富的资源能源和有待深入开发的市场,也为中国输出产业、推动能源和经济升级转型提供了用武之地。与此同时,中国的国际产能合作也面向发达国家和地区。例如2015年11月24日,在苏州举行的第五届中国—中东欧国家经贸论坛上,李克强提出发挥产能合作的引领作用。他说:"目前,中东欧地区交通、电力等基础设施和工业设备面临升级改造的任务,但由于资金短缺等制约,市场需求仍待释放。一些发达国家关键技术装备先进,而成套装备和产品价格较高。中国在汽车、钢铁、造船、化工、港口设备、工程机械等领域拥有优质产能,产品性价比高,综合配套和工程建设能力强,符合中东欧国家环保要求。把中国的优势产能同中东欧国家的发展需求、西欧发达国家的关键技术结合起来,开展三方合作,不仅可以支持中东欧国家以较低成本加快发展、扩大就业,促进中国产业转型升级,也有利于欧洲平衡发展、加快一体化进程。中方愿同波罗的海国家探讨开展高铁合作,其中一些关键设备可以考虑从西欧等国家采购。我今年6月访法期间,中法双方达成协议,在核电领域共同开展第三方市场合作。把中国较强的装备制造和配套能力同法国先进的核电安全技术相结合,可以提供安全性好、性价比优的核电解决方案。中方愿响应中东欧国家希望联接波罗的海、亚得里亚海和黑海的愿望,可先从三海的港口升级改造开始合作,包括在有条件的港口建设产业聚集区。"①总之,中国的国际产能合作是全方位、多渠道、多模式的合作,对各个发展层次的国家都有吸引力。

我国和一些国家开展的国际产能合作已经取得了丰硕成果。据媒体报道:2016年6月8日,中国一冶承建的巴基斯坦300兆瓦光伏电站工程全面受电成功。300兆瓦受电并网后,年发电量将达到约4.8亿度,至少可以解决巴基斯坦近20万个中等耗电用户的家庭日常用电。项目的实施还为当地创造了3000多个就业岗位,并专门对巴基斯坦员工进行"传帮带"的技能培训。中国一冶承接的巴基斯坦300兆瓦光伏电站工程,是2015年4月习近平总书记对巴基斯坦进行国事访问期间签署的中巴合作项目之一,项目位于旁遮普省太阳能产业园内,占地面积4500英亩,总规模为900兆瓦,是"中巴经济走廊"建设优先实施项目,也是国家"一带一路"战略重点开局工程之一,总体建成后将成为世界上单体最大光伏发电项目,每年可提供清洁电力约12.71亿度。② 这种产能合作不仅为对方国家带来巨大的利益,而且对推进我国能源与经济发展的升级转型也具有重大意义。

(二)通过创新驱动,实施绿色发展、循环发展和低碳发展

在推动能源事业的发展中,我国不仅通过产能合作推动能源与经济发展的升级转型,而且把能源问题有机融入生态文明建设的大环境下予以解决。建设社会主义生态文明,必须摒弃长期采用的依靠投入生产要素来带动经济社会发展的做法,避免经济社会发展对资源能源的过度消耗和对生态环境的严重破坏,提高能源资源的综合利用率,最大程度地降低污染和保护环境。这就要求加强科技创新,尽快把长期以来依靠要素驱动、投资规模驱动为主的发展转变为依靠创新驱动为主的发展,促进经济从粗放型模式转向集约型模式。创新驱动成为以习近平为代表的中共领导人推动经济社

---

① 李克强:《携手开创互利共赢合作新局面——在第五届中国—中东欧国家经贸论坛上的致辞》,载2015年11月25日《人民日报》,第2版。
② 参见《中国一冶巴基斯坦300兆瓦光伏电站工程全面受电成功 系全球单体最大光伏发电项目》,作者不详,载新浪网,2016年6月8日,http://news.163.com/16/0608/20/BP2LOIOL00014JB6.html,2016年6月10日访问。

会发展的又一个显著标志。创新驱动说到底是通过人们智力的投入和科技水平的提高而带动经济走向集约型模式,通过提高生产水平而提高经济效益,科学技术在创新驱动中发挥着至关重要的作用。科学技术水平的提高相应地会带动劳动生产率的提高和资源能源消耗的降低,减少对环境的污染和对生态的破坏,因而创新驱动所带来的发展必然是绿色发展、循环发展和低碳发展。鉴于能源事业与科学技术、与经济社会发展所具有的密切关系,在创新驱动的背景下党的十八大以来我国能源事业的发展,其重要举措之一便是通过创新驱动,实施绿色发展、循环发展和低碳发展。

习近平非常重视创新驱动,在国际国内的许多重要场合,他都开宗明义地强调通过创新驱动来促进经济社会发展转型。例如2013年10月7日,在亚太经合组织工商领导人峰会上,习近平希望亚太地区推动创新发展。他说:"单纯依靠财政刺激政策和非常规货币政策的增长不可持续,建立在过度资源消耗和环境污染基础上的增长得不偿失。我们既要创新发展思路,也要创新发展手段。要打破旧的思维定式和条条框框,坚持绿色发展、循环发展、低碳发展。要不断提高创新能力,用创新培育新兴产业,用创新发掘增长动力,用创新提升核心竞争力。"①再如2014年6月9日,在中国科学院第十七次院士大会、中国工程院第十二次院士大会上的讲话中,习近平说:"实施创新驱动发展战略,最根本的是要增强自主创新能力,最紧迫的是要破除体制机制障碍,最大限度解放和激发科技作为第一生产力所蕴藏的巨大潜能。面向未来,增强自主创新能力,最重要的就是要坚定不移走中国特色自主创新道路,坚持自主创新、重点跨越、支撑发展、引领未来的方针,加快创新型国家建设步伐。"②习近平关于创新驱动的论述掷地有声,无论是对整个亚太地区还是对我国来说,创新驱动无疑都是经济社会发展转型的正确出路和必然选择。

与创新驱动紧密相伴、可以作为创新驱动的重要目标和必然结果的发展模式便是绿色发展、循环发展和低碳发展。党的十八大报告提出:"坚持

---

① 习近平:《深化改革开放,共创美好亚太》,载《习近平谈治国理政》(第一卷),外文出版社2018年版,第350页。

② 习近平:《加快从要素驱动、投资规模驱动发展为主向以创新驱动发展为主的转变》,载《习近平谈治国理政》(第一卷),外文出版社2018年版,第121页。

节约资源和保护环境的基本国策,坚持节约优先、保护优先、自然恢复为主的方针,着力推进绿色发展、循环发展、低碳发展,形成节约资源和保护环境的空间格局、产业结构、生产方式、生活方式,从源头上扭转生态环境恶化趋势,为人民创造良好生产生活环境,为全球生态安全作出贡献。"以习近平为代表的中共领导人全面贯彻了这一发展思路,对绿色发展、循环发展和低碳发展作了进一步的阐述并落实到具体的工作中。2014年9月10日,在第八届夏季达沃斯论坛上的致辞中,李克强说:"中国经济还处于发展中阶段,但资源环境矛盾已经十分突出,必须加大节能环保力度。应对气候变化,既是中国作为一个负责任大国应尽的义务,也是我们自身发展的迫切需要。中国加强生态文明建设只会前进,不会倒退。我们已提出向污染宣战,并认真履行相应的国际责任,正在研究2030年前后中国控制温室气体排放行动目标,这其中包括二氧化碳排放峰值、碳排放强度比例下降、非化石能源比重上升等。中国推进绿色、循环、低碳发展不仅有决心,而且有能力,我们将紧紧依靠科技创新,进行艰苦卓绝、持续不断的努力,来加大环境治理力度,加快发展节能环保产业,着力完成节能减排任务,与世界各国一道为应对全球气候变化采取实实在在的行动。"①2015年11月3日,在北京举行的中法气候与绿色经济论坛闭幕式上,李克强致辞说:"对发展中国家来说,应对气候变化确实是一个挑战,会有阵痛和压力,但换来的将是经济持续健康发展。因此,走绿色发展之路是转变发展方式、调整经济结构的必然要求,也是中国作为一个发展中大国应当担负的责任和作出的贡献。"②李克强的这些讲话,把创新驱动与绿色发展、循环发展和低碳发展有机统一起来,表达了中国推动绿色发展、循环发展和低碳发展的决心和信心,也表明了中国在能源发展方面的基本态度,即以科技创新为突破,大幅提高能源利用率,有效降低能源消耗对环境的污染,切实应对全球气候变化难题,推进生态文明建设取得实效。

总之,认识党的十八大以来我国能源事业发展的特点,必须把能源问题和创新驱动联系起来,和绿色发展、循环发展、低碳发展联系起来,而不能把

---

① 李克强:《紧紧依靠改革创新 增强经济发展新动力——在第八届夏季达沃斯论坛上的致辞》,载2014年9月11日《人民日报》,第3版。

② 李克强:《在中法气候与绿色经济论坛闭幕式上的致辞》,载2015年11月4日《人民日报》,第4版。

能源问题分割出来单独看待。这一时期能源事业发展的基本特征,本身就融合在这种发展动力和发展道路之中。只有借助于通过创新驱动,实施绿色发展、循环发展和低碳发展这一时代背景和显著特征,才能正确领会和深刻把握我国能源事业发展的精神实质。

(三)通过政策法律,发展能源事业和保护环境

党的十八大以来,党中央对法治建设大为重视,其中标志性的成就是2014年10月23日党的十八届四中全会通过《中共中央关于全面推进依法治国若干重大问题的决定》。这一纲领性文件吹响了全面依法治国的号角,对我国各个领域的发展产生了不可低估的影响。它宣布:"用严格的法律制度保护生态环境,加快建立有效约束开发行为和促进绿色发展、循环发展、低碳发展的生态文明法律制度,强化生产者环境保护的法律责任,大幅度提高违法成本。建立健全自然资源产权法律制度,完善国土空间开发保护方面的法律制度,制定完善生态补偿和土壤、水、大气污染防治及海洋生态环境保护等法律法规,促进生态文明建设。"这表明了党和国家运用法律推进生态文明建设、调整和保护自然资源、治理环境污染的决心。作为自然资源重要组成部分的能源,当然属于法律的调整对象,它的发展也必须在一定的法律框架下来开展。同时也应该看到,长期以来我国一直非常重视和积极依靠政策来推动能源事业的发展,而且我国当前不少能源领域的立法尚不完备,相关政策仍在发挥着非常重要的作用。因此,综合运用政策法律发展能源事业和保护环境,成为党的十八大以来我国发展能源事业的又一个重要举措。

习近平非常重视通过政策和法律推动能源事业的发展和保护环境。2014年6月13日,在中央财经领导小组第六次会议上,习近平指出:"要抓紧制定2030年能源生产和消费革命战略,研究'十三五'能源规划。抓紧修订一批能效标准,只要是落后的都要加快修订,定期更新并认真执行。继续建设以电力外送为主的千万千瓦级大型煤电基地,提高煤电机组准入标准,对达不到节能减排标准的现役机组限期实施改造升级,继续发展远距离大容量输电技术。在采取国际最高安全标准、确保安全的前提下,抓紧启动东部沿海地区新的核电项目建设。务实推进'一带一路'能源合作,加大中亚、中东、美洲、非洲等油气的合作力度。加大油气资源勘探开发力度,加强油气管线、油气储备设施建设,完善能源应急体系和能力建设,完善能源统计制度。积极推进能源体制改革,抓紧制定电力体制改革和石油天然气体制改革总体方案,启动能源领域法律法规立改废工作。"①习近平所强调的制定能源发展战略、修订能效标准、建立煤电基地、加大与国外的油气合作、推进能源体制改革等,主要是从政策角度进行的。同时,习近平也强调启动能源领域法律法规的立改废工作,这是从法律角度来谈的,非常切合我国能源领域法律法规建设的实际情况。尽管目前我国已经制定了一些能源领域的法律法规,但总体上来看还存在数量少、覆盖面窄等问题。在全面依法治国进程中,法律的作用应当越来越突出,解决能源和环境问题应当更多地依靠法律。因此,在依靠政策的基础上,通过法律来发展能源事业和保护环境的作用将越来越重要。2016年4月1日,在华盛顿核安全峰会上,习近平在介绍中国核安全领域取得的新进展时说:"中国奉行精益求精的理念,努力探索加强核安全的有效途径。我们已经将核安全纳入国家总体安全体系,写入国家安全法,明确了对核安全的战略定位。我们不断完善核安全国家法律框架,正在研究颁布原子能法、核安全法。我们制定实施了核安全中长期工作规划,不断健全监管和执法机制,全面开展从业人员能力建设,组织各类型模拟演练,提高应急响应能力。"②这番话也充分表明了习近平对法律在能源事业发展中重要作用的重视。习近平不仅在国内能源发展和环境保护问题上重视法律的作用,而且在应对全球气候变化这一问题上也对充分发挥法律的作用充满期待。例如2015年11月30日,在气候变化巴黎大会开幕式上,习近平说:"我们应该创造一个奉行法治、公平正义的未来。要提高国际法在全球治理中的地位和作用,确保国际规则有效遵守和实施,坚持民主、平等、正义,建设国际法治。发达国家和发展中国家的历史责任、发展阶段、应对能力都不同,共同但有区别的责任原则不仅没有过时,而且应该得到遵守。"③

---

① 习近平:《积极推动我国能源生产和消费革命》,载《习近平谈治国理政》(第一卷),外文出版社2018年版,第131—132页。

② 习近平:《加强国际核安全体系,推进全球核安全治理》,载《论坚持推动构建人类命运共同体》,中央文献出版社2018年版,第328—329页。

③ 习近平:《携手构建合作共赢、公平合理的气候变化治理机制》,载《习近平谈治国理政》(第二卷),外文出版社2017年版,第529页。

在政府开展的节能减排和环境保护中,李克强同样表达了对政策和法律作用的重视。例如2016年3月5日,在第十二届全国人民代表大会第四次会议上,李克强在谈到2016年的重点工作时说:"重拳治理大气雾霾和水污染。今年化学需氧量、氨氮排放量要分别下降2%,二氧化硫、氮氧化物排放量分别下降3%,重点地区细颗粒物(PM2.5)浓度继续下降。着力抓好减少燃煤排放和机动车排放。加强煤炭清洁高效利用,减少散煤使用,推进以电代煤、以气代煤。全面实施燃煤电厂超低排放和节能改造。加快淘汰不符合强制性标准的燃煤锅炉。增加天然气供应,完善风能、太阳能、生物质能等发展扶持政策,提高清洁能源比重。鼓励秸秆资源化综合利用,限制直接焚烧。全面推广车用燃油国五标准,淘汰黄标车和老旧车380万辆。在重点区域实行大气污染联防联控。全面推进城镇污水处理设施建设与改造,加强农业面源污染和流域水环境综合治理。加大工业污染源治理力度,对排污企业全面实行在线监测。强化环境保护督察,做到奖惩分明。新修订的环境保护法必须严格执行,对超排偷排者必须依法严厉打击,对姑息纵容者必须依法严肃追究。"①李克强所谈到的这些内容,既有政策方面的也有法律方面的,总的目的就是通过政策法律作用的发挥,切实解决我国能源发展和环境保护方面的问题。

通过政策和法律发展能源事业和保护环境,也是我国当前的法制建设状况和能源发展形势决定的。在全面依法治国背景下,运用法律调整和规范能源事业是必然趋势,我国必须制定能源领域的相关法律来解决能源发展中的诸多问题。然而目前,我国在能源发展的不少问题上还存在若干不确定的因素,制定某些能源法的条件不够成熟,在这种情况下冒然制定法律可能会对发展能源事业起到不好的作用。政策则可以弥补这一制度的缺位,因为政策相对灵活,实施过程中发现有不妥之处可以及时调整。更重要的是,政策能够及时反映中共领导人在发展能源事业和开展生态文明建设方面的最新理论成果,更新我国能源发展和环境保护的理念和做法。因此,综合运用政策和法律来发展能源事业和保护环境,在中国特色社会主义新

---

① 李克强:《政府工作报告——2016年3月5日在第十二届全国人民代表大会第四次会议上》,载2016年3月18日《人民日报》,第1版。

时代是中共领导人的必然选择。

三、能源事业发展的历史贡献

2015年11月30日,在气候变化巴黎大会开幕式上,习近平说:"过去几十年来,中国经济快速发展,人民生活发生了深刻变化,但也承担了资源环境方面的代价。鉴往知来,中国正在大力推进生态文明建设,推动绿色循环低碳发展。中国把应对气候变化融入国家经济社会发展中长期规划,坚持减缓和适应气候变化并重,通过法律、行政、技术、市场等多种手段,全力推进各项工作。中国可再生能源装机容量占全球总量的24%,新增装机占全球增量的42%。中国是世界节能和利用新能源、可再生能源第一大国。'万物各得其和以生,各得其养以成。'中华文明历来强调天人合一、尊重自然。面向未来,中国将把生态文明建设作为'十三五'规划重要内容,落实创新、协调、绿色、开放、共享的发展理念,通过科技创新和体制机制创新,实施优化产业结构、构建低碳能源体系、发展绿色建筑和低碳交通、建立全国碳排放交易市场等一系列政策措施,形成人和自然和谐发展现代化建设新格局。中国在'国家自主贡献'中提出将于2030年左右使二氧化碳排放达到峰值并争取尽早实现,2030年单位国内生产总值二氧化碳排放比2005年下降60%~65%,非化石能源占一次能源消费比重达到20%左右,森林蓄积量比2005年增加45亿立方米左右。虽然需要付出艰苦的努力,但我们有信心和决心实现我们的承诺。中国坚持正确义利观,积极参与气候变化国际合作。多年来,中国政府认真落实气候变化领域南南合作政策承诺,支持发展中国家特别是最不发达国家、内陆发展中国家、小岛屿发展中国家应对气候变化挑战。为加大支持力度,中国在今年9月宣布设立200亿元人民币的中国气候变化南南合作基金。中国将于明年启动在发展中国家开展10个低碳示范区、100个减缓和适应气候变化项目及1000个应对气候变化培训名额的合作项目,继续推进清洁能源、防灾减灾、生态保护、气候适应型农业、低碳智慧型城市建设等领域的国际合作,并帮助他们提高融资能力。"[①]这番讲话围

[①] 习近平:《携手构建合作共赢、公平合理的气候变化治理机制》,载《习近平谈治国理政》(第二卷),外文出版社2017年版,第529—531页。

绕我国能源和经济社会发展领域的相关问题,概括了过去一段时期所取得的成就,介绍了下一步发展的大致规划。这段话包含着对我国能源和经济社会发展的宏观总结,是评价党的十八大以来我国能源事业发展的历史贡献的一个重要依据。党的十八大以来我国能源事业发展的历史贡献,既体现在能源领域又超出了能源领域,基本可以归结为开创能源发展新局面、推动经济发展新常态、建设生态文明新时代三个方面。

(一)开创能源发展新局面

党的十八大以来,国家各项方针、政策进一步推动了能源事业的发展,开创了能源发展的新局面,这种新局面大致可以概括为三个方面。

第一,扩大了能源合作的广度和深度。加强能源领域的国际合作,是我国各个历史时期在发展能源事业中一贯坚持的基本方针。由于历史条件的限制,我国不同时期推动能源领域的国际合作方面存在一定的差异。中国特色社会主义进入新时代后,中共领导人对能源领域的国际合作越来越重视,推动能源领域国际合作的力度越来越大,所取得的成效也越来越显著。在合作的广度上,中共领导人对所有国家都持开放和合作的态度,无论是发达国家还是发展中国家都可以成为与我国开展能源领域国际合作的对象。我国根据不同国家的具体情况开展相应的合作,合作的领域也越来越宽泛。在合作的深度上,有两个明显的特征。一是深化与能源大国全方位的合作,其中比较典型的是与俄罗斯的合作。2015年5月8日至10日,习近平在访问俄罗斯期间与俄罗斯总统普京会晤,两国发表《中华人民共和国和俄罗斯联邦关于深化全面战略协作伙伴关系、倡导合作共赢的联合声明》。该声明提出:"巩固中俄全面能源合作伙伴关系。进一步深化石油领域全面合作,按计划推进中俄东线天然气管道建设,确保按时建成投产。积极推进并争取尽快完成中俄西线天然气项目谈判,加强燃料-能源资源勘探开发等合作,务实推进煤炭、电力、可再生能源等领域合作项目,推动能源装备研发生产的技术交流与生产合作,加强在和平利用核能领域的战略合作。"[①]中俄两

[①] 习近平,普京:《中华人民共和国和俄罗斯联邦关于深化全面战略协作伙伴关系、倡导合作共赢的联合声明》,载2015年5月9日《人民日报》,第2版。

国在能源领域的国际合作,已经成为能源需求大国和能源储量大国之间合作的典范。二是推动上海合作组织能源俱乐部的建立,加强上海合作组织内部的能源合作。2014年12月15日,在哈萨克斯坦的阿斯塔纳举行的上海合作组织成员国政府首脑理事会第十三次会议上,李克强说:"上合组织成员国都处在发展的关键时期,既要稳增长,又要调结构、促升级。各方合作正在从自然资源和初级产品贸易拓展到装备制造业、产业园区等领域的深度合作。本地区国家市场需求大,中国基础设施建设经验丰富,装备制造能力强,产品性价比高,愿与成员国加强在冶金、建材、交通、电力、电信、汽车组装和食品加工等方面合作,实现优势互补、互利共赢。此次中哈就开展产能合作达成共识,中方愿同上合组织各方展开类似合作。各成员国还应在上合组织能源俱乐部平台上加强对话,深化石油炼化、成品油加工、煤化工等能源加工领域合作,同时推进风能、太阳能、水电等新能源项目,共同维护能源安全。中方提出的丝绸之路经济带与上合组织有关国家的发展战略是相衔接的。中方愿同各方加强磋商与合作,共同促进产业转型升级。"①在中国的推动下,上海合作组织内部实现了优势互补,达到了合作各方互利共赢目的。

第二,创新了能源合作的途径和方式。在传统的能源领域国际合作中,合作的主要途径和方式是技术、资金、管理经验方面的合作。无论是我国向发达国家学习和借鉴,寻求支持,还是我国对广大发展中国家提供帮助,能源领域国际合作的途径和方式也主要存在于技术、资金、管理经验等方面。尽管后来,随着国际形势的发展,能源领域的国际合作逐渐延伸到世界气候变化、国际能源安全等领域,但合作的方式基本上没有多大变化。中国特色社会主义进入新时代后,能源合作的途径和方式有了非常明显的改变,即以习近平为代表的中共领导人在坚持传统合作方式和途径的基础上,根据合作对象的特殊情况,提出一些新的合作方式。例如对发达国家和广大发展中国家的合作,主要是产能合作。2013年11月26日,在罗马尼亚的布加勒斯特举行的中国—中东欧国家领导人会晤时,李克强提出与中东欧国家大

---

① 李克强:《在上海合作组织成员国政府首脑理事会第十三次会议上的讲话》,载2014年12月16日《人民日报》,第2版。

力加强绿色合作。他说:"应对气候变化挑战、实现可持续发展是中国和中东欧面临的共同课题。近年来不少中东欧国家致力于电厂升级改造,中国核电、水电、风电、光电等新能源发展迅速,电力设备和技术均达到国际先进水平,部分产能在国内也存在着过剩问题。中国政府愿支持本国企业积极参与中东欧国家核电等电力项目建设,希望相关国家改善投资环境,让电力工程和设备成为彼此合作的新亮点。"①对于相对落后的发展中国家,我国在帮助它们走向现代化的进程中开展包括能源在内的各项合作。如2014年5月5日,在亚的斯亚贝巴的非盟会议中心演讲时,李克强说:"非洲处在经济起飞时期,中国将坚定不移推进现代化,中非正在加速融入经济全球化进程。中非合作符合世界潮流,需要立足各自发展阶段,相互考虑对方关切,不断寻找和扩大利益交汇点。双方互通有无,合作不局限于能源资源和基础设施,而应扩展到工业化、城镇化、农业现代化等广泛领域,更加重视绿色低碳发展和生态环境保护,更好发挥市场与政府有效结合的作用,更多激发企业与社会良性互动的活力,通过创新务实合作,使中非合作成为优势互补、务实高效的典范。"②在上海合作组织内部,包括能源在内的国际合作深入到各个领域。如2015年5月10日至12日,习近平对白俄罗斯进行国事访问期间,与白俄罗斯总统卢卡申科发表《中华人民共和国和白俄罗斯共和国关于进一步发展和深化全面战略伙伴关系的联合声明》。该声明指出:"双方将加强基础设施建设、机械制造、建材、交通运输、通信、能源、化工、制药、生物技术、新材料、电子和微电子、矿产资源开发、企业现代化改造等领域合作,积极落实已商定的大型合作项目,稳步推进新项目。"③由此可以看出,我国开展的能源领域国际合作,已经融入经济社会发展的诸多领域中,合作的途径和方式更加多样化。

第三,强化了能源发展的动力和条件。以习近平为代表的中共领导人

---

① 李克强:《在中国—中东欧国家领导人会晤时的讲话》,载2013年11月27日《人民日报》,第3版。

② 李克强:《开创中非合作更加美好的未来——在非盟会议中心的演讲》,载2014年5月6日《人民日报》,第2版。

③ 习近平,卢卡申科:《中华人民共和国和白俄罗斯共和国关于进一步发展和深化全面战略伙伴关系的联合声明》,载2015年5月11日《人民日报》,第2版。

认识到,能源事业的发展离不开各种动力和条件的支持,其中最明显的动力就是科学技术,能源发展的重要条件之一是推动科学技术的体制机制改革,调动科技工作者的积极性和创造性。2014年6月9日,在中国科学院第十七次院士大会、中国工程院第十二次院士大会上的讲话中,习近平说:"如果把科技创新比作我国发展的新引擎,那么改革就是点燃这个新引擎必不可少的点火系。我们要采取更加有效的措施完善点火系,把创新驱动的新引擎全速发动起来。"①借助于创新驱动,我国能源事业的发展取得了丰硕的成果。2014年9月10日,在第八届夏季达沃斯论坛上的致辞中,李克强介绍中国经济的积极变化时说:"结构调整深入推进,提高了经济增长质量。我们以改革创新为动力,一手抓压减过剩产能,尤其是淘汰落后产能,一手抓培育新的增长点。上半年,高耗能、高排放行业投资和生产增速明显放慢。单位GDP能耗同比下降4.2%,碳排放强度下降5%左右,是多年来降幅最大的。"②2017年6月27日,在第十一届夏季达沃斯论坛开幕式上,李克强进一步强调:"我们将持续推进结构调整,加快新旧动能接续转换。坚持创新驱动发展,把'双创'引向纵深,推动大中小企业、科研机构和社会创客融通创新,培育新兴产业集群,鼓励用新技术新业态改造提升传统产业。继续运用市场化法治化办法,推进钢铁、煤炭、煤电等行业化解过剩产能、淘汰落后产能。"③党和国家对创新驱动的重视,增强了能源发展的动力,创造了能源发展的便利条件。

(二)推动经济发展新常态

"新常态"是以习近平为代表的中共领导人对我国当前经济发展状况的一个科学描述和总体把握。2014年11月9日,在国家会议中心举行的亚太经合组织工商领导人峰会开幕式上,习近平对新常态作了比较明确的说明。

---

① 习近平:《加快从要素驱动、投资规模驱动发展为主向以创新驱动发展为主的转变》,载《习近平谈治国理政》(第一卷),外文出版社2018年版,第125页。
② 李克强:《紧紧依靠改革创新 增强经济发展新动力——在第八届夏季达沃斯论坛上的致辞》,载2014年9月11日《人民日报》,第3版。
③ 李克强:《在第十一届夏季达沃斯论坛开幕式上的致辞》,载2017年6月28日《人民日报》,第3版。

他指出："中国经济呈现出新常态,有几个主要特点。一是从高速增长转为中高速增长。二是经济结构不断优化升级,第三产业、消费需求逐步成为主体,城乡区域差距逐步缩小,居民收入占比上升,发展成果惠及更广大民众。三是从要素驱动、投资驱动转向创新驱动。"①他进一步解释说,新常态下,中国经济增速虽然放缓,实际增量依然可观;中国经济增长更趋平稳,增长动力更为多元;中国经济结构优化升级,发展前景更加稳定;中国政府大力简政放权,市场活力进一步释放。2015年1月21日,在瑞士达沃斯举行的世界经济论坛2015年年会上,李克强作了特别致辞。他说:"当前,中国经济发展进入新常态,经济由高速增长转为中高速增长,发展必须由中低端水平迈向中高端水平,为此要坚定不移推动结构性改革。应当看到,中国经济增速有所放缓,既有世界经济深度调整的大背景,也是内在的经济规律。现在,中国经济规模已居世界第二,基数增大,即使是7%的增长,年度现价增量也达到8000多亿美元,比5年前增长10%的数量还要大。经济运行处在合理区间,不一味追求速度了,紧绷的供求关系变得舒缓,重荷的资源环境得以减负,可以腾出手来推进结构性改革,向形态更高级、分工更复杂、结构更合理的发展阶段演进。这样,中国经济的'列车'不仅不会掉挡失速,反而会跑得更稳健有力,带来新机遇,形成新动能。"②2015年3月28日,在博鳌亚洲论坛2015年年会上的主旨演讲中,习近平介绍说:"中国经济发展进入新常态,正从高速增长转为中高速增长,从规模速度型粗放增长转向质量效率型集约增长,从要素投资驱动转向创新驱动。二〇一四年,中国经济实现了百分之七点四的增长,劳动生产率提高了百分之七,单位国内生产总值能耗下降了百分之四点八,国内消费贡献度上升,服务业发展加快,发展质量和效益不断提高。我们看中国经济,不能只看增长率,中国经济体量不断增大,现在增长百分之七左右的经济增量已相当可观,集聚的动能是过去两位数的增长都达不到的。中国经济体量大、韧性好、潜力足、回旋空间大、政策工具多。中国将主动适应和引领经济发展新常态,坚持以提高经济发展质

---

① 习近平:《谋求持久发展,共筑亚太梦想》,载《论坚持推动构建人类命运共同体》,中央文献出版社2018年版,第175页。
② 李克强:《维护和平稳定 推动结构改革 增强发展新动能——在世界经济论坛2015年年会上的特别致辞》,载2015年1月23日《人民日报》,第3版。

量和效益为中心,把转方式调结构放到更加重要位置,更加扎实地推进经济发展,更加坚定地深化改革开放,更加充分地激发创造活力,更加有效地维护公平正义,更加有力地保障和改善民生,促进经济社会平稳健康发展。"①在习近平、李克强的阐释下,新常态这一客观反映和高度概括我国经济发展状况和形势的词语,被广为传播和运用,并且成为国际社会了解我国经济社会发展的重要概念。

在推动经济发展新常态局面的形成中,以习近平为代表的中共领导人对能源问题的认识和阐释功不可没。首先,对能源生产和消费方式变革的充分认识,极大地推动了能源节约和新能源开发事业,确保了经济发展的动力支持。能源生产和消费方式的变革实际上是能源领域的革命,是与过去的生产生活方式、管理体制等方面的彻底告别。在新时代,我国对能源的严格节约和不断开发新能源,已经成为生产生活方式的基本组成部分。在每年的政府工作报告和其他相关报告、统计资料中,都会总结我国在节约能源和发展新能源方面所取得的成绩,或者对下一步如何开展节能减排、发展新能源进行规划。正是在严格和精细的节能减排活动中,在精心谋划和大力推进的新能源发展工作中,我国才得以实现能源生产和消费方式的根本性变革,进而提升到革命的程度。其次,在能源领域开展全面和深度国际合作的战略,使我国经济充分吸收了世界经济发展中的有利因素,保持了经济的稳步发展。在新时代,我国在能源领域的国际合作无论是广度上还是深度上,都取得了辉煌的成就。更重要的是,我国与其他国家的能源合作,在很多情况下并不是单纯的能源合作,而是把能源合作融入经济发展的整体中进行。这种合作不仅使我国能够有效利用国外能源发展经济,而且把能源与经济有机统一起来实现共同发展,中国经济与世界经济进一步融合成为一个整体。这有利于吸收世界经济发展中的有益因素,使我国经济进一步保持稳定发展。最后,关于产能合作和创新驱动的举措,为我国经济发展注入了活力。我国与其他国家的产能合作,在一定程度上可以看作是我国的产能输出。国内产能过剩是我国经济发展中的一个重要问题,只有通过产

---

① 习近平:《迈向命运共同体,开创亚洲新未来》,载《论坚持推动构建人类命运共同体》,中央文献出版社2018年版,第210—211页。

能输出,在国外消化过剩产能,我国经济才能有效避免停滞、下滑等现象。同时,我国秉承"科学技术是第一生产力"的理念,通过创新驱动来破解我国经济发展中的难题,既是对能源生产革命和消费革命的响应,也为整个经济发展注入了活力。产能合作和创新驱动是使我国经济发展保持活力的重大举措,也是我国经济发展步入新常态的重要体现。

总之,推动经济发展新常态局面的形成,是党的十八大以来我国能源事业发展的历史贡献之一。在能源资源已经成为制约经济发展的基本要素的情况下,没有中共领导人对能源问题的高度重视和作出相应的安排部署,就不会有我国能源事业新的发展,也不可能实现经济的结构性改革。从推动经济发展新常态的视角理解这些能源思想,有助于克服就能源问题进行评论的狭隘性,更加宏观和全面地认识其历史贡献。

(三)建设生态文明新时代

我国在改革开放之初,就从西方国家走向现代化的历史经验和教训中认识到,必须加强对环境和生态的保护,避免走西方国家"先污染后治理"的老路。尽管我国对这一问题已经有所认识,并且采取了一系列的政策和法律措施来加强环境保护,但是经济的飞速发展还是带来了环境的污染和生态的破坏。党的十八大提出"全面落实经济建设、政治建设、文化建设、社会建设、生态文明建设五位一体总体布局"后,大力开展生态文明建设成为我国经济社会发展中一项非常重要的任务。党中央高度重视生态文明建设,并通过一系列的举措推进了生态文明建设。2016年1月18日,在省部级主要领导干部学习贯彻党的十八届五中全会精神专题研讨班上,习近平提出着力推进人与自然和谐共生。他说:"绿色发展,其要义来讲,是要解决好人与自然和谐共生问题。人类发展活动必须尊重自然、顺应自然、保护自然,否则就会遭到大自然的报复,这个规律谁也无法抗拒。……生态环境没有替代品,用之不觉,失之难存。我讲过,环境就是民生,青山就是美丽,蓝天也是幸福,绿水青山就是金山银山;保护环境就是保护生产力,改善环境就是发展生产力。在生态环境保护上,一定要树立大局观、长远观、整体观,不能因小失大、顾此失彼、寅吃卯粮、急功近利。我们要坚持节约资源和保护环境的基本国策,像保护眼睛一样保护生态环境,像对待生命一样对待生态环境,推动形成绿色发展方式和生活方式,协同推进人民富裕、国家强盛、中国美丽。"①

在党的第十九次全国代表大会上,习近平进一步强调坚持人与自然和谐共生。他指出:"建设生态文明是中华民族永续发展的千年大计。必须树立和践行绿水青山就是金山银山的理念,坚持节约资源和保护环境的基本国策,像对待生命一样对待生态环境,统筹山水林田湖草系统治理,实行最严格的生态环境保护制度,形成绿色发展方式和生活方式,坚定走生产发展、生活富裕、生态良好的文明发展道路,建设美丽中国,为人民创造良好生产生活环境,为全球生态安全作出贡献。"②习近平关于绿色发展和生态文明建设的论述,虽然讲的主要是我国发展方式的改变,但是其中也包含着对我国能源事业发展的正确判断和科学谋划。这是因为,经济社会的发展转型必然意味着能源生产和消费方式的巨大改变,而且能源生产和消费方式的调整对环境保护和生态文明建设具有至关重要的作用。党的十八大以来我国能源事业发展的历史贡献,不仅体现在推动能源事业和经济社会的发展中,也体现在我国生态文明建设所取得的巨大进步中——促进我国生态文明建设走向了新时代,这种新大致体现在三个方面。

一是提高能源利用率,降低生产生活对环境的污染和破坏。治理环境污染和生态破坏需要从多方面入手,提高能源利用率是其中非常重要和成效显著的一个方面。因为生产生活领域各项活动的运转,都离不开能源的支持。只有淘汰落后的能源生产和消费方式,提高能源利用率,才能从根本上破解环境污染和生态破坏的问题。2014年3月5日,在第十二届全国人民代表大会第二次会议上所作的政府工作报告中,李克强强调出重拳强化污染防治。他说:"以雾霾频发的特大城市和区域为重点,以细颗粒物(PM2.5)和可吸入颗粒物(PM10)治理为突破口,抓住产业结构、能源效率、尾气排放和扬尘等关键环节,健全政府、企业、公众共同参与新机制,实行区域联防联控,深入实施大气污染防治行动计划。今年要淘汰燃煤小锅炉5万

---

① 习近平:《深入理解新发展理念》,载《习近平谈治国理政》(第二卷),外文出版社2017年版,第207—210页。
② 习近平:《决胜全面建成小康社会,夺取新时代中国特色社会主义伟大胜利》,载《习近平谈治国理政》(第三卷),外文出版社2020年版,第19页。

台,推进燃煤电厂脱硫改造1500万千瓦、脱硝改造1.3亿千瓦、除尘改造1.8亿千瓦,淘汰黄标车和老旧车600万辆,推广新能源汽车,在全国供应国四标准车用柴油。实施清洁水行动计划,加强饮用水源保护,推进重点流域污染治理。实施土壤修复工程。整治农业面源污染,建设美丽乡村。我们要像对贫困宣战一样,坚决向污染宣战。"①这些污染防治措施大多是从提高能源利用率的角度提出的,我国在防治污染和加强生态文明建设方面所取得的诸多成就,也在很大程度上依赖能源效率的提高。在2018年的政府工作报告中,李克强回顾了过去五年的工作,在谈到"着力治理环境污染,生态文明建设取得明显成效"时,他总结说:"重拳整治大气污染,重点地区细颗粒物(PM2.5)平均浓度下降30%以上。加强散煤治理,推进重点行业节能减排,71%的煤电机组实现超低排放。优化能源结构,煤炭消费比重下降8.1个百分点,清洁能源消费比重提高6.3个百分点。提高燃油品质,淘汰黄标车和老旧车2000多万辆。加强重点流域海域水污染防治,化肥农药使用量实现零增长。"②这些成就的取得,跟我国能源利用率的提高密不可分。

二是构建制度体系,为生态文明建设提供法律制度保障。现代国家必然是法治国家,治理环境污染和建设生态文明离不开法律制度的保障作用。党的十八届三中全会通过的《中共中央关于全面深化改革若干重大问题的决定》强调:"建设生态文明,必须建立系统完整的生态文明制度体系,实行最严格的源头保护制度、损害赔偿制度、责任追究制度,完善环境治理和生态修复制度,用制度保护生态环境。"它还提出,健全能源、水、土地节约集约使用制度,发展环保市场,推行节能量、碳排放权、排污权、水权交易制度,建立吸引社会资本投入生态环境保护的市场化机制,推行环境污染第三方治理。在这一纲领性文件的推动下,我国环境保护领域的重要法律《中华人民共和国环境保护法》于2014年修订,许多新的环境保护理念和措施被吸收到修订后的法律中。根据这一法律,采取措施推广清洁能源的生产和使用,

---

① 李克强:《政府工作报告——2014年3月5日在第十二届全国人民代表大会第二次会议上》,载《中华人民共和国全国人民代表大会常务委员会公报》2014年第2号,第202页。

② 李克强:《政府工作报告——2018年3月5日在第十三届全国人民代表大会第一次会议上》,载2018年3月23日《人民日报》,第1版。

是国务院有关部门和地方各级人民政府的法律义务。随后的几年中,我国多部污染防治法、自然资源法相继得到修正、修订。与此同时,一些重要的能源法草案目前也处在紧张地调研论证中,时机成熟后将陆续出台。这正是以习近平为代表的中国共产党人重视环境保护和生态文明建设,把社会主义法治建设与生态文明建设有机融为一体的重要举措。

　　三是完善相关政策,推动生态文明建设有序推进。在发展能源事业、保护环境和开展生态文明建设中,政策起着不可忽视的作用。我国非常重视通过完善相关政策来推进生态文明建设,针对我国生态文明建设实践中存在的问题,以中共中央、国务院的名义连续下发了相应的政策。如2015年4月,中共中央、国务院下发《关于加快推进生态文明建设的意见》,该意见提出:坚持把节约优先、保护优先、自然恢复为主作为基本方针,坚持把绿色发展、循环发展、低碳发展作为基本途径,坚持把深化改革和创新驱动作为基本动力,坚持把培育生态文化作为重要支撑,坚持把重点突破和整体推进作为工作方式。加快推进生态文明建设的这些基本原则和相应的举措,正是解决我国能源发展、环境保护和生态文明建设中存在问题的正确思路和实施方案。同年9月,中共中央、国务院又发布《生态文明体制改革总体方案》,从系统性、整体性、协同性的视角,对生态文明体制改革作了全面部署。2017年2月,中共中央办公厅、国务院办公厅印发《关于划定并严守生态保护红线的若干意见》。2018年6月,中共中央、国务院发布《关于全面加强生态环境保护 坚决打好污染防治攻坚战的意见》。有了这些政策的推进,我国生态文明建设越来越深入,取得的成效越来越显著。

第六章
从历史向度看我国能源事业的发展

我国从在一穷二白的基础上建立人民民主专政的社会主义国家,发展到目前成为全球第二大经济体和沿着中国特色社会主义道路奋勇前进的东方大国,日益走近世界舞台中央,在这一艰难的历程中,能源事业的发展起到了举足轻重的作用。因为没有能源的支撑,一切都无从谈起。这也正是历代中共领导人高度重视能源事业甚至亲自领导和指挥能源事业发展的根由。从以毛泽东为代表的中共领导人带领全国人民甩掉"贫油国"的帽子和起步发展核能,到以习近平为代表的中共领导人推动能源生产和消费革命、大力开展生态文明建设,我国能源事业经历了一脉相承而又与时俱进的发展历程。从历史的向度考察我国能源事业的发展,归纳我国能源事业发展的历史脉络,总结我国能源事业发展的成功经验,对未来我国能源事业的发展具有显著的思想启迪。

一、我国能源事业发展的历史脉络

从宏观上把握我国能源事业发展的历史脉络可以发现,不同时期中共领导人的能源思想在本质上是一致的,它们都是以马克思主义基本原理为指导,遵循经济社会发展和社会主义建设基本规律,立足我国能源发展实际状况,明确提出并大力推进的关于我国能源事业发展的基本思路和决策、决定。与此同时,它们紧扣不同发展阶段的时代主题,着力解决我国在不同时期的能源问题,而带有非常明显的时代印记。基于这种认识可以看到,我国能源事业发展的历史脉络大致表现为能源结构不断优化、能源质量不断提高、能源效益不断增强、能源视野不断开阔四个方面。

(一)能源结构不断优化:从发展少数能源到构建可持续的能源供应体系

能源结构是能源生产总量中各类一次能源、二次能源的构成及其比例关系,包括能源生产结构和能源消费结构两方面内容。能源结构是随着人类社会的发展而不断复杂和优化的。一般来说,一个国家的能源结构简单,说明它的能源生产和消费比较单一,经济发展也相对落后。如果能源结构比较复杂,这个国家的经济和社会发展往往呈现出多样性特征,发展水平也相对较高。能源结构也能反映一个国家的现代化水平。如果一个国家的能源结构中煤炭、石油等传统能源占据主要地位,那么它的现代化水平就不算高。特别是以煤炭为主的能源结构,还能从一个侧面反映出该国的机械化水平落后。如果一个国家的能源结构中各种新能源所占比重较高,基本可以反映出这个国家的现代科技水平很高,经济社会发展水平也不会低。由于党中央的正确决策和大力推进,我国的能源结构不断优化,从最初几乎全部依靠煤炭,发展到今天以煤炭为主,石油、天然气和电力各占一定比重,核能和可再生能源发展迅速的能源结构,多元化、可持续的能源供应体系正在积极建设中。尽管当前,我国能源结构还不够合理,煤炭所占的比重仍然偏大,石油、天然气所占的比重远不及世界平均水平,清洁能源和可再生能源的比重偏低,但是这种能源结构与新中国成立之初相比已经实现了很大程度的优化。

新中国成立之初,我国绝大部分能源供应依赖煤炭,另有少量电力和石油。这固然跟我国煤炭资源丰富有很大关系,但是科学技术落后、无力开发其他能源才是能源结构单一的主要原因。为了改变这一面貌,新中国成立伊始便提出发展石油的战略部署,实现了石油自给,甚至开始了石油出口。在发展石油事业、开启社会主义工业化的同时,为了增强综合国力和有效反击国际敌对势力对社会主义中国的威胁恐吓,党中央作出发展核能的正确决策,开启了我国的核工业。虽然由于特定的国际国内形势和科学技术条件限制,核能在当时并未投入民用,但它对中国能源事业的贡献丝毫不亚于石油工业。总之,新中国成立至社会主义建设探索时期发展石油和核工业的思想和决策,已经开始改变我国能源结构单一的格局,为我国能源结构的优化奠定了基础。

在改革开放之初我国除了延续此前的能源发展思路外,对电力和煤炭格外重视。这是因为,当时我国面临的一个重要任务是迅速恢复和发展国民经济,而这需要充足的能源作为支撑。电力和煤炭不但在我国储量丰富,而且相对来说开发的成本较低,便于迅速开发和推动经济增长。例如1982

年 10 月 14 日,邓小平在同国家计委负责同志谈话时指出:"你们提出一批重大的勘察设计项目,准备提前做好建设的前期工作,这件事要认真落实。要列出进度表,什么时间勘探清楚,什么时间拿出设计,由专人负责包干。煤、电、油这些能源项目,还有交通项目,前期工作要抓紧,晚了不行。能源不够,不仅是'六五'期间的问题,也是今后相当长时间的问题。火电上不去,要在水电上打主意。水电大项目上去了,能顶事。"①党的十三届四中全会之后,我国在发展能源方面基本沿袭了改革开放之初的做法,并且充分利用改革开放前打下的基础,实现了煤炭、电力和石油、天然气事业的全面发展。其中,发展电力事业占据非常重要的地位,长期从事电力工作的李鹏对电力事业的发展尤为重视。如 1995 年 5 月 31 日,在听取国家计委和电力部汇报"九五"计划和二○一○年远景目标规划时,李鹏指出:"水电建设要坚持两条方针:一是防洪与发电结合;一是大中小结合。……水电要走出一条'以电养电'、滚动发展的路子,三峡建设一部分资金就是靠葛洲坝的利润和折旧提供的。……下个世纪前十年,三峡的一千八百二十万千瓦电力将先后投产,每年有巨大的利润,可以用这笔资金建设上游向家坝水电站,然后再开发锦屏和溪洛渡。三峡工程和二滩工程投产后,有条件对长江上游水力资源实行梯级和滚动开发。……下世纪前十年,要把全国水电的比重提高到百分之三十以上。"②这一时期,我国各个地区的石油、天然气和煤炭都得到了有效开发,核电事业也取得了成效。

进入二十一世纪后,我国提出构建可持续的能源供应体系。2009 年 6 月 16 日,胡锦涛在俄罗斯叶卡捷琳堡出席中国、巴西、俄罗斯和印度"金砖四国"领导人首次正式会晤时,建议四国致力于确保粮食安全、能源资源安全、公共卫生安全。他说:"我们在全力应对国际金融危机冲击的同时,要着眼长远、统筹兼顾,妥善处理影响发展的其他突出问题,特别是气候变化、粮食安全、能源资源安全、公共卫生安全问题。这些问题关系世界各国人民的福祉和整体利益。我们要加大农业投入,发展先进技术,抑制市场投机,增

---

① 邓小平:《前十年为后十年做好准备》,载《邓小平文选》(第三卷),人民出版社 1993 年版,第 17 页。
② 李鹏:《国家办电网,大家办电厂》,载《李鹏论产业经济》(下册),中国电力出版社、中央文献出版社 2013 年版,第 680—681 页。

加粮食援助,加强农业和粮食合作。我们要加快开发清洁能源和可再生能源,构建先进能源技术研发和推广体系,推动实现能源供应多元化。我们要加强信息沟通,交流疫情防控经验,研发和分享疫苗,开展大规模传染性疾病防控合作。"①2010年6月7日,在中国科学院第十五次院士大会、中国工程院第十次院士大会上,胡锦涛提出:"积极发展可再生能源和新型、安全、清洁替代能源,形成可持续的能源资源体系,切实保障我国能源资源有效供给和高效利用,使我国能源资源产业具有国际竞争力。"②党的十八大以后我国强调能源生产和消费革命,也是建立在构建可持续的能源供应体系基础之上的。构建可持续的能源供应体系,是对能源结构的深层优化,是在我国实现了不同种类能源横向发展的基础上进行的纵深发展。它不仅要求各种能源都能获得发展,丰富我国能源的生产和消费,更强调要坚持用可持续的理念发展中国能源事业,实现能源事业的科学发展和对生态环境的有效保护。

(二)能源质量不断提高:从发展传统能源到开发清洁能源和可再生能源

随着经济社会的发展特别是科学技术的进步,我国能源结构不断优化。在这一过程中,我国所关注的能源质量逐渐提高,从最初发展传统能源,过渡到当前大力发展清洁能源和可再生能源。

改革开放前,我国着力发展的能源首先是煤炭,其次是石油,同时也开启了核能的研究和实验,而其他能源比如电力,则处于比较微弱的地位。这一时期党和国家关注的是这些传统能源的开发和利用问题。煤炭由于开采和利用技术要求较低,成为我国在绝大部分领域的主要能源。在这一时期,我国石油工业虽然发展起来了,但是石油开发和加工利用水平仍然比较落后。即便是核能,现在看来也属于传统能源的范畴。就当时的技术条件来说,这些能源的质量和效益都不够好,对环境造成的污染也不容忽视。改革开放之后,我国认识到这种能源结构的不足,在发展煤炭和石油的同时,把电力作为重点开发的能源。邓小平多次就发展电力事业作出指示。曾担任

---

① 胡锦涛:《共同维护发展中国家整体利益》,载《胡锦涛文选》(第三卷),人民出版社2016年版,第219页。
② 胡锦涛:《靠科技力量赢得发展先机和主动权》,载《胡锦涛文选》(第三卷),人民出版社2016年版,第404页。

电力工业部部长,后来升任国务院总理的李鹏,更是对电力事业一往情深。1994年5月29日,在会见世界银行和以联合融资方式向我国扬州电厂贷款的十七家银行代表时,李鹏说:"中国的经济正持续发展,电力工业的发展是重点之一。在今后相当长的时间内,我国将继续引进国外资金和设备,以加强电力和其他基础设施的建设。几十年来,我国的电力工业有了很大的发展,但仍与整个国民经济的发展和人民生活水平的提高很不适应。为此,政府正采取各种措施加速电力工业的发展,使电力工业在今后五年内以每年百分之八至百分之九的速度增长。在过去十四年中,中国与世界银行进行了卓有成效的合作,中国不仅从世界银行获得了贷款,也学到了管理经验。中国希望与世界银行和其他外国金融机构继续加强在电力和其他基础产业建设方面的合作。"[1]尽管电力属于二次能源,电力事业的发展受制于煤炭等一次能源,而且火电在我国电力能源结构中一直居于主导地位,但是电力与煤炭、石油、天然气等一次能源相比,无论是在使用的方便性上还是在对环境的保护上都具有很多优势。这一时期,我国的水电获得大规模发展,核电站也开始建设和投入生产。与改革开放前相比,此时的中共领导人所关注和推动的能源事业更为全面,能源的质量不断提高。

进入二十一世纪后,我国除了大力发展煤炭、石油、天然气等传统能源外,清洁能源和可再生能源的发展受到高度关注。2006年4月19日,在美国华盛顿州和西雅图市工商企业界和友好团体举行的午餐会上,胡锦涛说:"随着中国经济不断发展,中国对能源的需求相应上升。中国既是能源消费大国,也是能源生产大国。中国在能源供应上实行立足于国内的基本方针,坚持开发与节约并举,重视提高能源利用效率。上个世纪90年代以来,中国能源总自给率一直保持在90%以上。目前,中国人均能源消费水平并不高,2004年仅1.08吨油当量,不及美国的1/8。中国煤炭资源丰富,3/4的水电资源尚未开发,核电所占比例不到2%,风力发电、生物质发电等新能源刚刚起步,国内能源供应潜力巨大。最近,我们提出了中国2006年至2010年经济社会发展的目标,既要实现2010年人均国内生产总值比2000年翻一番,

---

[1] 李鹏:《中外电力合作前景十分广阔》,载《李鹏论产业经济》(下册),中国电力出版社、中央文献出版社2013年版,第626页。

又要实现单位国内生产总值能源消耗比2005年末降低20%左右。中国将加快转变经济增长方式,大力发展循环经济,建设资源节约型、环境友好型社会,实现可持续发展。适度利用国外能源是中国能源供应的必要补充。我们将按照国际规则,同包括美国在内的其他国家在能源领域开展互利合作,共同维护世界能源市场秩序。"①从胡锦涛的这番讲话中,可以看出党和国家在大力节约能源、提高能源利用率的基础上,对发展水电、核电等清洁能源的高度重视,和对充分利用我国丰富的水力、风力等可再生资源发电的热切关注。特别是在科学发展观的指导下,要实现经济发展方式的转变和循环经济的大力发展,必须把清洁能源和可再生能源的发展放在更加重要的位置。正如一些学者所言:"中国能源消费结构的高碳化是导致能源效率不高、环境污染严重的关键问题。但客观上说,虽然近年来政府一直在强调降低煤炭在能源生产、消费中的比重,但有两点迫使中国短期难以改变这种状况:一是中国煤炭资源相对丰富,二是以火电为主的电力结构。基于这种现实,大幅度提高石油、天然气在能源结构的利用,尽力提高清洁能源的比重应该是中国能源结构调整的最好选择。"②

党的十八大以后,党和国家更加关注能源的质量,对发展新能源和可再生能源寄予殷切希望。2014年6月3日,在2014年国际工程科技大会上的主旨演讲中,习近平指出:"未来几十年,新一轮科技革命和产业变革将同人类社会发展形成历史性交汇,工程科技进步和创新将成为推动人类社会发展的重要引擎。……生物学相关技术将创造新的经济增长点,基因技术、蛋白质工程、空间利用、海洋开发以及新能源、新材料发展将产生一系列重大创新成果,拓展生产和发展空间,提高人类生活水平和质量。绿色科技成为科技为社会服务的基本方向,是人类建设美丽地球的重要手段。能源技术发展将为解决能源问题提供主要途径。"③这一时期,我国新能源和可再生能

---

① 胡锦涛:《深化互利合作 促进共同发展——在美国西雅图午餐会上的讲话》,载2006年4月21日《人民日报》,第3版。
② 徐博:《全球能源发展趋势与中国能源结构调整的现实选择》,载《煤炭经济研究》2013年第10期,第7页。
③ 习近平:《让工程科技造福人类、创造未来——在2014年国际工程科技大会上的主旨演讲》,载2014年6月4日《人民日报》,第2版。

源发展迅速,它们的增速远远超过传统能源。据报道,2016年7月7日,英国石油(BP)在北京举行2016年《BP世界能源统计年鉴》中文版发布会。该年鉴数据显示,2015年中国占全球能源消费量的23%,仍是全球最大能源消费国,但能源消费增速下降到1.5%,为1998年以来最低。能源消费增速下降一方面是由于经济增速放缓,另一方面则是由于能源结构持续改善,能源消费强度在下降。2015年,煤炭在中国能源消费中的占比已下降到64%,为历史最低;天然气和石油消费量同比分别增长了4.7%和6.3%,可再生能源消费量则大幅增长20.9%。2015年,中国太阳能发电量同比大幅增长69.7%,超越德国和美国,成为世界上最大的太阳能发电国。① 这一组数据充分显示了我国作出开发新能源和可再生能源决策的正确性和科学性。新能源和可再生能源的迅速发展,也意味着我国能源事业发展的质量正在显著提升。

(三)能源效益不断增强:从狠抓节约能源到开展能源生产和消费革命

不同时期的中共领导人都非常重视能源的节约利用问题,也曾提出和强调关于节约能源的要求。但是从总体上讲,我国起初关注的节约能源,更多是从传承中华民族勤俭节约的美德这一角度,针对我国当时能源供给无法满足经济社会发展和人民生活质量提高的客观状况,而提出的偏重数量层面的节约。这是因为,在新中国成立后的半个多世纪里,我国经济总体上呈现出数量、规模蓬勃发展的势头,主要是依靠资源、资金和劳动力的投入而带动经济的迅猛发展,在这一过程中必然会存在能源供应不足的问题,而粗放型的经济发展方式又必然会导致能源的巨大浪费。在这种情况下,强调节约能源既很必要,也确实可以在能源节约方面使我国有所作为。

进入二十一世纪后,节约能源受到了高度重视。这种重视不仅强调了对能源从数量上进行节约,避免浪费,更关注了依靠科技进步而降低能源强度,减少能源消耗对环境的污染和破坏,进而实现经济发展方式的转变。节约能源,大力提高能源的效益,降低单位产值对能源的消耗,推动经济从粗

---

① 郑彬,盛勤:《BP世界能源统计年鉴:中国能源结构转型带来碳排放下降》,载中国金融信息网,2016年7月7日,http://finance.jrj.com.cn/2016/07/07151421162214.shtml,2016年10月16日访问。

放型增长转变为集约型增长,在此基础上保护环境和开展生态文明建设,正是科学发展观的重要内涵。因此,中共领导人在很多场合强调节约能源、高效利用能源和保护环境。与此同时,发展新能源和可再生能源也是中共领导人重点关注的问题,因为这是解决我国能源问题的新出路,与节约能源的政策形成了互补。例如2005年11月17日,在韩国釜山举行的亚太经合组织工商领导人峰会上,胡锦涛说:"中国高度重视节约能源。坚持开源与节流结合,并把节约放在首位,在节约能源方面取得了明显进展。2004年,中国每万元国内生产总值的能耗比1990年下降45%。我们颁布了节能中长期规划,目标是到2020年努力实现年均节能率3%,累计节能14亿吨标准煤的目标。我们将依靠科技进步,发挥市场机制和经济杠杆的作用,增强节约能源的能力,全面促进能源的节约和高效利用。"①2006年9月12日,在芬兰赫尔辛基举行的中欧工商峰会上,温家宝说:"中国能源战略的基本方针是,坚持立足国内,节约与开发并重、把节约放在首位。我们将依靠科技进步和走新型工业化道路,来化解能源供求矛盾。中国既是能源消费大国,又是能源生产大国。上个世纪90年代以来,中国能源总供给率始终保持在90%以上。中国煤炭资源丰富,2/3的水电资源尚未开发,核能、风能、太阳能、沼气等可再生能源利用刚刚起步。我们将在节约能源上采取更加有力的措施。今后五年,我国将实现单位国内生产总值能源消耗下降20%。这个目标任务很艰巨,但我们有决心完成。中国一定能够走出一条可持续发展的新路子。同时,我们也积极寻求国际合作,共同维护全球能源安全。"②

党的十八大以来,在提倡节约能源、发展清洁能源和可再生能源的基础上,党和国家又提出了推动能源生产和消费革命的主张。2014年6月13日,在中央财经领导小组第六次会议上,习近平开宗明义地指出:"能源安全是关系国家经济社会发展的全局性、战略性问题,对国家繁荣发展、人民生活改善、社会长治久安至关重要。面对能源供需格局新变化、国际能源发展新趋势,保障国家能源安全,必须推动能源生产和消费革命。推动能源生产

---

① 胡锦涛:《树立开放思维 实现合作共赢——在亚太经合组织工商领导人峰会上的演讲》,载2005年11月20日《人民日报》,第1版。
② 温家宝:《坚持互利共赢 加强合作创新——在2006年中欧工商峰会上的演讲》,载《中华人民共和国国务院公报》2006年第31号,第30页。

和消费革命是长期战略,必须从当前做起,加快实施重点任务和重大举措。"①革命强调的是根本性的变革,是在对现状进行彻底改变的基础上推行先进的理念、制度和实践,是在引导经济社会发展和人民生活水平朝着更高层次的目标前进。推动能源生产和消费革命的思想,既立足于我国各种能源储量和能源开发科技水平所决定的当前能源结构不合理的现状,以及长期以来由于粗放式发展所带来的能源生产水平和消费水平相对落后的实际情况,又根据中国特色社会主义事业发展的宏伟目标和总体布局,结合我国当前经济社会发展所处的阶段和面临的问题,是审时度势发展能源事业的指导思想。它预示着,我国将从根本上告别传统的粗放型发展方式,实现经济发展速度从高速转向中高速、经济发展水平从中低端迈向中高端。与此相对应的是,我国的综合国力将显著增强,生态环境将显著改善,人民的生活水平也将显著提升。

总之,只有抓住能源生产和消费革命这一关键环节,才能在推动经济发展方式转变和人民生活水平提高方面实现根本性的突破。从最初偏重于道德意义和满足经济扩展需要而提出的节约能源,到基于发展方式转变而狠抓节能降耗,再到推动能源生产和消费革命,表现了我国对能源效益的高度关注和全力提升。

(四)能源视野不断开阔:从单一地发展能源事业到推动生态文明建设

新中国成立之初,主要把能源当作经济发展和社会进步的基本动力。这一点在以毛泽东为代表的中共领导人身上表现得比较明显。从当时的一些文献资料和中共领导人的讲话中可以看到,发展能源事业的一个主要目的是解决燃料不足的问题,没有燃料当然无从推动工业和手工业的发展,也不足以提高人民群众的生活水平。当时只有发展核能是出于打破一些大国对中国核讹诈的考虑。在二十世纪后期,我国也注意到环境保护问题。例如 1973 年,国务院召开第一次全国环境保护会议,研究和讨论环境污染与环境保护问题。

改革开放以后,我国把能源事业的发展主要定位到服务经济发展和社

---

① 习近平:《积极推动我国能源生产和消费革命》,载《习近平谈治国理政》(第一卷),外文出版社 2018 年版,第 130 页。

会进步上。比如邓小平强调削减军用能源的消耗,增加民用能源的投入,降低对钢铁的过度追求而重点发展电力和煤炭等,都是在调整国民经济中各种成分的比例,力求更有效地发挥能源在推动经济社会发展中的作用。这一时期,我国已经开始关注环境保护问题,于1979年制定《中华人民共和国环境保护法(试行)》,1989年制定《中华人民共和国环境保护法》。党的十三届四中全会后,我国在发展能源事业时更加注重法律的调整作用,注意能源开发和消费中的环境保护问题。但这一时期,由于党的中心任务是推动经济高速增长,实现党的十二大制定的到二十世纪末国民生产总值比1980年翻两番、人民生活达到小康水平的战略目标,环境保护尚未提到生态文明建设的高度。

进入二十一世纪后,经济发展方式的转变客观上要求我国必须大力节约能源和保护环境,能源事业的发展已经不再被简单地视为经济社会发展的动力,它更重要的任务是通过大力节约和高效利用来实现经济发展方式的转变和生态环境的保护。因此,节约能源、保护环境、应对气候变化,成为有机的统一体,中共领导人对此有明确论述。例如2010年2月3日,在省部级主要领导干部深入贯彻落实科学发展观加快经济发展方式转变专题研讨班上,胡锦涛指出:良好生态环境是经济社会可持续发展的重要条件,也是一个民族生存和发展的根本基础。加强生态环境保护,既是转变经济发展方式的必然要求,也是转变经济发展方式的重要着力点,还是扩大内需、拉动经济增长的重要途径。他提出要重点抓好以下工作:一是加快节能减排,严格落实各项制度,强化节能减排指标约束,深入开展节能减排全民行动。二是加快污染防治,提高全民族环保意识和责任,加快环境基础设施建设,加大环境执法力度。三是加快建立资源节约型技术体系和生产体系,研究开发资源节约集约使用技术,合理有效使用资源,推动全社会形成节约能源资源和保护生态环境的生活方式和消费模式。四是加快实施生态工程,强化生态保护,不断改善生态环境。① 在二十一世纪,能源事业已经成为生态文明建设的重要组成部分和推动生态文明建设的重要着力点。

---

① 胡锦涛:《论加快经济发展方式转变》,载《胡锦涛文选》(第三卷),人民出版社2016年版,第351—352页。

党的十八大确立了生态文明建设融入经济建设、政治建设、文化建设、社会建设全过程和各方面的"五位一体"战略布局,生态文明建设在党的历史上受到史无前例的高度重视。在此基础上,党中央提出推动能源生产和消费革命的思想,并把能源、资源、环境等问题深度融入生态文明建设中。例如2013年7月18日,习近平在致生态文明贵阳国际论坛2013年年会的贺信中强调:"走向生态文明新时代,建设美丽中国,是实现中华民族伟大复兴的中国梦的重要内容。中国将按照尊重自然、顺应自然、保护自然的理念,贯彻节约资源和保护环境的基本国策,更加自觉地推动绿色发展、循环发展、低碳发展,把生态文明建设融入经济建设、政治建设、文化建设、社会建设各方面和全过程,形成节约资源、保护环境的空间格局、产业结构、生产方式、生活方式,为子孙后代留下天蓝、地绿、水清的生产生活环境。"①习近平不仅在国内建设中力推生态文明,而且在国际上彰显中国开展生态文明建设的态度,敦促和帮助一些国家解决全球气候变化问题,谋求全球生态文明建设之路。例如2015年9月28日,在纽约召开的第七十届联合国大会一般性辩论中,习近平指出:"我们要构筑尊崇自然、绿色发展的生态体系。人类可以利用自然、改造自然,但归根结底是自然的一部分,必须呵护自然,不能凌驾于自然之上。我们要解决好工业文明带来的矛盾,以人与自然和谐相处为目标,实现世界的可持续发展和人的全面发展。建设生态文明关乎人类未来。国际社会应该携手同行,共谋全球生态文明建设之路,牢固树立尊重自然、顺应自然、保护自然的意识,坚持走绿色、低碳、循环、可持续发展之路。在这方面,中国责无旁贷,将继续作出自己的贡献。同时,我们敦促发达国家承担历史性责任,兑现减排承诺,并帮助发展中国家减缓和适应气候变化。"②2017年1月18日,在联合国日内瓦总部的演讲中,习近平提出"坚持绿色低碳,建设一个清洁美丽的世界",他强调:"我们要倡导绿色、低碳、循环、可持续的生产生活方式,平衡推进2030年可持续发展议程,不断开拓生产发展、生活富裕、生态良好的文明发展道路。《巴黎协定》的达成是全

---

① 习近平:《为子孙后代留下天蓝、地绿、水清的生产生活环境》,载《习近平谈治国理政》(第一卷),外文出版社2018年版,第211—212页。
② 习近平:《携手构建合作共赢新伙伴,同心打造人类命运共同体,》,载《习近平谈治国理政》(第二卷),外文出版社2017年版,第525页。

球气候治理史上的里程碑。我们不能让这一成果付诸东流。各方要共同推动协定实施。中国将继续采取行动应对气候变化,百分之百承担自己的义务。"①

总之,从新中国成立到中国特色社会主义进入新时代,我国看待能源问题的视野越来越开阔,从推动经济社会发展这一能源最基本的作用,逐渐开阔到能源与生态文明建设的高度统一。我国发展能源事业不仅是简单地解决燃料、动力问题,更是发展方式的转变和提升,是衡量一个国家文明程度的重要标尺。

二、我国能源事业发展的成功经验

从新中国成立至今,经过几代人的努力,我国的能源事业发展在推动经济社会进步和提高人民生活水平方面,起到了至关重要的作用。从宏观上分析,可以把我国能源事业发展的成功经验总结为服务经济社会、发展科学技术、加强国际合作、完善政策法律等方面。

(一)服务经济社会,是能源事业获得成功的基本前提

新中国成立之初,我国能源事业非常落后,但能源的种类和储量并不少。我国并不像一些能源储量丰富的国家那样,把能源产业作为国民经济的唯一或者最主要的支柱产业,也不像一些能源匮乏的国家那样,几乎没有独立的能源事业而只能过于依赖能源进口。我国需要做的是大力勘探和开发自己的能源,基本满足自己的经济社会发展需求。因此,能源事业虽然在国民经济中占据重要地位,但不是最重要的事业,发展能源事业并不是经济社会发展的目的,而是推动经济社会发展的手段。尽管时至今日,我国已经成为首屈一指的能源大国,能源事业取得了举世瞩目的成就,但是必须看到,能源事业始终是为经济社会服务的。能源事业无论怎么发展,无论发达到什么程度,都不会冲淡各产业中一些重要产业的地位。因为我国经济注重不同产业的协调发展,能源只是其中非常重要的内容之一,是推动其他产

---

① 习近平:《共同构建人类命运共同体》,载《习近平谈治国理政》(第二卷),外文出版社2017年版,第544页。

业发展的重要力量。党和国家对能源事业的关注,所强调的也正是能源和其他事业的这种关系。经济社会发展是一个整体,任何部分的发展都不可或缺。只有摆正能源事业和其他事业的关系,才能实现经济社会的健康发展和能源事业自身的健康发展。尤其是在进入二十一世纪后,我国强调通过节约能源和提高能源利用率、发展清洁能源和可再生能源等,来实现经济发展方式的转变,应对全球气候变化,并着力开展生态文明建设,更充分体现了能源事业服务经济社会发展全局的重要作用。

除了能源事业服务于经济社会发展这种综合性、全局性的作用外,我国还注重在一些局部问题、局部领域发挥能源事业的作用,凸显能源事业对经济社会发展的服务功能。这至少表现在三个方面。

一是把能源事业看作是国家宏观调控的重要手段,国家通过对能源生产、流通等环节的掌控,推动某些经济政策、方针的落实。例如1995年7月12日,在听取国家计委和煤炭部汇报"九五"计划和二〇一〇年远景目标规划时,李鹏说:"国有大型煤矿过去为国民经济发展作出了重大贡献,现在和将来仍然是煤炭工业的主力,它们生产的煤炭是国家进行宏观调控的一种重要物质。对这些煤矿的方针,是实行以煤为本,多种经营,综合发展,减人增效,分流人员,扭亏为盈。"[①]这一时期我国正在推动经济体制改革,国家能源结构中处于主导地位的煤炭,在很大程度上影响着国民经济的发展。一些大型煤矿对国家相关政策的落实情况,在一定程度上可以被看作是经济体制改革的风向标。李鹏的这番话,既体现了中共领导人对能源事业的高度重视,也表明了中共领导人希望通过能源事业的发展和改革来促进社会主义市场经济体制的建立和完善这一重要目的。

二是在解决经济社会发展中的一些问题时,抓住能源这一关键环节,通过调整能源的供应来缓解某些经济领域的矛盾,满足人民的生活需求。例如2004年3月5日,温家宝在第十届全国人民代表大会第二次会议上所作的《政府工作报告》中指出:"保持经济平稳较快发展,必须缓解当前能源、重要原材料和运输的供求矛盾。一方面,要增加煤炭、电力、油品生产;加强经

---

① 李鹏:《煤炭工业要更好地调动中央和地方两个积极性》,载《李鹏论产业经济》(下册),中国电力出版社、中央文献出版社2013年版,第692页。

济运行调节,促进煤、电、油、运和重要原材料的供需衔接,保证居民生活、重要行业和重点企业的需要;加快大型煤炭基地、重要电源电网建设,加快石油等重要资源勘探开发,加快重大交通运输干线与枢纽工程建设。另一方面,要坚持增产与节约并举,把节约放在优先位置。这不仅是当前解决供需矛盾的迫切需要,也是缓解我国资源环境压力的长远之计。必须切实转变经济增长方式,各行各业都要杜绝浪费,降低消耗,提高资源利用效率,形成有利于节约资源的生产模式和消费方式,建设资源节约型社会。"①温家宝强调加大能源供应和降低能源消耗,是为了解决经济社会发展中的一些矛盾和问题。

三是在指导某些地方的经济社会发展中,还注重因地制宜发挥能源的带动作用。例如2006年9月11日,胡锦涛在新疆考察时指出:"大力发展特色优势产业,不断优化经济结构。经济结构不合理,是我国经济发展面临的突出矛盾,也是西部地区加快发展面临的突出问题。新疆只有加大经济结构调整力度,培育和壮大特色优势产业,才能显著增强自我发展和持续发展能力。要坚持走新型工业化道路,统筹规划,有序开发,实施好优势资源转换战略,充分利用新疆石油、天然气、煤炭、有色金属等矿产资源丰富,水土光热资源得天独厚,自然风光、民俗风情独具特色等优势,做大做强支柱产业,把新疆建成我国西部重要的能源原材料基地、特色农产品基地和旅游胜地。要依靠科技进步,着力提高自主创新能力,在引进消化吸收再创新上下功夫,重点突破制约产业优化升级的关键技术,广泛运用高新技术和先进适用技术改造传统产业,努力发展高新技术产业,积极推广节能降耗技术,大幅度提高产业技术水平和产品科技含量。要继续加强能源、水利、交通、通信等基础设施建设,加快完善农牧区基础设施网络,重点建设对经济社会发展具有重大推动作用、能使各族群众直接受益的项目,为加快发展创造更好的基础条件。"②这番论述既结合了新疆自身在能源方面的优势,又充分考虑了新疆能源事业和其他事业良性互动、共同发展的关系,为新疆经济社会的

---

① 温家宝:《政府工作报告——2004年3月5日在第十届全国人民代表大会第二次会议上》,载《中华人民共和国全国人民代表大会常务委员会公报》2004年第3号,第156页。

② 胡锦涛:《稳疆兴疆,富民固边(节录)》,载《党的文献》2010年第6期,第19页。

科学发展指明了方向。

总之,我国并不存在脱离其他事业而独立发展的能源事业。发展能源事业本身就是社会主义建设的组成部分,它必须扎根于社会主义建设中,围绕党和国家的中心工作而开展。服务经济社会全局,是能源事业获得成功的基本前提。从毛泽东提出的"为建设一个伟大的社会主义国家而奋斗"[①]的总目标,到改革开放初期党的十二大确定的中国经济到二十世纪末翻两番的总目标,再到当前的"两个一百年"奋斗目标和实现中华民族伟大复兴的中国梦,无不包含着对能源事业的期待和能源事业的迅猛发展。

(二)发展科学技术,是能源事业获得成功的支撑力量

能源事业的发展,始终与科学技术的发展相伴而行。有什么样的科学技术水平,就会有什么样的能源发展程度,这在我国能源事业发展中有明显的表现。比如新中国成立之初,我国科学技术水平非常落后,当时的能源主要以对科学技术水平要求很低的煤炭为主,辅以少量的电力和主要来自进口的石油。中共领导人深知科学技术的重要性,非常关注科学技术的发展,重视依靠科学技术水平的提高来推动能源事业的发展。虽然由于所处时代的特殊性,我们在当时把相当一部分精力用在维护国家的政治稳定和经济发展上,但并未因此而影响对科学技术的重视和依靠科学技术发展能源事业的决心。在发展石油工业和核工业上,党和国家对科学技术的重视表现得非常明显,重用大科学家李四光、钱学森等人,接受苏联的工业援助项目,向苏联派出大批留学生学习高端技术等,就是明显的例子。除了在实务工作中重视科学技术外,我国还强调党组织要加强对科学技术工作的领导。例如1960年3月18日,毛泽东在以中央名义起草的一份文稿中指出:"技术革新和技术革命运动现在已经成为一个伟大的运动,急需总结经验,加强领导,及时解决运动中的问题,使运动引导到正确的、科学的、全民的轨道上去。这种调查、研究、总结的工作,在今年三、四、五三个月内要基本做完。由中央各部委党组,各级地方党委及各部门党组分头去做,并要开规模较大

[①] 毛泽东:《关于中华人民共和国宪法草案》,载《毛泽东文集》(第六卷),人民出版1999年版,第329页。

的现场会议。"①以毛泽东为代表的中共领导人的能源思想能够带来辉煌的战果,跟他们对科学技术的重视分不开。

改革开放和社会主义现代化建设新时期,我国更加重视科学技术的作用。1978年3月18日,在全国科学大会开幕式上,邓小平一语中的地指出:"四个现代化,关键是科学技术的现代化。没有现代科学技术,就不可能建设现代农业、现代工业、现代国防。没有科学技术的高速度发展,也就不可能有国民经济的高速度发展。党中央决定召开这次全国科学大会,目的就是动员全党全国重视科学技术,制订规划,表彰先进,研究加速发展科学技术的措施。"②在邓小平的高度关注下,科研人员的积极性被充分调动起来,再加上对国外资金和先进科技、管理经验的运用,我国科学技术水平获得显著提高。与此相应的是,不但煤炭、石油、电力等能源事业获得了迅速发展,而且核能也开始转为民用能源,我国第一座核电站动工兴建起来。

1998年11月24日,江泽民在俄罗斯的新西伯利亚科学城演讲时指出:"新科技革命,给各国人民带来了难得的发展机遇,也带来了严峻的挑战。一个国家,一个民族,如果不紧紧跟上科技进步的时代潮流,不结合本国发展的实际努力提高科学技术水平,就会落后,就会陷入极为被动的境地。要迎接科学技术突飞猛进和知识经济迅速兴起的挑战,最重要的是坚持创新。创新是一个民族进步的灵魂,是一个国家兴旺发达的不竭动力。创新的关键在人才,人才的成长靠教育。教育水平提高了,科技进步和经济发展才有后劲。科学技术实力和国民教育水平,始终是衡量综合国力和社会文明程度的重要标志,也是每个国家走向繁荣昌盛的两个不可缺少的飞轮。"③江泽民从宏观角度对科学技术的论述,为我国教育和科学技术的发展指出了新的方向,并在客观上推动了我国包括能源事业在内各项事业的迅速发展。

此后,党和国家进一步强调发展科学技术对开阔能源视野、提高能源效益、降低环境污染和最终推动经济发展方式转变的巨大作用,并把发展科学

---

① 毛泽东:《加强对技术革新和技术革命运动的领导》,载《毛泽东文集》(第八卷),人民出版社1999年版,第152—153页。

② 邓小平:《在全国科学大会开幕式上的讲话》,载《邓小平文选》(第二卷),人民出版社1994年版,第86页。

③ 江泽民:《在新西伯利亚科学城的演讲》,载《江泽民文选》(第二卷),人民出版社2006年版,第237页。

技术看作是应对气候变化的重要举措。例如2007年9月8日,在澳大利亚悉尼召开的亚太经合组织第十五次领导人非正式会议上,胡锦涛说:"科技是应对气候变化的重要手段。只有不断提高科技创新能力和水平,走科技含量高、经济效益好、资源消耗低、环境污染少的发展道路,才能统筹经济增长和环境保护,实现良性循环。应该加强研发和推广节能技术、环保技术、低碳能源技术,增加资金投入,大力促进技术合作和转让。应该加强人员培训,完善知识产权保护,充分发挥各方积极性,提高共同应对气候变化能力。"①

党的十八大之后,我国在科学技术高度发展和取得重大成就的基础上,高瞻远瞩地提出我国科学技术必须在世界上具有领先地位,积极参与甚至主导世界科学技术的变革。例如2014年6月9日,在中国科学院第十七次院士大会、中国工程院第十二次院士大会上的讲话中,习近平说:"科学技术是世界性的、时代性的,发展科学技术必须具有全球视野。当前,科技创新的重大突破和加快应用极有可能重塑全球经济结构,使产业和经济竞争的赛场发生转换。在传统国际发展赛场上,规则别人都制定好了,我们可以加入,但必须按照已经设定的规则来赛,没有更多主动权。抓住新一轮科技革命和产业变革的重大机遇,就是要在新赛场建设之初就加入其中,甚至主导一些赛场建设,从而使我们成为新的竞赛规则的重要制定者、新的竞赛场地的重要主导者。如果我们没有一招鲜、几招鲜,没有参与或主导新赛场建设的能力,那我们就缺少了机会。机会总是留给有准备的人的,也总是留给有思路、有志向、有韧劲的人们的。我国能否在未来发展中后来居上、弯道超车,主要就看我们能否在创新驱动发展上迈出实实在在的步伐。"②2018年5月28日,在中国科学院第十九次院士大会、中国工程院第十四次院士大会上,习近平强调:"实践反复告诉我们,关键核心技术是要不来、买不来、讨不来的。只有把关键核心技术掌握在自己手中,才能从根本上保障国家经济安全、国防安全和其他安全。要增强'四个自信',以关键共性技术、前沿引

---

① 胡锦涛:《在亚太经合组织第十五次领导人非正式会议上的讲话》,载2007年9月9日《人民日报》,第2版。
② 习近平:《加快从要素驱动、投资规模驱动发展为主向以创新驱动发展为主的转变》,载《习近平谈治国理政》(第一卷),外文出版社2018年版,第123页。

领技术、现代工程技术、颠覆性技术创新为突破口,敢于走前人没走过的路,努力实现关键核心技术自主可控,把创新主动权、发展主动权牢牢掌握在自己手中。"[①]

总体上说,从毛泽东开始,历任中共领导人都高度重视和极力推进科学技术的发展,他们对能源问题的关注和解决能源问题的基本思路,始终与科学技术有着千丝万缕的联系,他们关于能源事业发展的论述都是建立在运用科学技术解决相关问题基础上的,大力发展科学技术是我国能源事业获得成功的支撑力量。这是因为,能源事业的发展不仅与经济和社会状况有着极为密切的联系,更与科学技术的发展密不可分。能源作为可以提供动力的客观物质,只有从科学的角度进行认识、开采和利用,才能做到物有所值,为人类造福。马克思主义关于人类认识世界和改造世界的基本原理,建立在人类对客观世界的正确认识和科学改造的基础之上。

(三)加强国际合作,是能源事业获得成功的重要因素

独立自主、自力更生是社会主义建设的基本方针。特别是在新中国成立初期,由于国际上一些敌对势力的封锁,中国人民只能靠自己的勤劳和智慧来建设社会主义。虽然在社会主义建设早期,中共领导人曾经把"争取外援"作为一项辅助性的方针,并得到苏联的一些帮助,但是我国最终是依靠自己的艰苦奋斗而取得了社会主义事业在艰难探索阶段的辉煌成就。1982年5月6日,邓小平在会见利比亚国家元首多伊时说:"你们想了解中国的经验,中国的经验第一条就是自力更生为主。我们很多东西是靠自己搞出来的。苏联在斯大林时期对我们有些帮助,赫鲁晓夫上台后,不仅不帮助我们,反而对我们采取敌视的态度,以后苏联又在中苏边境陈兵百万,威胁我们。在很长一个时期内,美国也敌视我们,直到一九七二年以后才有些变化。从五十年代中期到七十年代,即在建国三十二年多的时间里大体有二十几年,我们完全或基本上处于没有外援的状况,主要靠自力更生。没有外援也有好处,迫使我们奋发努力。在这种精神的激励下,我们在这个期间搞

---

① 习近平:《努力成为世界主要科学中心和创新高地》,载《习近平谈治国理政》(第三卷),外文出版社2020年版,第248页。

出了原子弹、氢弹、导弹,发射了人造卫星等等。所以,我们向第三世界朋友介绍的首要经验就是自力更生。当然,这并不是说不要争取外援,而是要以自力更生为主。这样,就可以振奋起整个国家奋发图强的精神,把人民团结起来,就比较容易克服面临的各种困难。"①邓小平的这段话,充分说明自力更生和争取外援的辩证关系。

在二十世纪后期,随着国际形势的变化,我国越来越重视外援,不但强调通过争取国外援助而帮助中国解决经济、技术等领域面临的难题,而且把这种外援发展成为国际合作。作为改革开放和现代化建设总设计师的邓小平,一再强调要打破思想上的禁锢,深入开展国际合作,充分利用国外的优势资源弥补我国的不足,并把国际合作上升到发展战略的高度。例如1983年7月8日,在同几位中央负责同志谈话时,邓小平说:"要利用外国智力,请一些外国人来参加我们的重点建设以及各方面的建设。对这个问题,我们认识不足,决心不大。搞现代化建设,我们既缺少经验,又缺少知识。不要怕请外国人多花了几个钱。……要扩大对外开放,现在开放得不够。要抓住西欧国家经济困难的时机,同他们搞技术合作,使我们的技术改造能够快一些搞上去。同东欧国家合作,也有文章可做,他们有一些技术比我们好,我们的一些东西他们也需要。中国是一个大的市场,许多国家都想同我们搞点合作,做点买卖,我们要很好利用。这是一个战略问题。"②改革开放以来,我国在能源领域和其他国家逐渐开展了广泛而深入的合作。从合作的广度说,一方面,与中国合作的国家从最初的发达国家扩大到发展中国家,从资金、技术占优势的国家扩大到资源、能源储量丰富的国家,从大国、强国扩大到小国、弱国,与中国开展能源合作的国家遍布世界各地。另一方面,合作的能源领域既涵盖煤炭、石油、天然气、电力等传统能源,也包括核电等尖端能源科技和太阳能等清洁能源、可再生能源。从合作的深度上说,一方面,既有与不同国家根据特定的能源状况和发展能源事业的要求而开展的各具特色的普遍合作,又有上海合作组织内部通过组建能源俱乐部而

---

① 邓小平:《我国经济建设的历史经验》,载《邓小平文选》(第二卷),人民出版社1994年版,第406页。
② 邓小平:《利用外国智力和扩大对外开放》,载《邓小平文选》(第三卷),人民出版社1993年版,第32页。

开展的特别合作。另一方面,随着能源对气候、生态的影响越来越大,我国把能源领域的国际合作进一步提升为应对全球气候变化和开展生态文明建设的合作。例如2008年7月9日,在日本北海道洞爷湖举行的经济大国能源安全和气候变化领导人会议上,胡锦涛指出:"气候变化问题,从根本上说是发展问题,应该在可持续发展框架内综合解决。气候变化国际合作,应该以处理好经济增长、社会发展、保护环境三者关系为出发点,以保障经济发展为核心,以增强可持续发展能力为目标,以节约能源、优化能源结构、加强生态保护为重点,以科技进步为支撑,不断提高国际社会减缓和适应气候变化的能力。"①

中国特色社会主义进入新时代后,我国进一步根据合作双方的具体情况,开创了能源领域国际合作的多种模式,并把能源合作有机融入经济社会发展的合作之中。这一时期,产能合作成为能源合作的重要载体,而且产能合作的模式也因合作领域和国家的不同而有所区别。例如2015年5月19日,在巴西首都巴西利亚举行的中巴工商界峰会闭幕式上,李克强提出中拉产能合作的"3×3"新模式,它的一个重要内容是:"契合拉美国家需求,共同建设物流、电力、信息三大通道。实现南美大陆基础设施互联互通,是拉美地区各国的共同目标。中方企业愿与拉美企业一道,合作建设以铁路交通为骨干、贯通南美大陆和加勒比各国的物流通道;合作建设以高效电力输送技术和智能电网为支撑、连接拉美各国各地区的电力通道;合作建设以互联网技术和新一代移动通讯技术为依托、融合大数据和云计算的信息通道。"②在合作过程中,我国不但创新合作模式,而且注重对合作对象提供一定援助。例如2016年1月21日,在阿拉伯国家联盟总部的演讲中,习近平表示,中方愿同阿拉伯国家开展共建"一带一路"行动,推动中阿两大民族复兴形成更多交汇,并提议推进结构调整,开展创新合作行动,促进中东工业化,开展产能对接行动。习近平说:"日趋激烈的国际发展竞争,需要我们提高合作档次。要推进'油气+'合作新模式,挖掘合作新潜力。……中方将实施创

---

① 胡锦涛:《在经济大国能源安全和气候变化领导人会议上的讲话》,载2008年7月11日《人民日报》,第1版。

② 李克强:《推动中巴合作升级 引领中拉共同发展——在中巴工商界峰会闭幕式上的致辞》,载2015年5月21日《人民日报》,第3版。

新合作行动,愿同阿方探索'石油、贷款、工程'一揽子合作模式,延伸传统油气合作链条,合作开发新能源、可再生能源……为促进中东工业化进程,中国将联合阿拉伯国家,共同实施产能对接行动,包括设立150亿美元的中东工业化专项贷款,用于同地区国家开展的产能合作、基础设施建设项目,同时向中东国家提供100亿美元商业性贷款,支持开展产能合作;提供100亿美元优惠性质贷款,并提高优惠贷款优惠度;同阿联酋、卡塔尔设立共计200亿美元共同投资基金,主要投资中东传统能源、基础设施建设、高端制造业等。"①随着中阿合作的逐步深入,2018年7月10日,在北京举行的中阿合作论坛第八届部长级会议开幕式上,习近平进一步指出:"要积极推动油气合作、低碳能源合作'双轮'转动。我们要继续推进'油气+'合作模式,深化石油、天然气勘探、开采、炼化、储运等全产业链合作,要顺应全球能源革命、绿色低碳产业蓬勃发展,加强和平利用核能、太阳能、风能、水电等领域合作,共同构建油气牵引、核能跟进、清洁能源提速的中阿能源合作格局,打造互惠互利、长期友好的中阿能源战略合作关系。"②

中国能源事业能够取得重大成就,与国家大力开展能源和相关领域的国际合作密不可分,合作的途径和方式可以因地制宜,各不相同,适时调整。只有加强国际合作,才能使中国和其他国家在能源事业发展中取长补短,互通有无,相互促进,共同进步。加强国际合作在我国能源事业发展中占据重要地位,是推动我国能源事业走向成功的重要因素。

(四)完善政策法律,是能源事业获得成功的制度保障

党和国家的能源战略总是要通过一定的途径和方式转化为现实,对能源发展实践切实产生规范和保障作用。这种途径和方式主要是能源政策和法律,它们共同构成了我国能源事业发展的制度保障。在我国,党和国家的政策虽然与法律在具体功能上有所不同,但是它们所体现的指导思想是一致的。政策和法律在指导和规范社会主体的相关活动、推动党和国家各项

---

① 习近平:《推动中阿两大民族复兴形成更多交汇》,载《习近平谈治国理政》(第二卷),外文出版社2017年版,第462—464页。
② 习近平:《携手推进新时代中阿战略伙伴关系——在中阿合作论坛第八届部长级会议开幕式上的讲话》,载2018年7月11日《人民日报》,第2版。

事业的发展中相互配合,共同促进中国特色社会主义事业的发展。在发展能源事业方面,我国非常重视政策和法律的作用,通过制定相关的政策和法律来保障各项工作顺利展开。在全面推进依法治国的今天,法律的作用越来越显著。但是,法律并不能取代政策,党和国家的政策仍然在许多领域和方面发挥重大作用。党和国家发展史上政策和法律的这种关系,在能源事业发展中也有明显体现。我国能源事业的发展实践充分证明,完善政策和法律是我国能源事业发展的制度保障。

早在1948年3月20日,毛泽东在一份电报的批语中指出:"须知政策与策略,是我党我军的生命。不注重政策与策略的教育,不使这种教育贯彻到底,……是离开了或多少离开了党的路线的,必须认为是极端严重的现象,应当立即加以检讨。"①同一天,毛泽东在为中央写的对党内的通报中也指出:"只有党的政策和策略全部走上正轨,中国革命才有胜利的可能。政策和策略是党的生命,各级领导同志务必充分注意,万万不可粗心大意。"②新中国成立后,以毛泽东为代表的中共领导人正是通过一系列的政策来引导和推动能源事业发展的。在当时法律非常不完备的情况下,不可能通过法律来规范能源事业,再加上那个时代发展能源事业是一种开创性的工作,需要不断探索和及时调整,因而以毛泽东为代表的中共领导人在发展能源事业中注重的是政策的引导和规范作用。无论是发展石油还是核能,都是依靠中央的政策进行调整和推动的。以邓小平为代表的中共领导人在重视法治建设的同时也注重依靠政策来引导和推动能源事业的发展。当时我国也制定了一些初步的能源法规和规章,如国务院1982年发布《国家能源交通重点建设基金征集办法》,1985年批转《国家经济委员会、国家计划委员会、水利电力部、国家物价局关于鼓励集资办电和实行多种电价的暂行规定》等。这些规范性法律文件不但层级低,篇幅短,条文少,而且内容简单笼统,跟政策差不多。能源事业发展是在尝试和探索中推进的。

二十世纪后期,我国能源政策的代表性成果是李鹏1997年发表在《求

---

① 毛泽东:《政策和策略是我党我军的生命》,载《毛泽东文集》(第五卷),人民出版社1996年版,第83页。
② 毛泽东:《关于情况的通报》,载《毛泽东选集》(第四卷),人民出版社1991年版,第1298页。

是》杂志上的文章《中国的能源政策》。在这篇文章中,李鹏对煤炭、石油、电力等能源的发展政策进行了系统论述,也论及核电的开发和风力发电、太阳能发电、潮汐发电、地热发电等,并专门谈了能源开发和节约并重、把节约放在优先地位。这是中共领导人首次专门、系统和全面地对能源问题进行的理论阐述。这一时期,我国颁布《中华人民共和国电力法》《中华人民共和国煤炭法》《中华人民共和国节约能源法》等专门性能源法,实现了法律对能源事业的专门调整。同时,中共领导人也注重通过其他相关政策,加大对能源的调整力度。如2000年1月14日,在中共中央举办的省部级主要领导干部财税专题研讨班上,朱镕基提出要坚定不移地实施积极的财政政策,财政政策应该更好地为经济结构的调整、国有企业的改革等重大任务服务。他说,财政支持结构调整首先是产业结构调整,应当加强西部地区的基础设施建设,一定要有倾斜政策,比方说对新疆要修建天然气管道。"塔里木盆地现在至少已勘探出1万亿立方米的天然气,将来可能达到10万亿立方米或者更多,就能保证一年输送250亿立方米给东部沿海地区。我们要下决心修这条管道,修了管道可以部分解决东部的能源供应和环境污染问题。修这条管道要花1000亿元,不花不行,要赶快动手,这对稳定新疆意义非常重大。"①总之,这一时期无论是政策还是法律都对发展能源事业起到了规范和引导作用。

进入二十一世纪后,在推动能源事业发展方面,我国更加注重发挥政策和法律的综合作用。2010年9月13日,在2010年夏季达沃斯论坛上,温家宝提出:"我们要坚持节约资源和保护环境,着力提高资源利用效率和应对气候变化能力。节约资源和保护环境是我们的基本国策。我们必须加快构建有利于节约能源资源和保护生态环境的产业结构、生产方式和消费模式,促进人与自然的和谐统一。我们将进一步完善法规和标准,强化目标责任考核,推动循环经济发展,全面推进节能、节水、节地、节材和资源综合利用,加强对各种自然资源的节约和管理,加强综合治理,保护与修复生态。我们将大力培育以低碳排放为特征的工业、建筑和交通体系,增

---

① 朱镕基:《关于当前的财政政策》,载《朱镕基讲话实录》(第三卷),人民出版社2011年版,第414页。

加森林碳汇,加快低碳技术研发、示范和产业化,全面增强应对气候变化能力,在'共同但有区别的责任'原则下积极开展应对气候变化国际合作。"① 温家宝这里所强调的对能源的调控,既有政策也有法律,二者需要综合运用。

2013年5月24日,在主持十八届中央政治局第六次集体学习时,习近平指出:"只有实行最严格的制度、最严密的法治,才能为生态文明建设提供可靠保障。最重要的是要完善经济社会发展考核评价体系,把资源消耗、环境损害、生态效益等体现生态文明建设状况的指标纳入经济社会发展评价体系,使之成为推进生态文明建设的重要导向和约束。要建立责任追究制度,对那些不顾生态环境盲目决策、造成严重后果的人,必须追究其责任,而且应该终身追究。要加强生态文明宣传教育,增强全民节约意识、环保意识、生态意识,营造爱护生态环境的良好风气。"② 习近平强调的最严格的制度、最严密的法治,首先可以理解为是通过法律来推进生态文明建设,实现能源的节约和减少对环境的污染,但制度的构建同样离不开政策,政策和法律共同构筑成了推动能源革命和生态文明建设的制度。

虽然在当前全面推进依法治国背景下,中共领导人越来越重视法治,越来越强调法律在国家各个领域中的调控作用,但政策同样不可忽视。尤其是在发展能源事业中,法律永远也无法完全取代政策。2012年10月,国务院新闻办公室发布《中国的能源政策》白皮书,白皮书从能源发展现状、能源发展政策和目标、全面推进能源节约、大力发展新能源和可再生能源、推动化石能源清洁发展、提高能源普遍服务水平、加快推进能源科技进步、深化能源体制改革、加强能源国际合作九个方面,对我国能源政策进行了系统阐述。白皮书的发表,也表明在我国能源事业发展中,政策和法律二者不可偏废。只有不断完善政策和法律,我国能源事业才能获得成功发展的制度保障。

---

① 温家宝:《巩固向好势头 推动持续增长——在2010年夏季达沃斯论坛上的讲话》,载2010年9月14日《人民日报》,第2版。
② 习近平:《努力走向社会主义生态文明新时代》,载《习近平谈治国理政》(第一卷),外文出版社2018年版,第210页。

三、我国能源事业发展的思想启迪

新中国成立以来,中共领导人的能源思想不仅推动了我国能源事业的全面和深入发展,促进了中国特色社会主义事业的巨大进步,而且开辟了马克思主义中国化研究的新领域,实现了马克主义基本原理与中国能源事业的有机结合。梳理和研究中共领导人的能源思想,总结其成功的历史经验,有助于正确认识我国能源事业的发展规律,科学谋划能源事业的未来。特别是在当前,我国正处在全面建设社会主义现代化国家和实现中华民族伟大复兴中国梦的关键时期,更需要认真领悟我国能源事业发展的思想启迪,进一步推动能源事业的发展。我国能源事业发展的思想启迪非常丰富和深刻,从指导我国能源事业未来发展的角度,基本可以将它们概括为四个方面。

(一)发展能源事业,必须融入中国特色社会主义事业中

中国特色社会主义事业是一个高度系统化的整体,从大处说包括政治建设、经济建设、文化建设、社会建设和生态文明建设"五位一体"的总体布局,从小处说则包含了更多具体而微的事业,能源事业只是其中非常重要的一个组成部分。能源事业的发展是中国特色社会主义事业发展的具体表现,它既能促进中国特色社会主义事业的发展,也受制于中国特色社会主义事业的发展。因而,不能夸大能源事业的作用,不能片面凸显能源事业的发展,只有把能源事业融入中国特色社会主义事业中,能源事业才能真正获得发展和充分实现其价值。

资源能源事业是经济社会发展的组成部分,必须融入经济社会发展全局之中。2008年,温家宝在《求是》杂志发表文章,提出必须坚持资源节约和环境保护的基本国策,增强可持续发展能力。他说:"近几年来,国家出台了一系列节约环保的政策措施,正在收到积极成效,但是任务仍然十分艰巨。发达国家在两百多年工业化过程中分阶段出现的资源环境问题,我国现阶段集中显现出来;发达国家在经济高度发达后花几十年解决的问题,我们要在五到十年里逐步解决,难度之大前所未有。加强资源节约和环境保护,犹如逆水行舟,不进则退。我们必须把这两项工作融入经济社会发展全局,切

实抓紧抓好,努力实现节约发展、清洁发展、可持续发展。"①他还在文章中专门强调要统筹推进经济社会发展与资源节约、环境保护,构建资源节约和环境友好的国民经济体系和社会组织体系,解决资源浪费和环境污染的突出问题,健全节约资源、保护环境的长效机制。温家宝要求把加强资源节约和环境保护融入经济社会发展全局,作为资源重要组成部分的能源理所当然应服务于经济社会发展全局。只有这样,资源能源事业才有明确发展的方向,才能实现发展的目的。凡是与之相背离的发展,从长远来看都不利于我国经济社会真正的发展,也不利于能源事业自身的发展。

能源事业必须服务于中国特色社会主义事业。1992 年 6 月 27 日,在国务院召开的长江三角洲及长江沿江地区经济发展规划座谈会上,江泽民说:"从产业结构调整来说,上海和沿江各大城市要放手发展第三产业,调整提高第二产业,稳步发展第一产业。建设资金应该重点用于交通、能源、通信等基础设施和高新技术产业,努力改善投资环境,发展壮大主导产业和支柱产业,缓解交通、能源紧张的局面。要实行开发和集约并重的方针,走集约经营的路子。充分依靠现有基础,加快加工工业的技术改造,对重点基建和技改的项目一定要确保人力、物力、财力,精心组织,精心施工,以利尽快建成投产,发挥效益,切不可一拥而上。"②江泽民在这段话中强调了能源事业的发展必须与各次产业的发展相适应,并服务于各次产业的发展。2010 年 5 月 17 日,在中央新疆工作座谈会上,谈到推动新疆经济社会又好又快发展、进一步增强新疆自我发展能力需要突出抓好的工作时,胡锦涛首先强调的是着力推进经济建设,加快经济发展步伐。他说:"要加快推动资源优势向经济优势转化,按照国家规划和产业政策,科学有序开发利用优势资源,扶持优势特色产业发展,建设国家大型油气生产加工和储备基地、大型煤炭煤电煤化工基地、大型风电基地和国家能源资源陆上大通道。要加强农业综合生产能力建设,发展现代农牧业,建设国家粮食安全后备基地,建设国家优质商品棉基地,加强优质畜产品基地、特色林果业基地建设,发展生态有

---

① 温家宝:《关于深入贯彻落实科学发展观的若干重大问题》,载《求是》2008 年第 21 期,第 8 页。
② 江泽民:《加快长江三角洲和沿江地区的经济发展》,载《江泽民文选》(第一卷),人民出版社 2006 年版,第 208 页。

机农业、现代设施农业,建设有新疆地域特色的农牧产品生产和精深加工出口基地,全面繁荣农村经济,广辟农牧民增收渠道。要推进科技创新体系建设,促进科技成果转化,改造提升传统产业,发展电子信息、生物制药、新能源、新材料等高新技术产业。要发展旅游业,把新疆建设成为我国重要旅游目的地。要促进区域协调发展,重点在民生改善、基础设施建设、企业所得税征收、产业发展等方面给予困难地区更加特殊的优惠政策,提升现有主要城市功能和改善发展条件,规划建设若干个中心城市,发挥其辐射带动作用。要推进基础设施建设,加大中央基建投资对交通基础设施建设支持力度,围绕密切新疆与内地联系和发挥国际大通道作用,加快新疆与内地和周边国家的铁路、公路、民航等综合交通运输体系建设,支持我国同新疆周边国家加强能源资源、交通通信等合作项目建设,规划和建设一批重点水利工程,优先安排便民基础设施项目。"①胡锦涛对新疆地区资源优势特别是能源事业的科学谋划,既是站在新疆经济社会又好又快发展的整体思路上进行的,又是从促进全国经济社会发展的高度为新疆提出的科学发展策略。由此可见,无论是江泽民的论述还是胡锦涛的论述,都把能源事业看作中国特色社会主义事业的组成部分,从整体和全局发展的高度来审视和谋划能源事业的,能源事业的发展只能服务于中国特色社会主义事业。

在能源事业发展的新征程上,必须始终把能源事业有机融入中国特色社会主义事业中,强调能源事业服务于中国特色社会主义事业这一基本立场,这是中国能源事业发展的正确方向。尽管能源事业涵盖的内容相当多,能源的种类也在不断扩大,能源事业自身也能够成为一个相对完整的体系,但是与中国特色社会主义事业比起来,能源事业只能是局部性、具体性的领域和方面。发展能源事业,只是发展中国特色社会主义事业的重要途径和具体内容之一,能源事业的发展只能根据中国特色社会主义事业需要,着力解决中国特色社会主义事业发展中的相关问题。只有投身于中国特色社会主义事业中并为之服务,能源事业才能走上正确的发展道路,获得广阔的发展空间。明确了这个方向,我国能源事业才能成功发展并充分实现其价值。

---

① 胡锦涛:《推进新疆跨越式发展和长治久安》,载《胡锦涛文选》(第三卷),人民出版社2016年版,第376—377页。

(二)发展能源事业,必须充分利用国内外一切有利因素

能源事业的发展并不是一帆风顺的,既涉及许多具体问题,也会面对许多困难。在如何克服困难和解决问题,促进能源事业顺利发展方面,国家施行了可行性对策,这些对策总体上可以概括为充分利用国内外的一切有利因素。

就国内来说,每个地方的发展程度各不相同,每个地方在发展中遇到的问题也不一样。要实现本地方的发展,必须综合考虑和充分利用本地方的资源优势,形成本地方发展的特色。2010年7月5日,在西部大开发工作会议上,胡锦涛提出坚持协调发展,进一步调整产业结构。他说:"要从西部地区自身资源条件、区域特点、产业状况出发,抓住国内外经济结构调整的重大机遇,大力推进经济发展方式转变和经济结构调整,大力发展特色优势产业。……要深入实施以市场为导向的优势资源转化战略,坚持走中国特色新型工业化道路,推进自主创新,努力形成传统优势产业、战略性新兴产业、现代服务业协调发展新格局。要从长计议、统筹规划,优化能源开发、生产、运输、储备布局,加大勘查开发力度,统筹利用国内外资源,建设煤炭、石油天然气、水电、新能源等国家能源基地,建设国家重要战略资源接续区,建设资源深加工基地。……要瞄准产业发展新方向,力争在新能源、新材料、节能环保、生物医药、信息网络、新能源汽车、航空航天等战略性新兴产业上取得突破,建设战略性新兴产业基地。"①2009年10月16日,在成都举行的第十届中国西部国际博览会暨第二届中国西部国际合作论坛上,温家宝提出四项倡议,第一项便是深化能源和交通合作。他说:"中国西部地区和周边国家能源资源互补性很强,具有良好的合作基础和发展前景。我们将继续巩固发展同周边国家能源资源合作成果,不断探索扩大合作的领域和方式。同时,大力吸引国际能源企业参与我国西部地区提高能源利用效率、煤矿灾害防治、煤层气开发等能源项目建设。中国政府将积极构建西南、西北进出境国际交通大动脉。我们期待与相关国家就建设新亚欧大陆桥达成共识,

---

① 胡锦涛:《探索西部大开发的新思路新办法》,载《胡锦涛文选》(第三卷),人民出版社2016年版,第413—414页。

共同规划和兴建一个国际经贸之桥、人文交流之桥、友谊合作之桥。"①胡锦涛、温家宝都指示,西部地区必须充分结合自身的资源条件和发展状况来推进自己包括能源事业在内的经济社会各方面的发展。不同的地域有自己独特的地域优势和资源分布,不同的能源有自己独特的条件要求和发展前景,因此每个地方、每种能源的发展,都必须充分利用其优势,形成其特色。这样才能实现它自身的发展,并与经济社会发展有机融合起来。

　　与一些发达国家比起来,我国能源事业发展缺乏足够的资金,而且科学技术和管理水平也相对落后。在这方面,我国必须坚持对外开放和国际合作的发展战略。以邓小平为代表的中共领导人开创了改革开放的伟大事业,加强与国外的合作与交流、吸收国外资金和先进技术、管理经验成为我国能源事业获得成功的重要因素。在能源事业发展中,我国非常注重利用国外的相关优势资源。例如1995年5月23日,在听取国家计委、化工部、中国石油化工总公司汇报"九五"计划和二○一○年远景目标规划时,李鹏说:"总的看,'九五'期间炼油行业要注意这样几条:第一,原油要利用国内国外两种资源,投资要利用国内国外两种资金,布局是国内油供内地,沿海用进口油。第二,五年炼油能力增加三千万吨,主要通过技术改造,改建扩建老厂,新点只考虑两个,广东惠州和四川。第三,增加石油和成品油的储备能力,以保持市场价格稳定,减少由于市场供求波动和进口油不能及时到货而带来的影响。第四,积极利用外资,引进资金、技术和管理经验。可以更灵活一点,适当放宽我方控股的比例。原则是全行业由国家控股,炼油是基础产业,主要应控制在国家手中。地区性控股,在华东、华北这样的大区内的石化企业,总体上由国家控股。大集团控股,大的石化企业集团掌握在国家手中。个别石化企业可以不控股。第五,压缩烧油。办法是多建一些水电厂、蓄能电厂,增加电网调峰容量。把烧油电厂,烧油的工业锅炉停下来。重油价格提上去,按国际市场定价,以经济办法来限制以重油为燃料。"②李

---

　　① 温家宝:《全面提高中国西部地区开发开放水平——在第十届中国西部国际博览会暨第二届中国西部国际合作论坛上的致辞》,载2009年10月17日《人民日报》,第2版。
　　② 李鹏:《"九五"期间石化工业发展的设想》,载《李鹏论产业经济》(下册),中国电力出版社、中央文献出版社2013年版,第667页。

鹏对"九五"期间我国炼油行业的这五条指示中,有三条都强调要利用国外的优势资源或者向国外学习,涵盖引进国外资金、技术、管理经验,进口石油和按国际市场定价等内容。

再如 2015 年 11 月 18 日,在菲律宾的马尼拉举行的亚太经合组织工商领导人峰会上,习近平说:"我们将实行更加积极主动的开放战略,努力构建开放型经济新体制,提高开放型经济水平。我们将加快推进高标准自由贸易区建设。中国—东盟自由贸易区升级谈判已接近完成,即将发挥其积极效应。中澳、中韩自由贸易协定有望于年内生效,成为推动经济增长的新动力。我们还愿同各方一道尽早完成区域全面经济伙伴关系的谈判,加快中日韩自由贸易区谈判进程。我们将继续推进外商投资管理体制改革,大幅减少外资准入限制,加强知识产权保护,营造公开透明、高效平等的市场环境。我愿重申,中国利用外资的政策不会变,对外商投资企业合法权益的保护不会变,为各国企业在华投资兴业提供更好服务的方向不会变。中国开放的大门永远不会关上!"①习近平这番关于构建开放型经济新体制的讲话,虽然不是针对能源事业而说的,但与能源事业的发展休戚相关,因为能源是经济发展中的重要支柱产业,经济政策对能源的影响极大。习近平强调"中国开放的大门永远不会关上",更是为我国充分利用国外优势资源发展能源事业打了一剂强心针。2016 年 9 月 23 日,在加拿大蒙特利尔举行的第六届中加经贸合作论坛上,李克强同样表达了这种意思。他说:"我们要拓展双向投资。加拿大对华投资占中国吸收外资总额的比重不到 1% ,中国对加投资占加拿大吸收外资总额的比重也只有 2.7% ,双方投资合作前景广阔。中方欢迎加拿大企业来华投资,扩大金融、能源、民用航空、通讯、环保、冬季体育等领域的合作。欢迎加方申请加入亚洲基础设施投资银行,支持人民币与加元开展直接交易,支持加方到中国银行间债券市场发行人民币债券。中方鼓励国内企业赴加投资,参与基础设施、能矿、农业、服务业等领域的合作,推动当地经济发展,增加社会就业,希望加方为中国企业营造良好的投资环境。中方愿与加方加强创新战略对接,把创新合作打造成两国务实合

---

① 习近平:《发挥亚太引领作用,应对世界经济挑战》,载《论坚持推动构建人类命运共同体》,中央文献出版社 2018 年版,第 286—287 页。

作的新亮点。"①

我国能源事业的成功发展,与充分利用国内外一切有利因素分不开。当前经济社会发展的新形势,为能源事业发展带来了新契机,但也引发了不少新问题。不同的发展阶段和发展水平,会面对不同的问题,需要不同的解决办法。但是,未来能源事业无论会面临什么样的问题,无论需要化解什么样的矛盾,在充分利用国内外的一切有利因素这一方面,与我国以往的发展历程并无不同。立足当前经济发展进入新常态的国内形势,结合我国对外开放和国际合作日益深化的趋势,依据创新、协调、绿色、开放、共享的发展理念,充分利用国内外一切积极因素,对我国能源事业进行科学谋划和深入推进,是我国能源事业取得进一步成功的必然要求,也是对我国未来发展能源事业的重要启迪。

(三)发展能源事业,必须依靠科学技术并培养专门人才

从一定意义上说,科学技术的发展水平决定着一个国家的现代化水平,科学技术推广和应用的状况代表着一个国家的现代化程度。因此,党和国家对科学技术寄予厚望,不遗余力地强调科学技术的巨大作用。科学技术的发展离不开科学技术人员的辛勤劳动,党和国家在重视科学技术的同时,对科学技术人才投入了同样的关注。尤其是改革开放以来,我国社会主义事业进入稳步发展和突飞猛进时期,科学技术的作用更加凸显,培养科学技术人才的任务更加迫切。1985年3月7日,在全国科技工作会议上,邓小平说:"改革经济体制,最重要的、我最关心的,是人才。改革科技体制,我最关心的,还是人才。人才问题,别的不说了,今天就讲两点。第一,能不能每年给知识分子解决一点问题,要切切实实解决,要真见效。第二,要创造一种环境,使拔尖人才能够脱颖而出。改革就是要创造这种环境。人才是有的。不要因为他们不是全才,不是党员,没有学历,没有资历,就把人家埋没了。善于发现人才,团结人才,使用人才,是领导者成熟的主要标志之一。"②1988

---

① 李克强:《在第六届中加经贸合作论坛上的致辞》,载2016年9月25日《人民日报》,第2版。
② 邓小平:《改革科技体制是为了解放生产力》,载《邓小平文选》(第三卷),人民出版社1993年版,第108—109页。

年9月5日,在会见捷克斯洛伐克总统胡萨克时,邓小平说:"马克思说过,科学技术是生产力,事实证明这话讲得很对。依我看,科学技术是第一生产力。"①9月12日,在听取关于价格和工资改革初步方案汇报时,邓小平指出:"从长远看,要注意教育和科学技术。否则,我们已经耽误了二十年,影响了发展,还要再耽误二十年,后果不堪设想。最近,我见胡萨克时谈到,马克思讲过科学技术是生产力,这是非常正确的,现在看来这样说可能不够,恐怕是第一生产力。"②邓小平的这些论述,对我国科学技术的发展和科学技术人才的成长起到了极大的引导和推动作用。尤其是"科学技术是第一生产力"的论断,已经成为家喻户晓的真理,是中共领导人在发展马克思主义方面的显著贡献。

  此后,科学技术的重要性被反复强调,党和国家高度关注科学技术人才的培养。例如1998年6月1日,在会见出席中国科学院第九次院士大会、中国工程院第四次院士大会的部分院士和外籍院士时,江泽民指出:"我国要跟上世界科技进步的步伐,必须千方百计加快知识创新,加快高新技术产业化。而创新的关键在人才,必须有一批又一批优秀年轻人才脱颖而出,必须大量培养年轻的科学家和工程师。"③这番话是从科学技术发展的整体状况和作用来论述的。胡锦涛直接强调了科学技术在发展能源事业和保护生态环境方面的重要性。2010年6月7日,在中国科学院第十五次院士大会、中国工程院第十次院士大会上,胡锦涛指出:"建设创新型国家,加快转变经济发展方式,赢得发展先机和主动权,最根本的是要靠科技的力量,最关键的是要大幅提高自主创新能力。……当今世界,各国都在积极追求绿色、智能、可持续的发展。绿色发展,就是要发展环境友好型产业,降低能耗和物耗,保护和修复生态环境,发展循环经济和低碳技术,使经济社会发展与自然相协调。智能发展,就是要推进信息化与工业化融合,不断创造新的经济

---

  ① 邓小平:《科学技术是第一生产力》,载《邓小平文选》(第三卷),人民出版社1993年版,第274页。
  ② 邓小平:《科学技术是第一生产力》,载《邓小平文选》(第三卷),人民出版社1993年版,第274—275页。
  ③ 江泽民:《创新的关键在人才》,载《江泽民文选》(第二卷),人民出版社2006年版,第133页。

增长点、新的市场、新的就业形态,提高社会运行效率,实现互联互通、信息共享、智能处理、协同工作。可持续发展,就是要解决好经济社会发展的能源资源约束,有效保证发展对能源资源的需求,不仅要造福当代人,而且要使子孙后代永续发展。发展的目的,就是要不断降低产品和服务成本,不断创造更多更好的就业和创业机会,不断提高人民生活质量和健康水平,实现广大群众安居乐业、富裕幸福。"①

习近平进一步从创新驱动的角度论述科学技术在发展能源等各项事业、推动经济社会发展和开展生态文明建设等方面所肩负的伟大历史使命。例如2014年6月3日,在2014年国际工程科技大会上的主旨演讲中,习近平指出:"中国是世界上最大的发展中国家,发展是解决中国所有问题的关键。要发展就必须充分发挥科学技术第一生产力的作用。我们把创新驱动发展战略作为国家重大战略,着力推动工程科技创新,实现从以要素驱动、投资规模驱动发展为主转向以创新驱动发展为主。我们将继续实施可持续发展战略,优化国土空间开发格局,全面促进资源节约,加大自然生态系统和环境保护力度,着力解决雾霾等一系列问题,努力建设天蓝地绿水净的美丽中国。我们将高度关注民生,着力解决人民的衣食住行、教育、医疗、养老等问题,让人民过上更好的日子。我们将承担负责任大国的使命,通过建设一个和平发展、蓬勃发展的中国,造福中国人民,造福世界人民,造福子孙后代。"②

从党和国家对科学技术的高度重视和我国能源事业迅猛发展的实践可以看出,依靠科学技术发展能源事业,既是能源事业自身的特点决定的,又同我们对科学技术的正确认识和大力培养科学技术人才的正确决策分不开。我国当前正在推动能源生产和消费革命,这场革命的内涵非常深刻。对个人来说,它要求人们树立新型的能源理念,对整个社会来说,它要求通过能源生产和消费方式的根本性变革而实现经济中高速发展和迈向中高端水平。而对能源事业本身来说,它不但要求对传统能源的生产和消费方式

---

① 胡锦涛:《靠科技力量赢得发展先机和主动权》,载《胡锦涛文选》(第三卷),人民出版社2016年版,第401—402页。

② 习近平:《让工程科技造福人类、创造未来——在2014年国际工程科技大会上的主旨演讲》,载2014年6月4日《人民日报》,第2版。

进行彻底更新,大幅度提高能源生产率,降低能源消耗和浪费,减少能源对环境造成的污染和破坏,更要求深入开发各种绿色能源和新能源,实现人与自然的和谐共生。而这一切的实现,最关键的依靠力量就是科学技术,没有科学技术的进步一切设想都无从谈起。在未来的能源事业中,只有大力发展科学技术和培养科学技术人才,才能真正推动能源生产和消费革命,促进能源事业获得根本性发展。

(四)发展能源事业,必须积极履行中国在国际社会中的责任

发展能源事业虽然总体上说属于一个国家的内部事务,但是和国际社会有着千丝万缕的联系。能源事业的国际性至少是两个因素决定的。一是经济的全球化带动了各个国家能源事业的深度合作。能源作为经济发展的重要支柱产业,是经济全球化中的重要一环,一个国家的能源事业几乎不可能不和别的国家发生联系。如果在国际经济交往中抽去能源这一重要成分,经济发展的全球化力度必然会大打折扣。二是气候变化的全球性要求能源发展必须加强国际合作。应对全球气候变化不是哪一个国家的事情,需要世界各国共同努力。科学研究表明,全球气候变化与各个国家的能源生产和消费有着极为密切的联系。共同应对气候变化,必须加强各个国家在能源领域的深度合作。中国作为最大的发展中国家,同时也是最大的能源生产国和消费国,在发展能源中必须尽到自己在国际社会中的责任。

我国一直非常重视积极履行在国际社会中肩负的责任,在能源事业发展中根据国际法的基本原则和全球气候变化的形势,中国政府制定了科学合理的应对方案,切实为应对全球气候变化付出努力。例如2009年11月30日,在南京举行的第五届中欧工商峰会上,温家宝介绍说:"面对极其严峻复杂的国内外经济环境,中国政府坚持资源节约和环境保护的基本国策,全面落实《中国应对气候变化国家方案》,今年新增投资的14.6%用于结构调整、科技创新、节能环保和生态建设,推进了绿色发展、循环发展和持续发展。节能减排成效显著,预计全年单位国内生产总值能耗比上年有较大幅度下降,二氧化硫排放总量和化学需氧量分别下降2.1%和2.7%;淘汰落后产能取得积极成效,全年关停小火电机组超过2100万千瓦,关闭各类小煤矿1000多处;森林碳汇能力增强,2008年中国森林覆盖率已提高到20.36%,

提前两年实现了向世界承诺的目标;环保设施建设加快,全年新增城市污水日处理能力1125万立方米、燃煤电厂烟气脱硫装置7000万千瓦;绿色经济产业快速发展,2008年可再生能源和清洁能源占一次能源消费总量的比重达到9%,水电装机容量、核电在建规模、太阳能热水器集热面积和太阳能光伏发电累计容量均居世界第一位,风电装机跃居世界第四位。这些既是中国调整经济结构、转变发展方式的重大成果,也是对全球发展绿色经济、应对气候变化的积极贡献。前几天,中国政府刚刚宣布,到2020年我国单位国内生产总值二氧化碳排放比2005年下降40%—45%,非化石能源占一次能源消费的比重达到15%左右,森林面积、森林蓄积量分别比2005年增加4000万公顷和13亿立方米。这是我国根据国情采取的自主行动,也是为应对全球气候变化作出的巨大努力,充分体现了中国对中华民族和全人类高度负责的精神。实现这些目标,需要付出艰苦卓绝的努力,我们要下更大的决心,采取更有力的行动,实施更有效的政策来履行我们的承诺。"①温家宝的这番讲话,既旗帜鲜明地表达了中国作为一个负责任的大国,积极履行自己在国际社会中的责任的态度,也通过一些具体的数据和行动方案,证明了中国在履行责任中的科学部署和为之付出的艰辛努力。

  党的十八大之后,在发展能源事业、建设生态文明方面,我国更加注重国际合作和履行中国在国际社会中的义务。2013年7月18日,在致生态文明贵阳国际论坛2013年年会的贺信中,习近平说:"保护生态环境,应对气候变化,维护能源资源安全,是全球面临的共同挑战。中国将继续承担应尽的国际义务,同世界各国深入开展生态文明领域的交流合作,推动成果分享,携手共建生态良好的地球美好家园。"②2017年12月1日,在北京召开的中国共产党与世界政党高层对话会上,习近平进一步说:"我们应该共同呵护好地球家园,为了我们自己,也为了子孙后代。我们应该坚持人与自然共生共存的理念,像对待生命一样对待生态环境,对自然心存敬畏,尊重自然、顺应自然、保护自然,共同保护不可替代的地球家园,共同医治生态环境的

---

  ① 温家宝:《发展绿色经济 促进持续增长——在第五届中欧工商峰会上的演讲》,载2009年12月1日《人民日报》,第2版。
  ② 习近平:《为子孙后代留下天蓝、地绿、水清的生产生活环境》,载《习近平谈治国理政》(第一卷),外文出版社2018年版,第212页。

累累伤痕,共同营造和谐宜居的人类家园,让自然生态休养生息,让人人都享有绿水青山。"①

习近平关于中国继续承担应尽的国际义务的承诺和在中国共产党与世界政党高层对话会上的讲话精神,既体现在加大国内节能减排力度、推动能源生产和消费革命方面,也体现在加强与一些发达国家开展能源合作、共同应对全球气候变化方面,更体现在中国作为最大的发展中国家,不断加强对广大发展中国家的深度合作,帮助它们消除贫困和走上绿色发展之路方面。例如2015年4月22日,在印度尼西亚的雅加达举行的亚非领导人会议上,习近平说:"新形势下,中国将坚定不移推进亚非合作。中国已经同周边八个国家签署睦邻友好合作条约,愿同所有周边国家商签睦邻友好合作条约,将加强同非洲国家和平安全合作,帮助非方增强维和、反恐、打击海盗等方面能力。中国愿同亚非国家开展产能合作,支持非洲国家建设高速铁路、高速公路、区域航空网络,推动亚非工业化进程。中国将于年内对已建交的最不发达国家百分之九十七税目产品给予零关税待遇,并将继续向发展中国家提供不附加任何政治条件的援助。中国愿同有关各方一道推进'一带一路'建设,共同建设好亚洲基础设施投资银行,发挥好丝路基金作用。中国将同有关国家一道,完善中国—东盟、中阿合作论坛、上海合作组织等合作平台,办好年内在南非召开的中非合作论坛第六届部长级会议。中国将继续推动南南合作及南北合作,共同维护地区和世界和平稳定,促进共同发展繁荣。"②再如2015年10月16日,在北京举行的2015年减贫与发展高层论坛主旨演讲中,习近平说:"中国坚定不移支持发展中国家消除贫困,推动更大范围、更高水平、更深层次的区域合作,对接发展战略,推进工业、农业、人力资源开发、绿色能源、环保等各领域务实合作,帮助各发展中国家把资源优势转化为发展优势。前不久,我在联合国主持召开了南南合作圆桌会,同二十多位国家领导人和国际组织负责人一道,交流南南合作经验,达成广泛深入的共识。中方愿同广大发展中国家不断深化减贫等各领域的南南合

---

① 习近平:《携手建设更加美好的世界》,载《论坚持推动构建人类命运共同体》,中央文献出版社2018年版,第512页。

② 习近平:《弘扬万隆精神,推进合作共赢,》,载《论坚持推动构建人类命运共同体》,中央文献出版社2018年版,第222页。

作,携手增进各国人民福祉。"①2018年7月25日,在南非的约翰内斯堡举行的金砖国家工商论坛上,习近平说:"作为世界最大的发展中国家,我们将牢牢把握时代发展脉搏,深入贯彻创新、协调、绿色、开放、共享发展理念,加快推进创新驱动发展战略,深入参与国际创新和技术合作,积极开展南南合作,努力为新兴市场国家和发展中国家共同发展创造更大机遇。"②习近平的这些讲话和中国积极与广大发展中国家开展合作的事实,表明了中国作为负责任的大国在发展能源事业和其他相关事业中积极履行国际责任的鲜明态度。

我国在能源事业发展中取得重大成就,离不开相关领域的国际合作,能够成功开展国际合作也是我国积极履行国际义务的良好结果。在新常态经济形势下,我国将与更多的国家和地区加强经济合作,能源领域的相关合作也必将更加广泛和深入。这就要求我国必须在国际社会中勇于担当,敢于负责,积极履行相关义务。只有这样,我国才能同遍及世界各地、处在不同发展阶段和层次、经济和能源状况各不相同的国家和地区,根据各自国情不同而开展各种途径和形式的能源合作,促进各方能源事业的发展和经济社会的进步。也只有这样,我国才能早日实现中华民族伟大复兴的中国梦,中华民族才能以更加高昂的姿态屹立于世界民族之林,中国才能以举世公认的大国形象,为世界发展和人类进步作出更大贡献。

---

① 习近平:《携手消除贫困,促进共同发展》,载《论坚持推动构建人类命运共同体》,中央文献出版社2018年版,第269页。

② 习近平:《顺应时代潮流 实现共同发展——在金砖国家工商论坛上的讲话》,载2018年7月26日《人民日报》,第2版。

主要参考文献

图 书

[1] 毛泽东. 毛泽东选集(第四卷)[M]. 北京:人民出版社,1991.
[2] 毛泽东. 毛泽东文集(第五卷)[M]. 北京:人民出版社,1996.
[3] 毛泽东. 毛泽东文集(第六卷)[M]. 北京:人民出版社,1999.
[4] 毛泽东. 毛泽东文集(第七卷)[M]. 北京:人民出版社,1999.
[5] 毛泽东. 毛泽东文集(第八卷)[M]. 北京:人民出版社,1999.
[6] 周恩来. 周恩来选集(下)[M]. 北京:人民出版社,1984.
[7] 邓小平. 邓小平文选(第二卷)[M]. 北京:人民出版社,1994.
[8] 邓小平. 邓小平文选(第三卷)[M]. 北京:人民出版社,1993.
[9] 陈云. 陈云文选(第二卷)[M]. 北京:人民出版社,1995.
[10] 陈云. 陈云文选(第三卷)[M]. 北京:人民出版社,1995.
[11] 《当代中国》丛书编辑部. 当代中国的核工业[M]. 北京:中国社会科学出版社,1987.
[12] 江泽民. 江泽民文选(第一卷)[M]. 北京:人民出版社,2006.
[13] 江泽民. 江泽民文选(第二卷)[M]. 北京:人民出版社,2006.
[14] 李鹏. 李鹏论产业经济(下册)[M]. 北京:中国电力出版社,中央文献出版社,2013.
[15] 朱镕基. 朱镕基讲话实录(第一卷)[M]. 北京:人民出版社,2011.
[16] 朱镕基. 朱镕基讲话实录(第三卷)[M]. 北京:人民出版社,2011.
[17] 胡锦涛. 胡锦涛文选(第二卷)[M]. 北京:人民出版社,2016.
[18] 胡锦涛. 胡锦涛文选(第三卷)[M]. 北京:人民出版社,2016.
[19] 习近平. 习近平谈治国理政(第一卷)[M]. 北京:外文出版社,2018.
[20] 习近平. 习近平谈治国理政(第二卷)[M]. 北京:外文出版社,2017.

[21]习近平.习近平谈治国理政(第三卷)[M].北京:外文出版社,2020.

[22]习近平.论坚持推动构建人类命运共同体[M].北京:中央文献出版社,2018.

[23]中共中央文献研究室.毛泽东思想年编(一九二一——一九七五)[M].北京:中央文献出版社,2011.

[24]中共中央文献研究室.邓小平思想年编(一九七五——一九九七)[M].北京:中央文献出版社,2011.

报　　纸

[1]胡锦涛.在中央人口资源环境工作座谈会上的讲话[N].人民日报,2004-04-05(2).

[2]胡锦涛.携手开创未来 推动合作共赢:在八国集团与中国、印度、巴西、南非、墨西哥五国领导人对话会上的书面讲话[N].人民日报,2005-07-08(1).

[3]胡锦涛.树立开放思维 实现合作共赢:在亚太经合组织工商领导人峰会上的演讲[N].人民日报,2005-11-20(1).

[4]胡锦涛.互利双赢 共创未来:在中俄经济工商界高峰论坛开幕式上的演讲[N].人民日报,2006-03-23(4).

[5]胡锦涛.深化互利合作 促进共同发展:在美国西雅图午餐会上的讲话[N].人民日报,2006-04-21(3).

[6]胡锦涛.在八国集团同发展中国家领导人对话会议上的讲话[N].人民日报,2007-06-09(1).

[7]胡锦涛.推进全面合作 实现持续发展:在亚太经合组织商业峰会上的演讲[N].人民日报,2007-09-07(2).

[8]胡锦涛.在亚太经合组织第十五次领导人非正式会议上的讲话[N].人民日报,2007-09-09(2).

[9]胡锦涛.在经济大国能源安全和气候变化领导人会议上的讲话[N].人民日报,2008-07-11(1).

[10]胡锦涛.在纪念中国科协成立50周年大会上的讲话[N].人民日报,2008-12-16(2).

[11]胡锦涛.同舟共济 共创未来:在第六十四届联大一般性辩论时的讲

话[N]. 人民日报,2009-09-25(2).

[12] 胡锦涛. 合力应对挑战 推动持续发展:在亚太经合组织第十七次领导人非正式会议上的讲话[N]. 人民日报,2009-11-16(2).

[13] 胡锦涛,梅德韦杰夫. 中俄关于全面深化战略协作伙伴关系的联合声明[N]. 人民日报,2010-09-29(3).

[14] 胡锦涛. 共同发展 共享繁荣:在亚太经合组织工商领导人峰会上的演讲[N]. 人民日报,2010-11-14(2).

[15] 胡锦涛. 转变发展方式 实现经济增长:在亚太经合组织第十九次领导人非正式会议上的讲话[N]. 人民日报,2011-11-15(1).

[16] 温家宝. 合作共赢 携手并进:在第二届东亚峰会上的讲话[N]. 人民日报,2007-01-16(3).

[17] 温家宝. 扩大合作 互利共赢:在第十一次中国与东盟领导人会议上的讲话[N]. 人民日报,2007-11-21(3).

[18] 温家宝. 携手合作 共同创造可持续发展的未来:在第三届东亚峰会上的讲话[N]. 人民日报,2007-11-22(3).

[19] 温家宝. 加强国际技术合作 积极应对气候变化[N]. 人民日报,2008-11-19(2).

[20] 温家宝. 全面提高中国西部地区开发开放水平:在第十届中国西部国际博览会暨第二届中国西部国际合作论坛上的致辞[N]. 人民日报,2009-10-17(2).

[21] 温家宝. 让科技引领中国可持续发展[N]. 新华每日电讯,2009-11-24(2).

[22] 温家宝. 发展绿色经济 促进持续增长:在第五届中欧工商峰会上的演讲[N]. 人民日报,2009-12-01(2).

[23] 温家宝. 凝聚共识 加强合作 推进应对气候变化历史进程:在哥本哈根气候变化会议领导人会议上的讲话[N]. 人民日报,2009-12-19(2).

[24] 温家宝. 巩固向好势头 推动持续增长:在2010年夏季达沃斯论坛上的讲话[N]. 人民日报,2010-09-14(2).

[25] 温家宝. 中日韩三国互利合作前景广阔:在第三届中日韩工商峰会午餐会上的讲话[N]. 人民日报,2011-05-23(3).

[26]温家宝,苏赫巴特尔·巴特包勒德.中华人民共和国和蒙古国关于建立战略伙伴关系的联合声明[N].人民日报,2011-06-18(3).

[27]温家宝.做共同发展的好伙伴:在第六届中德经济技术合作论坛上的演讲[N].人民日报,2011-06-29(2).

[28]温家宝.中国坚定走绿色和可持续发展道路:在世界未来能源峰会上的讲话[N].人民日报,2012-01-17(3).

[29]温家宝.坚持改革开放 推动创新发展:在汉诺威工业博览会开幕式上的演讲[N].人民日报,2012-04-23(2).

[30]习近平.让工程科技造福人类、创造未来:在2014年国际工程科技大会上的主旨演讲[N].人民日报,2014-06-04(2).

[31]习近平.凝心聚力 精诚协作 推动上海合作组织再上新台阶:在上海合作组织成员国元首理事会第十四次会议上的讲话[N].人民日报,2014-09-13(3).

[32]习近平,普京.中华人民共和国和俄罗斯联邦关于深化全面战略协作伙伴关系、倡导合作共赢的联合声明[N].人民日报,2015-05-09(2).

[33]习近平,卢卡申科.中华人民共和国和白俄罗斯共和国关于进一步发展和深化全面战略伙伴关系的联合声明[N].人民日报,2015-05-11(2).

[34]习近平.团结互助 共迎挑战 推动上海合作组织实现新跨越:在上海合作组织成员国元首理事会第十五次会议上的讲话[N].人民日报,2015-07-11(2).

[35]习近平.关于《中共中央关于制定国民经济和社会发展第十三个五年规划的建议》的说明[N].人民日报,2015-11-04(2).

[36]习近平.携手推进新时代中阿战略伙伴关系:在中阿合作论坛第八届部长级会议开幕式上的讲话[N].人民日报,2018-07-11(2).

[37]习近平.顺应时代潮流 实现共同发展:在金砖国家工商论坛上的讲话[N].人民日报,2018-07-26(2).

[38]习近平.携手共命运 同心促发展:在2018年中非合作论坛北京峰会开幕式上的主旨讲话[N].人民日报,2018-09-04(2).

[39]习近平.共享远东发展新机遇 开创东北亚美好新未来:在第四届东方经济论坛全会上的致辞[N].人民日报,2018-09-13(2).

[40] 李克强. 在中国—中东欧国家领导人会晤时的讲话[N]. 人民日报, 2013-11-27(3).

[41] 李克强. 在上海合作组织成员国总理第十二次会议上的讲话[N]. 人民日报, 2013-11-30(2).

[42] 李克强. 开创中非合作更加美好的未来: 在非盟会议中心的演讲[N]. 人民日报, 2014-05-06(2).

[43] 李克强. 共同推动非洲发展迈上新台阶: 在第二十四届世界经济论坛非洲峰会上的致辞[N]. 人民日报, 2014-05-09(2).

[44] 李克强. 紧紧依靠改革创新 增强经济发展新动力: 在第八届夏季达沃斯论坛上的致辞[N]. 人民日报, 2014-09-11(3).

[45] 李克强. 在上海合作组织成员国政府首脑理事会第十三次会议上的讲话[N]. 人民日报, 2014-12-16(2).

[46] 李克强. 携手开创睦邻友好包容发展新局面: 在大湄公河次区域经济合作第五次领导人会议开幕式上的讲话[N]. 人民日报, 2014-12-21(4).

[47] 李克强. 维护和平稳定 推动结构改革 增强发展新动能: 在世界经济论坛2015年年会上的特别致辞[N]. 人民日报, 2015-01-23(3).

[48] 李克强. 政府工作报告: 2015年3月5日在第十二届全国人民代表大会第三次会议上[N]. 人民日报, 2015-03-17(1).

[49] 李克强. 推动中巴合作升级 引领中拉共同发展: 在中巴工商界峰会闭幕式上的致辞[N]. 人民日报, 2015-05-21(3).

[50] 李克强. 在2015中欧城镇化伙伴关系论坛上的致辞[N]. 人民日报, 2015-07-01(2).

[51] 李克强. 共绘世界经济增长新蓝图: 在第九届夏季达沃斯论坛上的特别致辞[N]. 人民日报, 2015-09-11(2).

[52] 李克强. 在中法气候与绿色经济论坛闭幕式上的致辞[N]. 人民日报, 2015-11-04(4).

[53] 李克强. 携手开创互利共赢合作新局面: 在第五届中国—中东欧国家经贸论坛上的致辞[N]. 人民日报, 2015-11-25(2).

[54] 李克强. 政府工作报告: 2016年3月5日在第十二届全国人民代表大会第四次会议上[N]. 人民日报, 2016-03-18(1).

[55] 李克强.在第六届中加经贸合作论坛上的致辞[N].人民日报,2016-09-25(2).

[56] 李克强.在第十一届夏季达沃斯论坛开幕式上的致辞[N].人民日报,2017-06-28(3).

[57] 李克强.政府工作报告:2018年3月5日在第十三届全国人民代表大会第一次会议上[N].人民日报,2018-03-23(1).

[58] 李克强.在上海合作组织成员国政府首脑(总理)理事会第十七次会议上的讲话[N].人民日报,2018-10-13(2).

[59] 陈新华,温厚文,张江一,等.艰难起步:新中国石油工业六十年巡礼之一[N].中国石油报,2009-09-18(1).

[60] 陈新华.扭转乾坤:新中国石油工业六十年巡礼之二[N].中国石油报,2009-09-26(2).

期 刊

[1] 胡锦涛.稳疆兴疆,富民固边(节录)[J].党的文献,2010(6):18-20.

[2] 胡锦涛.全面贯彻落实科学发展观 推动经济社会又快又好发展[J].求是,2006(1):3-9.

[3] 胡锦涛.坚持走中国特色自主创新道路 为建设创新型国家而努力奋斗:在全国科学技术大会上的讲话[J].求是,2006(2):3-9.

[4] 胡锦涛.关于加快经济发展方式转变[J].党的文献,2011(4):3-4.

[5] 温家宝.政府工作报告:2004年3月5日在第十届全国人民代表大会第二次会议上[J].中华人民共和国全国人民代表大会常务委员会公报,2004(3):152-164.

[6] 温家宝.提高认识 统一思想 牢固树立和认真落实科学发展观:在省部级主要领导干部"树立和落实科学发展观"专题研究班结业式上的讲话[J].中华人民共和国国务院公报,2004(12):5-15.

[7] 温家宝.共同推进新世纪的亚洲合作:在亚洲合作对话第三次外长会议开幕式上的讲话[J].中华人民共和国国务院公报,2004(22):5-7.

[8] 温家宝.政府工作报告:2005年3月5日在第十届全国人民代表大会第三次会议上[J].中华人民共和国全国人民代表大会常务委员会公报,2005(3):175-188.

[9] 温家宝.高度重视 加强领导 加快建设节约型社会[J].中华人民共和国国务院公报,2005(21):5-8.

[10] 温家宝.扎实推进安全生产工作[J].劳动保护,2006(3):27-28.

[11] 温家宝.认真实施科技发展规划纲要 开创我国科技发展的新局面:在全国科学技术大会上的讲话(摘要)[J].中华人民共和国国务院公报,2006(7):5-11.

[12] 温家宝.全面落实科学发展观 加快建设环境友好型社会[J].中华人民共和国国务院公报,2006(16):5-9.

[13] 温家宝.加深亚欧合作 共同应对挑战:在第六届亚欧首脑会议上的讲话[J].中华人民共和国国务院公报,2006(31):26-28.

[14] 温家宝.坚持互利共赢 加强合作创新:在2006年中欧工商峰会上的演讲[J].中华人民共和国国务院公报,2006(31):28-30.

[15] 温家宝.高度重视 狠抓落实 进一步加强节能减排工作[J].中华人民共和国国务院公报,2007(15):9-11.

[16] 温家宝.关于深入贯彻落实科学发展观的若干重大问题[J].求是,2008(21):3-12.

[17] 温家宝.关于深化行政管理体制改革意见和国务院机构改革方案草案的说明[J].行政管理改革,2009(1):5-12.

[18] 温家宝.关于科技工作的几个问题[J].求是,2011(14):3-11.

[19] 李克强.政府工作报告:2014年3月5日在第十二届全国人民代表大会第二次会议上[J].中华人民共和国全国人民代表大会常务委员会公报,2014(2):191-204.

[20] 张家裕.试论毛泽东、周恩来的核战略思想[J].军事历史研究,1989(2):1-7.

[21] 《周恩来传》编写组.周恩来与中国的第一颗原子弹[J].党史博览,1998(1):15-39.

[22] 郑公长.能源工业十年发展的回顾[J].中国能源,1989(5):10-17.

[23] 汪波.资源委员会与中国石油工业[J].党史研究与教学,2000(5):53-58.

[24] 康沛竹.治国先治水:党的三代领导人对水利战略地位的认识[J].中共

党史研究,2002(1):24-29.

[25] 李葆珍.上海合作组织的能源合作与中国的能源安全[J].郑州大学学报(哲学社会科学版),2010(4):110-114.

[26] 袁银传.毛泽东改造小农意识的思想论述[J].高校理论战线,2012(1):42-44.

[27] 徐博.全球能源发展趋势与中国能源结构调整的现实选择[J].煤炭经济研究,2013(10):5-9.

[28] 江峡.论冷战时期美国对中国的核讹诈与核威胁[J].湖北行政学院学报,2014(4):91-96.

[29] 董志凯.毛泽东与新中国独立完整工业体系的建立及中国的现代化[J].马克思主义研究,2014(8):66-74.

[30] 高健民,宋炳寰.周恩来与我国第一颗原子弹[J].百年潮,2014(11):4-13.

致谢

本书是在对我的博士后研究报告进行修改的基础之上完成的。

回顾自己几年来的博士后研究工作,我非常感谢自己的导师吴宏亮教授。在进站之初,结合我自身的法学专业和流动站的中国史专业,在中共党史领域造诣高深的吴老师希望我研究近现代思想史方面的内容,特别是中共领导人的能源思想目前尚无专门研究。正是在吴老师的指导下,我申报了中共领导人能源思想与我国能源政策法律建设方面的课题,有幸获准为中国博士后科学基金面上一等资助项目。这一选题既实现了法学与历史学的结合,更涉及马克思主义理论的学科范畴,对于我这个从进入大学校门以来一直委身法学专业的人来说,完全是陌生领域,写作难度很大。在研究报告的构思、搜集资料和撰写过程中,吴老师一直鼓励我打破学科藩篱开阔学术视野,并给我提供了许多帮助,使研究报告最终能够以现在的面貌呈现出来。

博士后研究工作迫使我读了一些历史学、马克思主义理论方面的书籍,特别是认真研读了从毛泽东到习近平的主要著作。在阅读和思考中,我进一步认识了中国社会主义革命、建设和改革中的许多问题,明白了中共领导人在党和国家发展的重要关头所发挥的重大历史作用,理解了社会主义中国从积贫积弱到日益走近世界舞台中央的艰辛历程。撰写这篇研究报告对我是一个很大的提升,作为一名人文社科领域的教研人员,我越来越感受到只有不断提高自身的历史文化修养和马克思主义理论水平,才能冲破单一学科的局限,客观看待和正确理解一些社会现象,扎扎实实地做好本学科的研究和教学工作。我也进一步认识到,通过这一选题,吴老师把我引向了历史学和马克思主义理论研究领域,帮助我矫正了不少曾经自以为是的看法,提高了我的研究能力和理论水平。

特别感谢郑州大学历史学院的韩国河教授、许俊平副研究馆员、巴杰教授、田昊然老师,特别感谢郑州大学人事处的王晓东老师、谢勇老师等,他们为我的研究提供了诸多便利和帮助。

特别感谢中国博士后科学基金会、郑州大学党委组织部(郑州大学党的建设研究中心)和郑州大学教务处。本书系中国博士后科学基金面上一等资助项目"中共领导人的能源思想与我国能源政策法律建设研究"(资助编号:2014M560604)成果,郑州大学党的建设研究中心招标项目"高校党员的党性党风党纪教育研究"(项目编号:ZZUDJ2101102)成果,郑州大学2021年度教育教学改革研究与实践项目"党的知识融入通识教育的研究与实践"(项目编号:2021ZZUJGLX059)成果,在历时数年的写作成文、修改完善、最终成书的过程中,分别获得上述项目的支持。

最后,特别感谢郑州大学社会科学处。本书有幸入选郑州大学厚山人文社科文库2020年度资助项目(项目批准号为:2020JPZZ03),从确定立项到最终出版的全过程,社会科学处的领导和同志们给予了很大支持,正是他们的辛勤劳动促成了本书的顺利出版。

由于我的水平有限,本书还存在一些不足。比如援引的资料以中共领导人的论述为主,佐证的资料不够多;报告的行文不够流畅,语句略显呆板等。这些不足需要在以后的研究中努力加以解决,诚挚欢迎各位读者批评指正!

魏胜强

2022年10月